Wirtschaftsbezogene Qualifikationen

Olaf Fischer • Andreas Braun
Hrsg.

Wirtschaftsbezogene Qualifikationen

Erfolgreich durch die Prüfungen im Fachwirtstudium

 Springer Gabler

Hrsg.
Olaf Fischer
Heinersdorf, Deutschland

Andreas Braun
Berlin, Deutschland

ISBN 978-3-658-12945-3   ISBN 978-3-658-12946-0 (eBook)
https://doi.org/10.1007/978-3-658-12946-0

Die Deutsche Nationalbibliothek verzeichnet diese Publikation in der Deutschen Nationalbibliografie; detaillierte bibliografische Daten sind im Internet über http://dnb.d-nb.de abrufbar.

Springer Gabler
© Springer Fachmedien Wiesbaden GmbH, ein Teil von Springer Nature 2019

Springer Gabler ist ein Imprint der eingetragenen Gesellschaft Springer Fachmedien Wiesbaden GmbH und ist
ein Teil von Springer Nature.
Die Anschrift der Gesellschaft ist: Abraham-Lincoln-Str. 46, 65189 Wiesbaden, Germany

Vorwort

Liebe Leserinnen und Leser,

wenn Sie unser Buch in die Hand nehmen, stehen Sie wahrscheinlich vor Ihrer Teilprüfung „Wirtschaftsbezogene Qualifikationen".

Mit unserem Buch möchten wir Ihnen die Vorbereitung in den relevanten Fächern „Volks- und Betriebswirtschaft", „Rechnungswesen", „Recht und Steuern" sowie „Unternehmensführung" erleichtern. Wir wissen aus eigener Erfahrung, wie schwierig es ist, die Prüfungsvorbereitung anhand eigener Mitschriften aus den Vorlesungen bzw. anhand anderer, zum Teil zu umfangreicher Literatur vorzunehmen.

In den Vorlesungen haben Sie im Langzeitgedächtnis einiges gespeichert, was Sie nun wiederholen möchten. Genau an dieser Stelle setzt unser Buch an. Unsere persönliche Zielstellung ist es, Ihnen innerhalb eines Zeitraumes von maximal 14 Tagen alle wesentlichen Aspekte wieder ins Gedächtnis zu rufen.

Wir setzen deshalb voraus, dass Sie die wesentlichen Elemente der relevanten Fächer schon einmal gehört haben. Es ist nicht Ziel, ein in sich abgeschlossenes Buch zu den obigen Fächern zu schreiben. Wir sehen dieses Buch als Ergänzung zu Ihren Studienmaterialen und Ihren Mitschriften.

Jeder Teil wird abgerundet durch Aufgaben, die das Gelesene vertiefen. Die Lösungshinweise zu den Fällen und den Aufgaben sowie aktuelle Informationen erhalten Sie im Onlineservice zu diesem Buch unter www.springer.com.

Jeder Autor und jede Autorin hat einen eigenen Schreibstil und eine eigene Art, Sachverhalte darzustellen. Wir haben bewusst darauf verzichtet, eine Vereinheitlichung von Sprache, Stil und Abbildungen vorzunehmen, sondern jedem beteiligten Autor und Autorin den notwendigen Freiraum gelassen, der zur authentischen Darstellung der relevanten Inhalte benötigt wird. Die Texte für die einzelnen Fächer haben wir wie folgt aufgeteilt und bearbeitet:

„Volks- und Betriebswirtschaft"	Michael Siegert
„Rechnungswesen"	Olaf Fischer
„Recht und Steuern"	Dorothea Rost für den Teil Recht, Olaf Fischer für den Teil Steuern
„Unternehmensführung"	Andreas Braun

Ein gut gemeinter Hinweis an Sie: Es ist sinnvoll sich intensiv mit den Gesetzestexten zu beschäftigen. Lesen Sie die entsprechenden Vorschriften nach. Es ist nicht nötig, alles zu wissen. Sie sollten lediglich darüber orientiert sein, wo es steht, weil Sie die gängigen Gesetzestexte in den Prüfungen benutzen können. Dies gilt auch für die Formelsammlung.

Nun wünschen wir Ihnen viel Erfolg bei Ihrer Prüfungsvorbereitung und stehen Ihnen über die Internetseite gern mit Rat und Tat zur Seite. Sollten Sie Fehler finden oder der Meinung sein, den einen oder anderen Aspekt besser darstellen zu können, so bitten wir um entsprechende Information. Sie erreichen uns unter folgender E-Mail-Adresse: „WBQ@iwvm-bb.de"

Wir werden Anregungen gerne berücksichtigen.

Herzlichst

Heinersdorf, Deutschland   Andreas Braun
Berlin, Deutschland   Olaf Fischer
                                                                                    Dorothea Rost
                                                                                  Michael Siegert

Inhaltsverzeichnis

Michael Siegert

1.1 Volkswirtschaftslehre

1.1.1 Märkte und Preisbildung

Ein **Markt** entsteht durch das Zusammentreffen von **Angebot** und **Nachfrage** mit dem Ziel des Handels, wobei der Markt zeitlich und geografisch genau bestimmt sein oder aber auch über das Internet stattfinden kann, das heißt, der Handel ist in diesem Fall zeitlich und geografisch unbestimmt.

Nachfrager können einzelne Personen, Personengruppen oder Unternehmen sein, deren Verhalten durch folgende Einflussfaktoren bestimmt wird:

- Bedürfnisse: Die Nachfrage dient der Befriedigung bestimmter Kundenbedürfnisse, zum Beispiel in Verbindung mit der Bedürfnispyramide nach Maslow: Grundbedürfnisse (Nahrung, Kleidung, Behausung) bis Entwicklungsbedürfnisse (berufliche Weiterbildung).
- Preis des Gutes, das heißt, den Preis „muss man sich leisten können".
- Höhe des verfügbaren Einkommens bzw. Vermögen und Kreditaufnahmemöglichkeiten

M. Siegert (✉)
Berlin, Deutschland

© Springer Fachmedien Wiesbaden GmbH, ein Teil von Springer Nature 2019
O. Fischer, A. Braun (Hrsg.), *Wirtschaftsbezogene Qualifikationen*,
https://doi.org/10.1007/978-3-658-12946-0_1

- Preis anderer Güter, die das ursprüngliche Produkt ersetzen (substitutive Güter wie Reisen mit der Bahn oder mit dem Bus) oder ergänzen (komplementäre Güter wie Kraftfahrzeuge und Kraftstoffe) können. Sinkt zum Beispiel der Preis eines komplementären Gutes wie Kraftstoffe, so steigt die Nachfrage nach verbrauchsintensiven Fahrzeugen (zum Beispiel SUV). Preisänderungen bei substitutiven Gütern, wie zum Beispiel eine Preissenkung von Fernbusfahrten, führen zu einem Rückgang der Nachfrage nach Bahnfahrten.

Daraus folgt, dass die Kaufbereitschaft der Nachfrager mit sinkendem (steigenden) Produktpreis steigt (sinkt). Dies ergibt eine Nachfragefunktion, bei der die nachgefragte Menge in Abhängigkeit vom Produktpreis dargestellt wird (vgl. Abb. 1.1).

Anbieter von Produkten oder Dienstleitungen können ebenfalls einzelne Personen, Personengruppen oder Unternehmen sein, deren Verhalten durch folgende Einflussfaktoren bestimmt wird:

- Produktpreis: Je höher (geringer) der Produktpreis ist, desto höher (geringer) kann der unternehmerische Gewinn ausfallen, das heißt, ein steigender Marktpreis erhöht den Anreiz mehr Produkte anzubieten.
- Kosten: Die Kosten für Produktion und Vertrieb sollten unter dem Verkaufspreis liegen; das heißt, steigende Kosten (auch Steuern) belasten die Gewinnaussichten und reduzieren das Angebot. Die Produktionskosten werden auch durch die eingesetzte Technologie beeinflusst.
- Angebots- und Preisverhalten anderer Anbieter.

Daraus folgt, dass die Verkaufsbereitschaft der Anbieter mit sinkendem (steigenden) Produktpreis sinkt (steigt). Dies wird durch die folgende Angebotsfunktion dargestellt, bei der die angebotene Menge in Abhängigkeit vom Produktpreis dargestellt wird (vgl. Abb. 1.2).

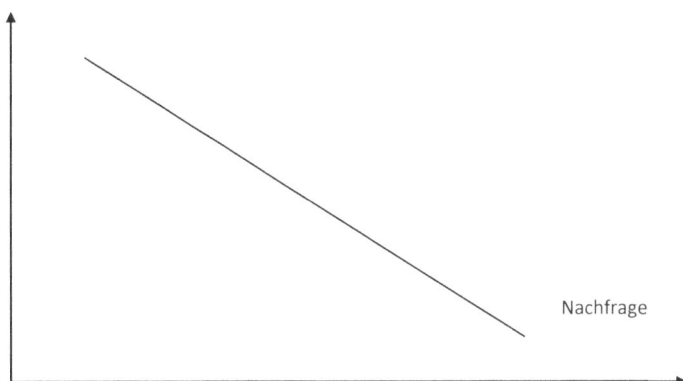

Abb. 1.1 Nachfragekurve. (Quelle: eigene Darstellung)

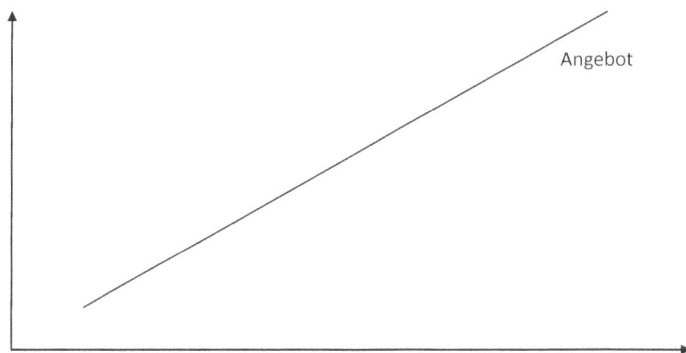

Abb. 1.2 Angebotskurve. (Quelle: eigene Darstellung)

1.1.2 Marktgleichgewicht im vollkommenen Markt

In der Volkswirtschaftslehre wird idealtypisch der Markt als „vollkommen" betrachtet. Auf diesem **vollkommenen Markt** herrschen die folgenden Annahmen:

- Es gibt homogene Güter mit gleichartigen Produkteigenschaften.
- Die Nachfrager entscheiden nicht aufgrund von persönlichen Präferenzen.
- Es existieren keine räumlichen Präferenzen.
- Es gibt keine zeitlichen Präferenzen, das heißt, die Güter sind jederzeitig verfügbar.
- Die Marktteilnehmer verfügen über einen vollständigen Marktüberblick (vollständige Markttransparenz).
- Die Marktteilnehmer reagieren unverzüglich auf veränderte Marktbedingungen (unverzügliche Anpassungen).
- Es ist ein freier Marktzutritt für die Marktteilnehmer gewährleistet.
- Es herrscht vollständige Konkurrenz unter den Marktteilnehmern.

Der Handel mit Wertpapieren an der Börse kommt den Bedingungen des vollkommenen Marktes sehr nahe, sodass sich durch das Zusammenspiel von Angebot und Nachfrage ein Gleichgewichtspreis und eine Gleichgewichtsmenge bilden können.

In der Realität gibt es jedoch auch Situationen, in denen noch kein Marktgleichgewicht besteht, weil die Märkte sich verändern.

Bei einem **Käufermarkt** (zum Beispiel Markt für Finanzdienstleistungen) besitzen die Nachfrager eine größere Marktmacht, weil einem bestimmten (relativ hohen) Preis ein Überangebot gegenüber der Nachfrage besteht. Um den Angebotsüberschuss abzubauen, werden die Anbieter entweder den Preis oder das Angebot reduzieren, indem zum Beispiel die Kapazitäten abgebaut werden oder Anbieter sich vom Markt zurückziehen. Durch den gesunkenen Preis interessieren sich mehr Kunden für das Produkt, die Nachfrage steigt, sodass sich ein neuer Gleichgewichtspreis bilden kann, bei dem die nachgefragte der angebotenen Menge entspricht (Angebot = Nachfrage). Der Markt befindet sich im Gleichgewicht (vgl. Abb. 1.3).

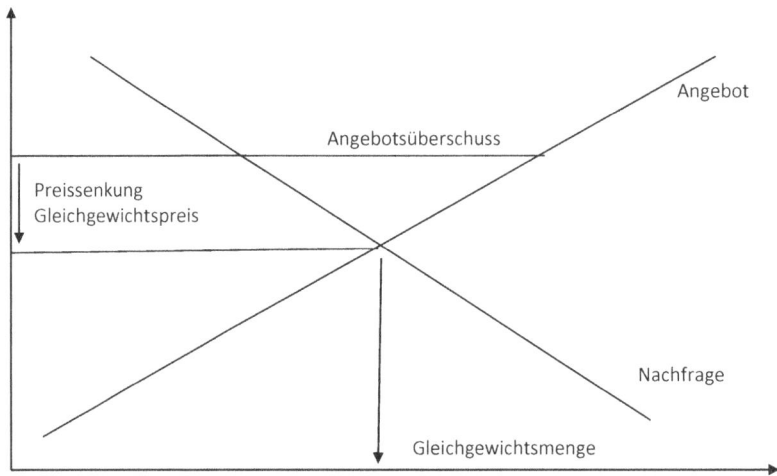

Abb. 1.3 Marktgleichgewicht beim Käufermarkt. (Quelle: eigene Darstellung)

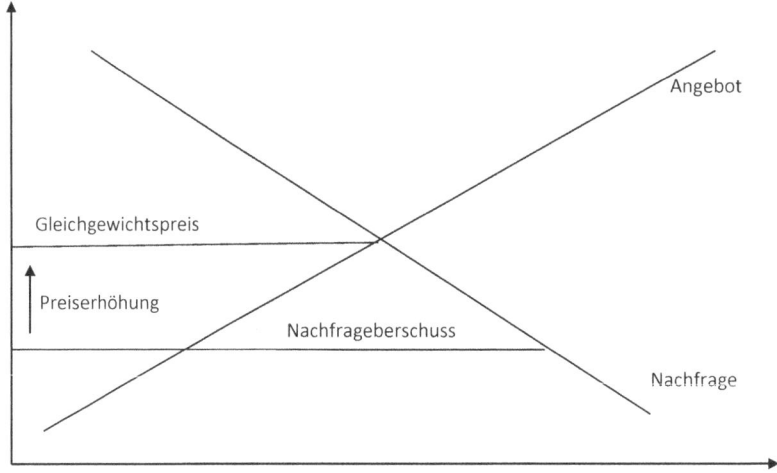

Abb. 1.4 Marktgleichgewicht beim Verkäufermarkt. (Quelle: eigene Darstellung)

Bei einem **Verkäufermarkt** (zum Beispiel Wohnungsmarkt) besitzen die Anbieter eine größere Marktmacht, weil zu den Marktbedingungen die Nachfrage größer als das Angebot ist. Um den Nachfrageüberschuss abzubauen, werden die Anbieter entweder den Preis oder das Angebot erhöhen. Durch den gestiegenen Preis interessieren sich weniger Kunden für das Produkt, die Nachfrage sinkt, bis ein neuer Gleichgewichtspreis entsteht und der Markt sich wieder im Gleichgewicht befindet (vgl. Abb. 1.4).

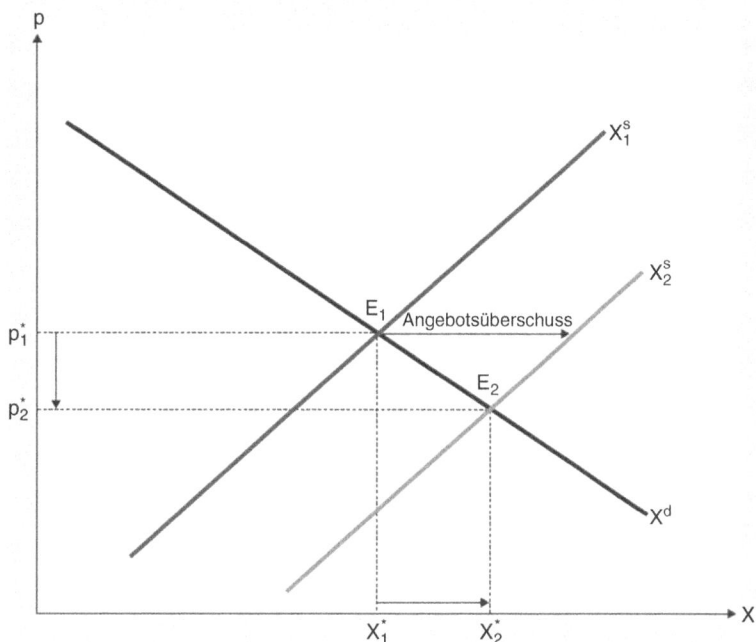

Abb. 1.5 Rechtsverschiebung der Angebotskurve. (Quelle: eigene Darstellung)

Wie wirken sich Änderungen des Angebotes und der Nachfrage auf den Preis aus?

Schauen wir zunächst auf mögliche **Änderungen des Angebotes**. So könnten steigende Produktionskosten (zum Beispiel höhere Energie- und Personalkosten) das Angebot verringern. Dies führt zu einer **Linksverschiebung der Angebotskurve**. Als Reaktion auf die mit dem Angebotsrückgang verbundene Preiserhöhung geht auch die nachgefragte Menge zurück. Der Marktmechanismus wird im Ergebnis einen höheren Gleichgewichtspreis und eine geringere Gleichgewichtsmenge ausweisen.

Eine Senkung der Steuern oder Energiekosten bewirkt tendenziell eine Ausweitung des Angebots und damit eine **Rechtsverschiebung der Angebotskurve (vgl.** Abb. 1.5). Als Reaktion auf die mit der Angebotsausweitung verbundene Preissenkung steigt auch die Nachfragemenge. Der Marktmechanismus wird im Ergebnis einen niedrigeren Gleichgewichtspreis und eine höhere Gleichgewichtsmenge ausweisen.

Nun betrachten wir mögliche **Änderungen der Nachfrage**, die zu einer Verschiebung der Nachfrage nach links oder rechts (vgl. Abb. 1.6) führen können (Tab. 1.1).

Das Einspielen auf einen Gleichgewichtspreis durch Anpassungen von Angebot und Nachfrage wird **Markt-Preis-Mechanismus** bezeichnet. Der Markt hat dabei die Aufgabe, Angebot und Nachfrage in Übereinstimmung zu bringen.

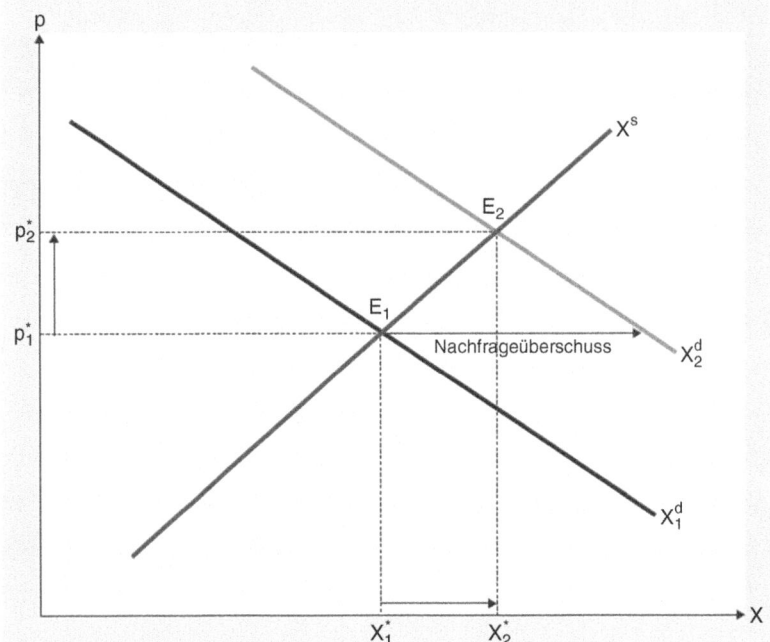

Abb. 1.6 Rechtsverschiebung der Nachfragekurve. (Quelle: eigene Darstellung)

Tab. 1.1 Mögliche Ursachen für die Verschiebung der Nachfragekurve. (Quelle: eigene Darstellung)

Ursache	Veränderung der Nachfrage	Auswirkung auf Preis
Erhöhung der Steuern und Abgabe	Nachfragerückgang = Linksverschiebung der Nachfragekurve	Preissenkung und niedrigerer Gleichgewichtspreis
Erhöhung des verfügbaren Einkommens durch Lohnerhöhung	Nachfrageanstieg = Rechtsverschiebung der Nachfragekurve	Preiserhöhung und gestiegener Gleichgewichtspreis

In diesem Zusammenhang spielt der **Preis** in einer Marktwirtschaft eine zentrale Rolle und übernimmt dabei folgende **Funktionen**:

- Gleichgewichts- bzw. Koordinationsfunktion, das heißt, der Preis gleicht Angebot und Nachfrage aus.
- Lenkungsfunktion (Allokationsfunktion), das heißt, die Preise lenken das Wirtschaftsgehen in/aus attraktive/unattraktive Märkte.
- Informations- und Signalfunktion, das heißt, die Preise signalisieren den Marktteilnehmern Knappheitsgrade von Gütern.
- Sanktionsfunktion (Auslesefunktion), das heißt, Marktteilnehmer scheiden aus dem Markt aus, wenn ihnen der Marktpreis zu niedrig (Anbieter) bzw. hoch (Nachfrager) ist

1.1.3 Preisbildung in unterschiedlichen Marktformen und bei unvollständiger Konkurrenz

In der Realität sind die Märkte jedoch eher unvollkommen. In diesem Fall ist die Preisbildung auch von den jeweiligen Marktformen abhängig. Dabei werden Märkte danach unterschieden, wie viele Teilnehmer auf der Seite der Anbieter bzw. Nachfrager aufeinandertreffen.

Kurz gefasst kann man die in Abb. 1.7 dargestellten **Marktformen** unterscheiden.

Wie erfolgt die **Preisbildung** in den unterschiedlichen Marktformen?

Im **Polypol** kann der einzelne Anbieter seinen Marktanteil durch seine Preispolitik nur begrenzt beeinflussen. Er muss sich mit seinem Preis und angebotenen Mengen dem Markt anpassen. Er ist Preis- und Mengenanpasser. Dies ist das Modell der vollständigen Konkurrenz, das der idealen Marktform entspricht, jedoch in der Realität nicht immer anzufinden ist.

Der **Monopolist** ist Preisfixierer und kann grundsätzlich eine unabhängige Preispolitik betreiben. Allerdings muss er die Nachfragestruktur berücksichtigen (Preiselastizität der Nachfrage, Gefahr der Entwicklung alternativer Güter).

Im **Oligopol** muss der Anbieter mit Preisreaktionen der wenigen anderen Marktteilnehmer rechnen. Daher ist er Preisfixierer mit begrenztem Preisspielraum. Alternativ könnten sich die Oligopolisten im Marktverhalten abstimmen (Kartellabsprachen), um den Wettbewerb zu reduzieren bzw. auszuschalten.

In der **volkswirtschaftlichen Realität** gibt es den idealen Markt, an dem sich für jedes Produkt oder jede Dienstleistung ein verbindlicher, allgemeingültiger Preis bildet, nicht mehr.

Der Grund sind **personalisierte Preise**, die je nach Zahlungsbereitschaft auf die individuellen Nachfrager zugeschnitten werden, das heißt, für das gleiche Produkt oder die gleiche Leistung beim gleichen Anbieter gibt es für unterschiedliche Kunden verschiedene Preise zur gleichen Zeit.

Durch entsprechende Algorithmen wird das Kaufverhalten der Nachfrager analysiert, um zeitnah den optimalen Preis für den Anbieter (zum Beispiel amazon) zu stellen. Es werden individuelle Kundenprofile erstellt, sodass personalisierte Preise und keine Einheitspreise geboten werden können. Erfasst werden zum Beispiel das Einkaufs- und

Anbieter / Nachfrager	Viele	Wenige	Einer
Viele	**Polypol** (z. B.: Restaurants, Banken)	**Angebotsoligopol** (z. B.: Telekommunikationsdienstleister, Automobilunternehmen)	**A ngebotsmonopol** (z. B.: Wasserwerke)
Wenige	**Nachfrageoligopol** (z. B. Automobilunternehmen als Nachfrager)	zweiseitiges **Oligopol** (z. B. Anbieter und Nachfrager von Spezialprodukten)	beschränktes **Angebotsmonopol** (z. B. Rüstungsindustrie)
Einer	**Nachfragemonopol** (kommt kaum vor)	beschränktes **Nachfragemonopol** (z. B. Bundeswehr als Nachfrager)	zweiseitiges **Monopol** (z. B. Toll Collect)

Abb. 1.7 Marktformen. (Quelle: eigene Darstellung)

Surfverhalten (aufgerufene Webseiten), der Ort (IP-Adresse), Typ des Endgerätes (PC oder mobil) sowie das Betriebssystem (iOS oder Android). Schon heute gibt es Online-händler, die von (einkommensstarken) Kunden mit Apple-Tablet höhere Preise verlangen als von (preissensiblen) Kunden mit anderen iPads.

Auch können Kunden, die intensiv im Internet Preisvergleiche durchführen, bessere Preise erhalten, weil der Algorithmus annimmt, dass der Kunde mehr Zeit als Geld hat und mit Sonderangeboten gelockt werden muss.

Diese **Individualisierung der Preise durch Algorithmen** ist erst der Beginn einer Entwicklung, deren Grenzen der Wettbewerb, das Antidiskriminierungsgesetz (keine Diskriminierung wegen Geschlecht, Alter, Religion, Herkunft, Weltanschauung oder sexueller Orientierung) und gesellschaftliche Normen sind.

1.1.4   Wettbewerbspolitik

Ein funktionsfähiger Wettbewerb ist ein zentraler Bestandteil einer Marktwirtschaft, weil über den Markt die Pläne der Anbieter und Nachfrager optimal aufeinander abgestimmt werden können. Dabei übernimmt der Wettbewerb (idealtypisch) folgende Funktionen:

- **Anreizfunktion**: Die Anbieter sollen durch einen ständigen Verbesserungsprozess bei ihren Produkten, Dienstleistungen und Produktionsverfahren die Bedürfnisse der Nachfrager bestmöglich befriedigen, um Wettbewerbsvorteile erlangen.
- **Auslesefunktion**: Nur die leistungsfähigsten Marktteilnehmer können zu den Marktkonditionen die Produkte bzw. Dienstleistungen anbieten bzw. nachfragen; die leistungsschwachen Marktteilnehmer werden vom Markt eliminiert.
- **Freiheitsfunktion**: Die Anbieter versuchen, ihre Produkte von denen der Wettbewerber abzuheben und durch Innovation oder Variation Präferenzen bei den Nachfragern zu erreichen.
- **Steuerungsfunktion**: Die knappen Produktionsfaktoren sollen so eingesetzt werden, dass ihre Produktivität (**Produktivität** ist eine technische Kennziffer und gibt Auskunft über das mengenmäßige Verhältnis von Output zu Input) am höchsten ist. Der Wettbewerb unterstützt die Abstimmung zwischen Angebot und Nachfrage.
- **Verteilungsfunktion**: Der Wettbewerb soll eine leistungsorientierte Einkommensverteilung unterstützen.

1.1.5   Ziele und Instrumente der Wettbewerbspolitik

Zwar kann Wettbewerb durch seine Funktionen zum gesellschaftlichen Wohlstand beitragen, aber das Verhalten der Marktteilnehmer kann zu Wettbewerbsverzerrungen führen, zum Beispiel durch Kartelle und marktbeherrschende Stellungen.

Ziel staatlicher Wettbewerbspolitik ist es daher, diese Wettbewerbsverzerrungen zu verhindern und stattdessen einen **funktionsfähigen Wettbewerb** durch Schaffung folgender Rahmenbedingungen zu sichern:

- freien Marktzugang
- Abbau von Handelshemmnissen
- Verhinderung wettbewerbsbeschränkender Verhaltensweisen von Anbietern.

Die wichtigste gesetzliche Grundlage in Deutschland ist dabei das **Gesetz gegen Wettbewerbsbeschränkungen (GWB)**, kurz: **„Kartellgesetz".**

- Institution: Kartellamt mit Sitz in Bonn
- Das Kartellamt spricht Verbote gegen Diskriminierung, Verkauf unter Einkaufspreis oder Boykottverkauf aus.
- Diese Unternehmenszusammenschlüsse können von Bundeskartellamt dahingehend überprüft werden, ob damit ggf. eine Verhinderung, Einschränkung oder Verzerrung des Wettbewerbs erreicht wird. So stellte sich das Bundeskartellamt gegen die Übernahme der Handelskette „Tengelmann" durch den Wettbewerber „Edeka" (horizontaler Unternehmenszusammenschluss), weil eine Wettbewerbsbeeinträchtigung befürchtet wurde.
- Aus übergeordneten volkswirtschaftlichen Gründen kann der Bundeswirtschaftsminister vom Kartellamt abgelehnte Fusionen dennoch genehmigen. Im Fall „Edeka" und „Tengelmann" genehmigte der damalige Bundeswirtschaftsminister Gabriel die Fusion, doch andere Marktteilnehmer wie Rewe, Markant und Norma klagten gegen diese Entscheidung.
- Im Ergebnis haben sich „Edeka" und „Rewe" geeinigt, indem sie jeweils Teile von „Tengelmann" übernommen haben.

1.1.6 Unternehmenszusammenschlüsse

Man unterscheidet bei der zwischenbetrieblichen Zusammenarbeit nach der Intensität der Bindung in Kooperationen und Konzentrationen (vgl. Abb. 1.8).

Kooperation: Die beteiligten Unternehmen bleiben rechtlich und wirtschaftlich selbstständig. Die wirtschaftliche Selbstständigkeit wird nur im Bereich der Zusammenarbeit eingeschränkt.

Formen der Kooperation:

- Kartell
- Arbeitsgemeinschaft (BGB-Gesellschaft)
- Interessengemeinschaft
- Unternehmensverband

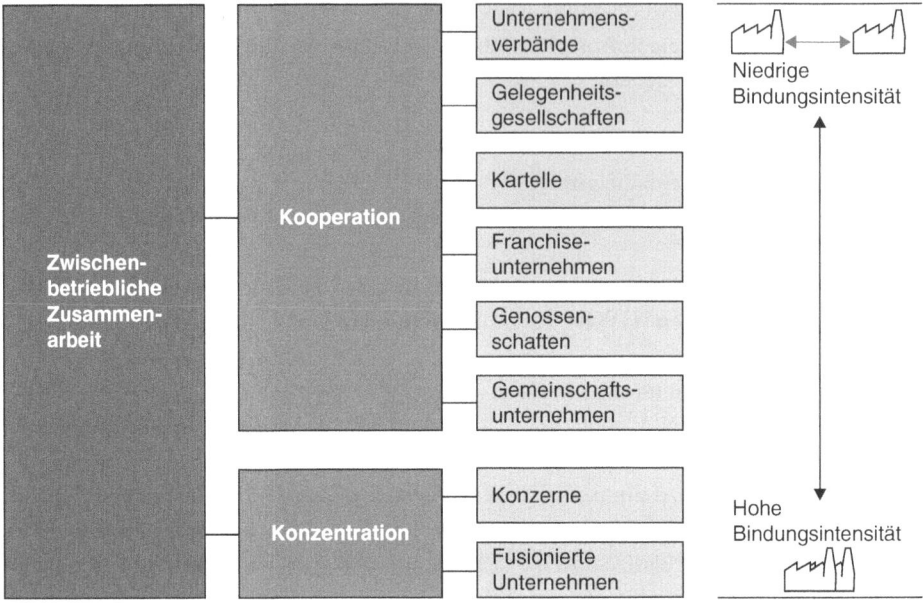

Abb. 1.8 Formen der betrieblichen Zusammenarbeit. (Quelle: eigene Darstellung)

Ziele:

- Steigerung der Wettbewerbsfähigkeit
- Steigerung der Rentabilität
- Minderung von Risiken
- Stärkung der Marktposition
- Verbesserung der Kommunikation
- Verbesserung der Produktqualität

▶ **Kartell:** Ein vertragsmäßiger Zusammenschluss rechtlich eigenständiger Unternehmen gleicher Branche, um den Wettbewerb einzuschränken.

In Deutschland sind Kartelle nach § 1 GWB grundsätzlich verboten (Preis-, Gebiets- und Quotenkartelle). Sie können jedoch nach § 2 GWB zugelassen werden, wenn sie

- den Verbraucher in angemessenem Maße am Gewinn beteiligen,
- zur Verbesserung der Warenerzeugung (zum Beispiel Kosteneinsparungen) und Warenverteilung beitragen (zum Beispiel Erschließung neuer Produktmärkte) sowie
- den technischen oder wirtschaftlichen Fortschritt fördern (zum Beispiel Forschungskartelle), „ohne dass den beteiligten Unternehmen
  1. Beschränkungen auferlegt werden, die für die Verwirklichung dieser Ziele nicht unerlässlich sind, oder
  2. Möglichkeiten eröffnet werden, für einen wesentlichen Teil der betreffenden Waren den Wettbewerb auszuschalten."

▶ **Unternehmenskonzentration:** Bei Konzentrationen können die beteiligten Unternehmen selbstständig bleiben, verlieren aber teilweise oder vollständig ihre wirtschaftliche Selbstständigkeit (Konzern, Fusion, Beteiligung, Gemeinschaftsunternehmen)

▶ **Konzern:** Unternehmenszusammenschlüsse in Form von Kapitalverflechtung, bei denen die beteiligten Unternehmen ihre rechtliche Selbstständigkeit behalten, aber ihre wirtschaftliche Selbstständigkeit aufgeben, da sie einer einheitlichen Konzernleitung unterstellt werden.

▶ **Fusion:** wirtschaftliche und rechtliche Zusammenschlüsse zu einem Gesamtunternehmen.

Eine weitere Unterscheidung der Unternehmenszusammenschlüsse erfolgt nach der Art der Wirtschaftsstufen:

- **Horizontale Konzentration**: Unternehmen derselben Wirtschaftsstufe schließen sich mit dem Ziel zusammen, die Marktposition zu verbessern (zum Beispiel Edeka möchte Kaisers/Tengelmann übernehmen).
- Ziele bzw. Gründe:
  - Ausbau der Marktanteile
  - Kostenvorteile im Einkauf
  - Einsparung von Kosten in der Verwaltung und in den Prozessen
- **Vertikale Konzentration**: Unternehmen vor- und nachgelagerter Produktionsstufen schließen sich mit dem Ziel zusammen, die Beschaffung bzw. den Absatz zu sichern (zum Beispiel ein Produktionsunternehmen übernimmt ein Zulieferunternehmen oder eine Vertriebsgesellschaft).
- Ziele bzw. Gründe:
  - Sicherung wichtiger Einsatzstoffe bzw. Rohstoffe
  - Sicherung des Absatzes
  - Kosteneinsparungen in der Verwaltung und Produktion
- **Diagonale/laterale Konzentration**: branchenfremde Unternehmen schließen sich zusammen (zum Beispiel ein Kreditinstitut übernimmt ein Reisebüro).
- Ziele bzw. Gründe:
  - Streuung der Marktrisiken
  - Lerneffekte durch Erfahrungsaustausch
  - ggf. Imagegewinn (Marketingaspekt)

1.1.7 Eingriffe des Staates in die Preisbildung

Im Rahmen der Sozialen Marktwirtschaft greift der Staat in Deutschland aufgrund von übergeordneten Gründen durch folgende Maßnahmen in die freie Preisbildung ein (vgl. Abb. 1.9):

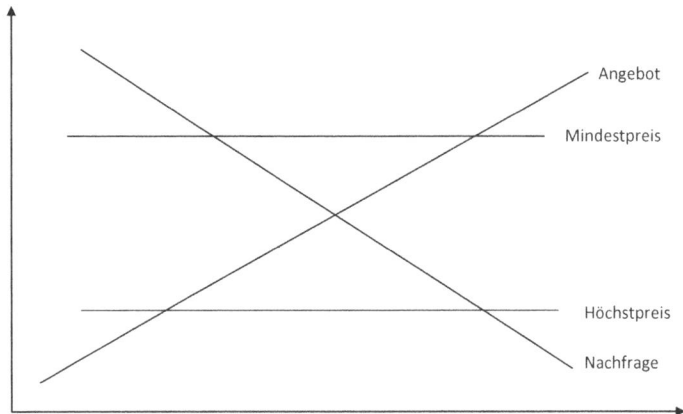

Abb. 1.9 Mindest- und Höchstpreis. (Quelle: eigene Darstellung)

- Mindestpreis
  - liegt über dem Gleichgewichtspreis
  - soll die Anbieter schützen
  - etwaige Überproduktion (Angebotsüberhang) muss vom Staat abgenommen werden
  - Beispiel: Einführung des gesetzlichen Mindestlohns am 01.01.2015 in Höhe von 8,50 Euro pro Stunde, der zum 01.01.2017 auf 8,84 Euro je Stunde erhöht wird
- Höchstpreis
  - liegt unter dem Gleichgewichtspreis
  - Schutz der Nachfrager bzw. Konsumenten
  - Entstehung eines Schwarzmarktes (Angebotslücke)
  - Beispiel: sogenannte „Mietpreisbremse"

Subventionen: Durch diese staatlichen Finanzhilfen ohne direkte Gegenleistung können Anbieter ihre Leistungen zu einem günstigeren Preis verkaufen.

- Ziel: Förderung der Markteinführung neuer Produkte, wie zum Beispiel Elektroautos.
- Problem: Dauerhafte Subventionen behindern die Preisfunktionen und müssen über Steuern finanziert werden, womit die Steuerlast der Bürger erhöht wird.

Steuern: Etwa durch Verbrauchsteuern werden Marktpreise beeinflusst. Wird zum Beispiel die Mineralölsteuer erhöht, verursacht dies einen höheren Gleichgewichtspreis für Benzin und damit eine geringere Gleichgewichtsmenge (zum Beispiel weniger Nachfrage).

- Ziel: Veränderung der Verbrauchsgewohnheiten der Nachfrager aus umwelt- und gesundheitspolitischen Gründen
- Problem:
  - Steuern werden nicht gesenkt, wenn das Ziel erreicht wurde.
  - Berufspendler werden überproportional belastet.

Eingriffe des Staates in die freie Preisbildung entsprechen **nicht** dem **marktwirtschaftlichen Prinzip**, weil sie die Lenkungsfunktion des Preismechanismus ausschalten (marktkonträre Eingriffe).

1.1.8 Volkswirtschaftliche Gesamtrechnung

Mit der Volkswirtschaftlichen Gesamtrechnung (VGR) soll das Wirtschaftsgeschehen einer Volkswirtschaft für einen bestimmten Zeitraum erfasst werden. Dies geschieht nach einer international standardisierten Methode. In Deutschland wird die VGR vom Statistischen Bundesamt erstellt.

Zwecke:

- Informationsgrundlage für wirtschaftspolitische Entscheidungen
- Ermittlung des Wirtschaftswachstums und des Strukturwandels
- Wohlstandsindikator
- internationaler Vergleich

1.1.9 Bruttoinlandsprodukt und Bruttonationaleinkommen

Das Bruttoinlandsprodukt (BIP) und das Bruttonationaleinkommen (BNE) haben innerhalb der VGR eine herausragende Bedeutung.

▶ **Bruttoinlandsprodukt:** zahlenmäßige Erfassung der Wirtschaftsleistung einer Volkswirtschaft für einen bestimmten Zeitraum. Es stellt die Summe der produzierten Güter und Dienstleistungen einer Volkswirtschaft innerhalb einer Periode im Inland dar (**Inlandskonzept**).

Dabei wird unterschieden zwischen:

Nominales BIP: Es erfasst die produzierten Güter und Dienstleistungen zum jeweiligen Marktpreis, das heißt, Geldwertänderungen (zum Beispiel Inflation) gehen in die Berechnung ein

Reales BIP: Hier handelt es sich um das preisbereinigte BIP, bei dem die Menge der erstellten Güter und Dienstleistungen mit dem Preis eines Basisjahres berechnet wird, das heißt, Veränderungen aufgrund von Preiserhöhungen werden nicht berücksichtigt.

Bruttonationaleinkommen (BNE): Das ist die Wirtschaftsleistung aller Inländer, also: Wie viel haben die Inländer weltweit produziert (**Inländerkonzept**)? Während im Jahr 2017 das nominale BIP 3.2634 Milliarden Euro betrug, machte das nominale BNE 3.3241 Milliarden Euro aus. Der Unterschiedsbetrag ist der Saldo der Erwerbs- und Vermögenseinkommen zwischen In- und Ausländern in Höhe von 60,7 Milliarden Euro, das heißt, die Inländer haben um diesen Betrag mehr im Ausland erwirtschaftet als die Ausländer im Inland (Saldo der Primäreinkommen mit der übrigen Welt) (vgl. Abb. 1.10).

Abb. 1.10 Bruttoinlandsprodukt
und Bruttonationaleinkommen.
(Quelle: Statistisches Bundesamt
2018a, S. 17)

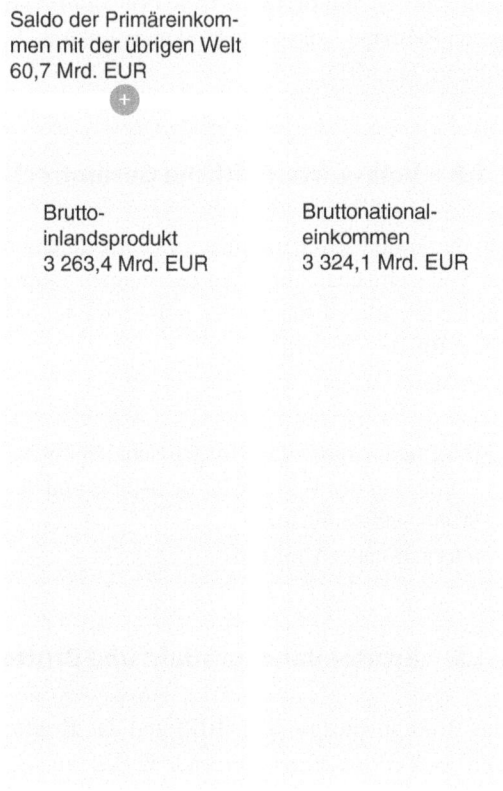

Saldo der Primäreinkom-
men mit der übrigen Welt
60,7 Mrd. EUR

Brutto-
inlandsprodukt
3 263,4 Mrd. EUR

Bruttonational-
einkommen
3 324,1 Mrd. EUR

Das BIP kann auf drei Arten berechnet werden (vgl. Abb. 1.11).

Entstehung: Welche Bereiche/Branchen erwirtschaften wie viel der gesamten Wirtschaftsleistung?

Mit dieser Berechnung kann die Wirtschaftsstruktur eines Landes und deren Entwicklung abgebildet werden. In Deutschland betrug im Jahr 2017 das nominale BIP 3.2634 Milliarden Euro. Gegenüber 1991 (1.5798 Milliarden Euro) hat es sich mehr als verdoppelt.

Dabei haben die Wirtschaftsbereiche im Jahr 2017 folgende Anteile (vgl. Abb. 1.12;
Quelle: Statistisches Bundesamt 2018a, S. 11):

- Dienstleistungsbereich: 68,7 Prozent
- Produzierendes Gewerbe ohne Baugewerbe: 25,6 Prozent
- Baugewerbe: 4,9 Prozent
- Land- und Forstwirtschaft, Fischerei: 0,7 Prozent

Die Entstehungsrechnung kann nach einzelnen Branchen verfeinert werden (vgl.
Abb. 1.13).

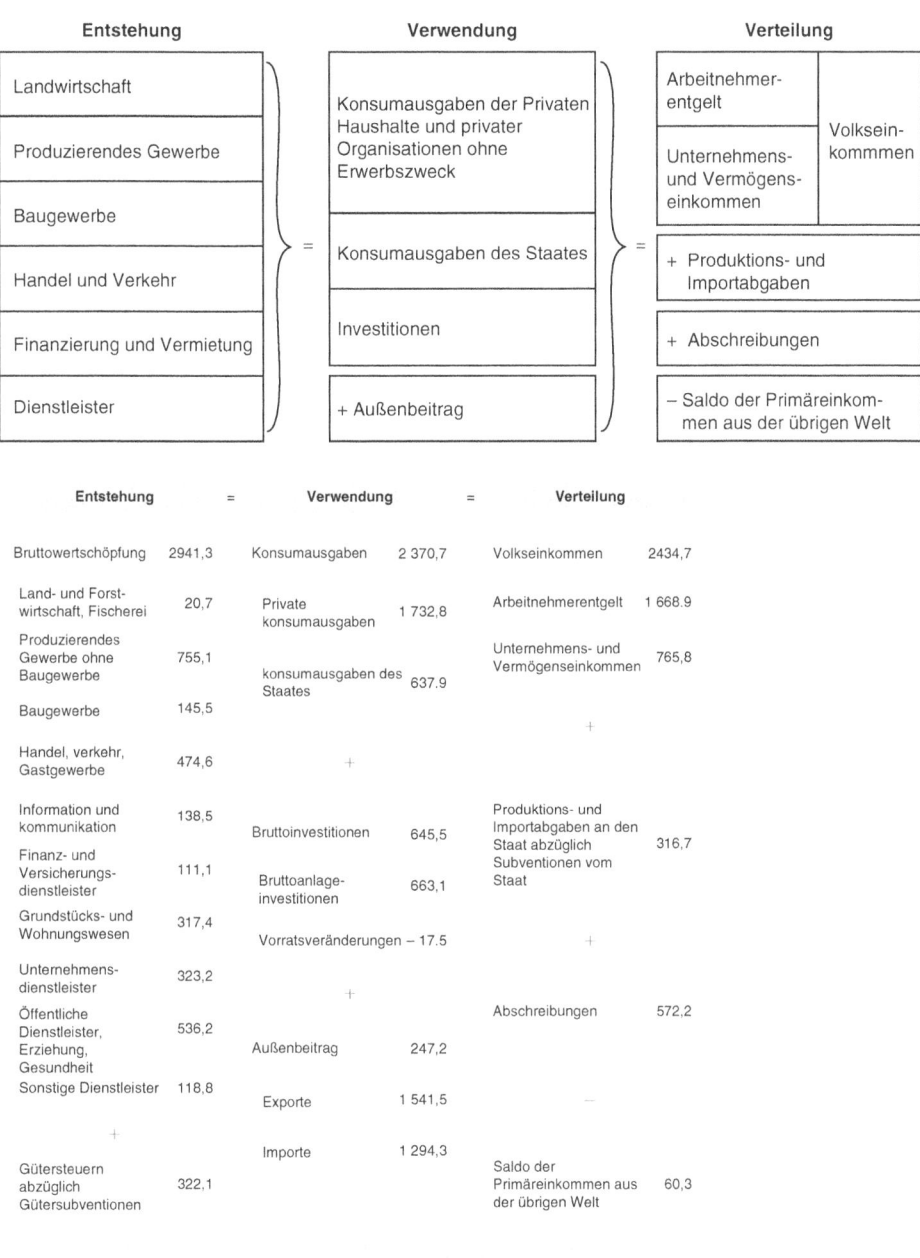

Abb. 1.11 Berechnung des Bruttoinlandsproduktes. (Quelle: Statistisches Bundesamt 2018b, S. 329, 2018c, S. 6)

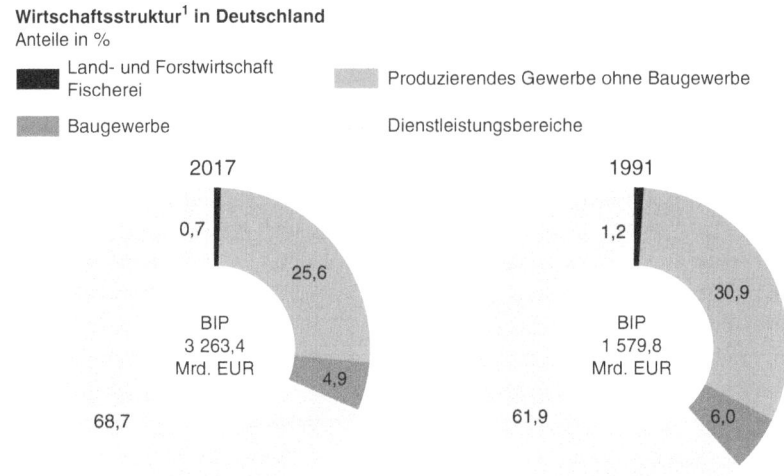

Abb. 1.12 Wirtschaftsstruktur in Deutschland. (Quelle: Statistisches Bundesamt 2018a, S. 11)

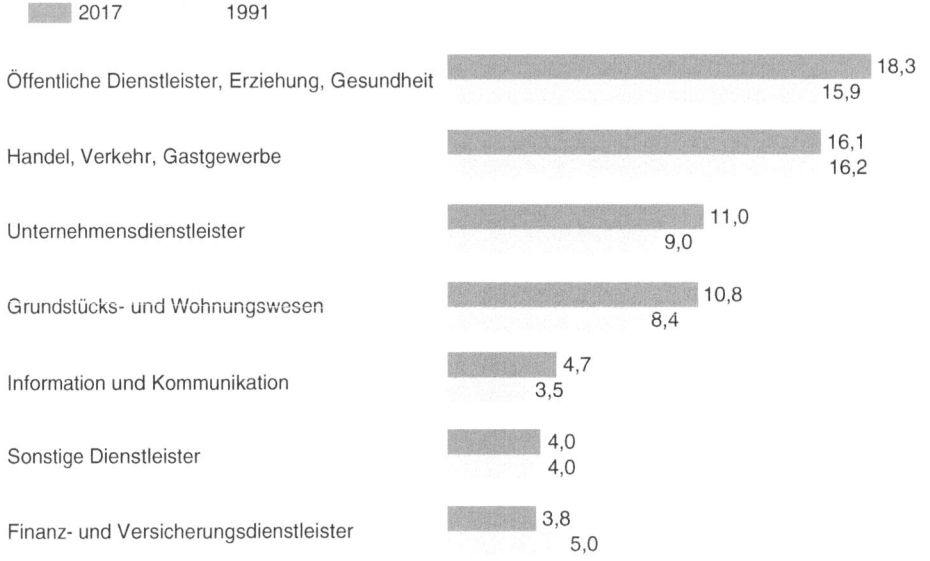

1 Gemessen als Anteil der nominalen Bruttowertschöpfung des jeweiligen Wirtschaftsbereichs an der nominalen Bruttowertschöpfung insgesamt.

Abb. 1.13 Entstehungsrechnung. (Quelle: Statistisches Bundesamt 2018a, S. 11)

Verteilung: Wie verteilt sich die Wirtschaftsleistung auf nicht selbstständige Arbeit und selbstständige Arbeit (Arbeitnehmer und Einkommen aus Unternehmertätigkeit und Vermögen)? Als Bezugsgröße wird dabei das **Volkseinkommen** herangezogen.

- **Lohnquote** = Anteil des Bruttoeinkommens aus unselbstständiger Arbeit am Volkseinkommen; 2017 in Deutschland: 68,5 Prozent (vgl. Abb. 1.14)
- **Gewinnquote** = Anteil des Einkommens aus Unternehmertätigkeit und Vermögen am Volkseinkommen; 2017 in Deutschland: 31,5 Prozent

Zwischen BIP, BNE und Volkseinkommen (vgl. Abb. 1.15) besteht folgende Beziehung:

Lohnquote[2]

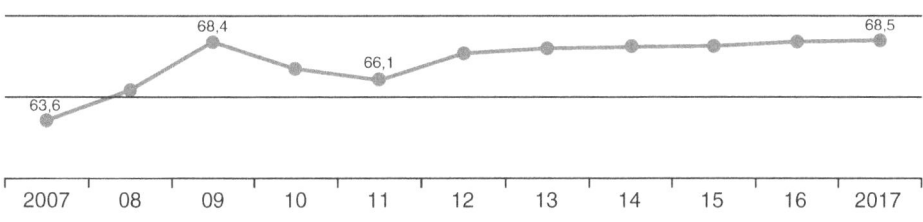

1 Veränderung gegenüber dem Vorjahr in %. 2 Arbeitnehmerentgelt in % des Volkseinkommens.

Abb. 1.14 Veränderung der Lohnquote. (Quelle: Statistisches Bundesamt 2018a, S. 18)

Abb. 1.15 Volkseinkommen.
(Quelle: Statistisches
Bundesamt 2018a, S. 17)

Unternehmens- und
Vermögenseinkommen
766, 4 Mrd. EUR

Volkseinkommen
2 434,8 Mrd. EUR

Arbeitnehmerentgelt
1 668,5 Mrd. EUR

Verteilungsrechnung
Arbeitnehmerentgelt
+ Unternehmens- und Vermögenseinkommen
= Volkseinkommen (VE)
+ Steuern
- Subventionen
= Nettonationaleinkommen zu Marktpreisen (Primäreinkommen)
+ Saldo der Gewerbs- und Vermögenseinkommen zwischen In- und Ausländern
= Bruttoinlandsprodukt (BIP)

Verwendung: Wie verteilte sich die Wirtschaftsleistung in 2017 auf die gesamtwirtschaftlichen Nachfragekomponenten (vgl. Abb. 1.16):

* privater Konsum: 53,2 Prozent
* Staatskonsum: 19,6 Prozent
* Bruttoanlageinvestitionen: 19,6 Prozent
* Außenbeitrag (Export – Import von Waren und Dienstleistungen): 7,6 Prozent

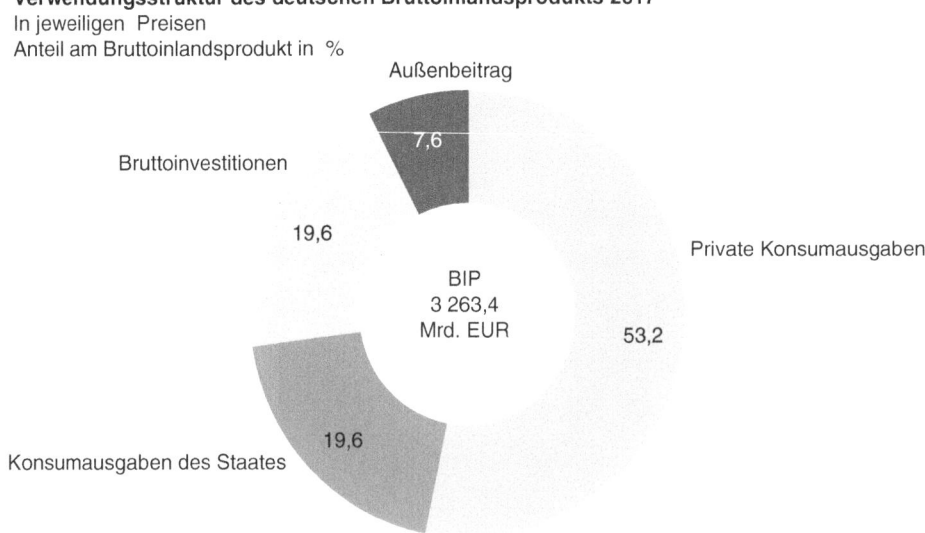

Verwendungsstruktur des deutschen Bruttoinlandsprodukts 2017
In jeweiligen Preisen
Anteil am Bruttoinlandsprodukt in %

Abb. 1.16 Verwendungsstruktur des deutschen Bruttoinlandsproduktes 2017. (Quelle: Statistisches Bundesamt 2018a, S. 13)

Allerdings wird in der Politik und Wissenschaft darüber diskutiert, ob das BIP tatsächlich als **Wohlstandsindikator** geeignet ist:

- Wachstum und Umwelt stehen meist im Konflikt. So werden Millionen ausgegeben, um Umweltschäden, die durch die Industrie entstanden sind, auszugleichen.
- Nicht alle Markttransaktionen sind wohlstandssteigernd (zum Beispiel Rüstungsindustrie).
- Verteilungsfrage: Die Kluft zwischen Arm und Reich wird immer größer, wobei die Armut stetig zunimmt, trotz steigendem BIP.
- Nicht-marktliche Transaktionen werden nicht erfasst (Hausarbeit, Nachbarschaftshilfe, Ehrenämter).
- Schwarzarbeit kann nicht vollständig erfasst werden. Sie wird daher nur geschätzt.
- Qualitatives Wachstum: Durch weniger Arbeit kann auch mehr Wohlstandsempfinden entstehen (mehr Freizeit).
- Soziale Faktoren: Wohlfühleffekte durch gutes Arbeitsklima (Gegensatz: Produktionsdruck, Mobbing).
- Kostenlose Leistungen (zum Beispiel aus dem Internet) werden nicht berücksichtigt.

Im Ergebnis ist bis jetzt noch kein Indikator gefunden worden, der das traditionelle BIP ersetzen könnte.

1.1.10 Primär- und Sekundärverteilung des Volkseinkommens

Die Einkommensverteilung eines Landes kann unter folgenden Aspekten betrachtet werden:

In der Zeitpunktbetrachtung wird zwischen primärer und sekundärer Einkommensverteilung unterschieden.

- **Primäre Einkommensverteilung: D**ie ursprüngliche Einkommensverteilung des Marktes wird nochmals in funktionale und personelle Einkommensverteilung untergliedert:
  - Funktionale Einkommensverteilung (siehe Verteilungsrechnung des BIP):
    - Lohnquote und
    - Gewinnquote
  - Personelle Einkommensverteilung:
    - Welche Personengruppen (zum Beispiel Arbeitnehmer, Selbstständige, Rentner) verdienen wie viel?
    - Verteilung des Volkseinkommens auf die privaten Haushalte.
- **Sekundäre Einkommensverteilung:** Sie zeigt, wie das **verfügbare Einkommen** als Ergebnis der staatlichen Umverteilungspolitik (Finanz- und Sozialpolitik) unter Berücksichtigung von Renten, direkten Steuern, Sozialabgaben und Transferzahlungen zustande kommt.

Ermittlung des verfügbaren Einkommens der Haushalte
Bruttoeinkommen (primäre Einkommensverteilung)
Umverteilung des Staates durch:
− direkte Steuern
− Abzüge (Sozialabgaben)
+ Sozial- und Transferzahlungen (Renten, Arbeitslosengeld, Kindergeld, Wohngeld)

1.1.11 Konjunktur- und Wirtschaftswachstum

Im Stabilitätsgesetz von 1967 hat sich die Bundesregierung die in Tab. 1.2 dargestellten Ziele der Wirtschaftspolitik gesetzt.

Stetiges und angemessenes Wirtschaftswachstum
Die wirtschaftliche Entwicklung einer Volkswirtschaft unterliegt idealtypisch den folgenden Konjunkturphasen:

- Aufschwung/Expansion: stärkeres Wachstum des realen BIP, Auslastung der Produktionskapazitäten und Investitionen der Unternehmen nehmen zu, Arbeitslosigkeit nimmt ab
- Hochkonjunktur/Boom: hohe Wachstumsrate des realen BIP, hoher Beschäftigungsstand, Inflationsgefahr
- Abschwung/Rezession: Wachstumsrate des realen BIP nimmt ab, Auslastung der Produktionskapazitäten, Investitionen der Unternehmen sowie Beschäftigung nehmen ab
- Tiefstand/Depression: weiter rückläufige Wachstumsraten des realen BIP, geringe Auslastung der Produktionsanlagen, hohe Arbeitslosigkeit, Rückgang des Preisauftriebs

Tab. 1.2 Ziele des Stabilitätsgesetzes („magisches Viereck") und ihre Messkriterien. (Quelle: eigene Darstellung)

Ziel	Messkriterium	2,2 %
stetiges und angemessenes Wirtschaftswachstum	gemessen an der Veränderungsrate des realen BIP	5,7 %
hoher Beschäftigungsstand	gemessen an der Arbeitslosenquote	1,8 %
Preisniveaustabilität	gemessen an der Inflationsrate (Veränderung des Verbraucherpreisindex)	2571 Mrd. Leistungsbilanzüberschuss
außenwirtschaftliches Gleichgewicht	gemessen am Außenbeitrag bzw. am Saldo der Leistungsbilanz	

Zur Analyse und Prognose der wirtschaftlichen Entwicklung werden folgende Konjunkturindikatoren eingesetzt.

- Frühindikatoren deuten durch ihren zeitlichen Vorlauf die zukünftige Entwicklung an: zum Beispiel
  - Auftragseingang
  - Geschäftsklimaindex (ifo-Index)
  - Entwicklung der Aktienkurse
- Präsensindikatoren geben Auskunft über den aktuellen Wirtschaftsverlauf:
  - Auftragsbestände
  - Kapazitätsauslastung
  - Konsum
- Spätindikatoren laufen dem Wirtschaftsverlauf hinterher:
  - Arbeitslosenquote
  - Verbraucherpreise
  - Insolvenzen

Stetiges Wirtschaftswachstum bedeutet störungsfreies kontinuierliches Wachstum. Angemessen ist das Wirtschaftswachstum, wenn die anderen Ziele des „magischen Vierecks" unterstützt werden.

Wirtschaftswachstum hat in der Wirtschaftspolitik eine hohe Bedeutung, weil:

- der Wohlstand einer Gesellschaft erhöht wird
- die Beschäftigung erhöht werden kann
- der Strukturwandel in einer Volkswirtschaft erleichtert wird
- die Steuereinnahmen des Staates und damit
- der Verteilungsspielraum erhöht werden kann

Hoher Beschäftigungsstand
Nach einer Definition der Bundesagentur für Arbeit ist Vollbeschäftigung dann gegeben, wenn

- alle arbeitswilligen und arbeitsfähigen Personen
- im gewünschten zeitlichen Umfang
- entsprechend ihrer persönlichen Voraussetzungen eine Erwerbstätigkeit ausüben können.

Das relevante Messkriterium für die Zielerreichung ist die **Arbeitslosenquote**:

$$(\text{Registrierte Arbeitslose} * 100) / \text{Anzahl der zivilen Erwerbspersonen}$$

Zu den zivilen Erwerbspersonen zählen die Arbeitslosen und die Erwerbstätigen mit Wohnsitz in Deutschland.

Vollbeschäftigung ohne Arbeitslosigkeit ist ein idealtypischer Zustand, denn es lassen sich unterschiedliche **Formen der Arbeitslosigkeit** unterscheiden:

- **Friktionelle:** entsteht durch den Übergang von einer Beschäftigung zu einer anderen (Kurzzeitarbeitslosigkeit, Sucharbeitslosigkeit). Sie ist gegeben, wenn die Arbeitslosigkeit nicht länger als drei Monate dauert. Gegenmaßnahme: schnellere Arbeitsvermittlung durch Internetangebote der Arbeitsagentur
- **Saisonale:** jahreszeitlich bedingt, wenn die Nachfrage sich kurzzeitig reduziert und damit die Beschäftigung abgebaut wird (zum Beispiel Gastronomie, Baugewerbe). Gegenmaßnahme: zum Beispiel Schlechtwettergeld im Baugewerbe
- **Strukturelle:** aufgrund des volkswirtschaftlichen Strukturwandels von der Industrie- zur Dienstleistungsgesellschaft; Branche in einem Gebiet wandert komplett ab oder geht insolvent, weil Kosten nicht mehr gedeckt werden können (Bergbau) Gegenmaßnahme: Umschulungsmaßnahme für betroffene Arbeitnehmer
- **Konjunkturelle:** durch Rezession bedingte Arbeitslosigkeit. Gegenmaßnahmen: Infrastruktur verbessern, Steuererleichterung für Unternehmer, ABM, Zuschüsse für Einstellungen

Preisniveaustabilität
Messung:

- Inflationsrate oder Verbraucherpreisindex in Deutschland bzw.
- harmonisierter Verbraucherpreisindex (HVPI) im EU-Raum, um die unterschiedlichen Warenkörbe vergleichen zu können.
- Warenkorb: Preise von ca. 700 Produkte für Single-/Familienhaushalt werden regelmäßig verglichen; Allerdings werden dabei die einzelnen Güter unterschiedlich gewichtet; so haben zum Beispiel die Wohnungsmieten einen Anteil von ca. 30 Prozent an den Gesamtausgaben. Der Warenkorb wird alle fünf Jahre aktualisiert, um Veränderungen im Verbraucherverhalten berücksichtigen zu können. Eine Verteuerung der Produkte zeigt eine Inflation an (Preissteigerungsrate).
- Aktuelle Daten zum Verbraucherpreisindex und zum harmonisierten Verbraucherpreisindex können auf der Homepage des Statistischen Bundesamtes (www. destatis.de) gefunden werden.

Die Einhaltung des Zieles wird daran überprüft, ob der harmonisierte Verbraucherpreisindex (HVPI) für die Eurozone im Durchschnitt über mehrere Jahre weniger als unter zwei Prozent gegenüber dem Vorjahr angestiegen ist. Die so definierte Inflationsrate ist ein Maßstab dafür, wie sich innerhalb eines Jahres die Preise für private Verbrauchsausgaben in der Eurozone im Durchschnitt verändern. Wenn in der Zeitung steht, dass der Verbraucherpreisindex in Deutschland im April 2018 1,6 Prozent betragen habe, bedeutet dies, dass das allgemeine Preisniveau im April 2018 um 1,6 Prozent höher lag als im April 2017.

Das Ziel der Preisniveaustabilität kann durch folgende Störungen des Geldwertes gefährdet werden:

Inflation herrscht vor, wenn die Steigerungsrate des Preisniveaus über einen längeren Zeitraum deutlich über zwei Prozent liegt. Das hätte für die Verbraucher einen Kaufkraftverlust zur Folge, denn sie erhielten für einen bestimmten Geldbetrag einen geringeren Gegenwert. Insbesondere werden sozial Schwächere durch Inflation benachteiligt, da sie Bezieher fester Einkommen (zum Beispiel Gehalt, Rente, Sozialleistungen) sind und sich dafür weniger kaufen können. Auch Sparer haben Nachteile durch Inflation, da sich die reale Verzinsung ihrer Geldanlagen, das heißt nach Abzug der Inflationsrate, reduziert.

Für die Unternehmen würde Inflation die internationale Wettbewerbsfähigkeit beeinträchtigen, wenn die angebotenen Produkte im Vergleich zu Konkurrenzprodukten teurer geworden sind, wodurch die Nachfrage zurückgehen würde.

Arten der Inflation:

- **Nachfrageinflation:** Die Nachfrage nach Produkten ist höher als ihr Angebot.
- **Hausgemachte Nachfrageinflation:** Konsum-/Investitions-/Staatsnachfrageinflation.
- **Importierte Nachfrageinflation = Exportnachfrageinflation.**
- **Angebotsinflation:** erhöhte Produktionskosten führen zu einen Preisanstieg, der an die Kunden weitergegeben werden muss; zur Inflation kommt es nur dann, wenn die Kunden diesen Preis auch zahlen.
- **Kostendruckinflation:** Lohnkosten-/Kapitalkosten-/Kostensteuer-/importierte Kosteninflation.
- **Marktmachtinflation** (Gewinndruckinflation): marktbeherrschende Unternehmen, Kartelle.

Deflation liegt vor, wenn die Veränderung des Preisniveaus über einen längeren Zeitraum negativ ist. Das hätte für die Verbraucher einen Kaufkraftgewinn zur Folge, denn sie erhielten für einen bestimmten Geldbetrag einen höheren Gegenwert

Gefahren der Deflation:

- Aufgrund sinkender Ertragsaussichten halten sich die Banken mit ihrer Kreditvergabe zurück. Die gesamtwirtschaftliche Nachfrage sinkt und die Wirtschaftskrise wird verschärft. Zunehmende Zahlungsausfälle gefährden finanzielle Stabilität des Bankensystems.
- Der Nachfragerückgang führt bei Unternehmen zu Umsatzrückgängen und bewirkt bei festen Löhnen eine erhöhte Arbeitslosigkeit.
- Fallende Preise können auf den Märkten zur Kaufzurückhaltung führen. Durch die Erwartung weiter sinkender Preise werden Konsum- und Investitionsentscheidungen in die Zukunft verschoben. Die Abwärtsspirale in Krisenzeiten wird verschärft.
- Deflation erhöht den Realwert (nominaler) Schulden, was den Schuldenabbau erschwert. Bei Unternehmen bedeutet dies eine erhöhte Gefahr der Überschuldung. Bei stark verschuldeten Staaten kann eine Konjunkturbelebung zunichte gemacht werden.

Insgesamt sind Inflation und Deflation schädlich für eine Volkswirtschaft, zumal auch die Geldfunktionen beeinträchtigt werden.

Außenwirtschaftliches Gleichgewicht
Als Messgrößen können verwendet werden

- Saldo der Leistungsbilanz
- Saldo der Handels- und Dienstleistungsbilanz (= Außenbeitrag)

Die **Zahlungsbilanz** stellt eine Aufzeichnung aller Arten von grenzüberschreitender Aktivitäten einer Volkswirtschaft für einen bestimmten Zeitraum dar und lässt sich aufteilen in:

- Leistungsbilanz
  - Handelsbilanz: Wareneinfuhr und -ausfuhr
  - Dienstleistungsbilanz: Reisen ins Ausland
  - Bilanz der Erwerbs- und Vermögenseinkommen (Bilanz der Primäreinkommen): Auslandseinkommen der Inländer,
  - Bilanz der laufenden Übertragungen (Bilanz der Sekundäreinkommen): zum Beispiel Überweisungen der Gastarbeiter in die Heimat, Entwicklungshilfe
- Bilanz der Vermögensübertragungen: zum Beispiel unentgeltliche Leistungen wie Schuldenerlass
- Kapitalverkehrsbilanz: Kapitalbewegungen ins Ausland/aus dem Ausland, zum Beispiel Direktinvestitionen, Kapitalanlagen
- Devisenbilanz: Veränderung der Währungsreserven

In den letzten Jahren wies die Bundesrepublik Deutschland einen strukturellen Überschuss in der Leistungsbilanz und beim Außenbeitrag aus (vgl. Abb. 1.17).

Dieser strukturelle Leistungsbilanzüberschuss macht ungefähr acht Prozent des deutschen BIP aus. Er ist unterschiedlich interpretierbar:

- Positiv: Ausdruck einer leistungsfähigen Exportwirtschaft, die durch wettbewerbsfähige Lohnstückkosten sowie einen schwachen Wechselkurs des Euro gegenüber den Welthandelswährungen unterstützt wird.
- Negativ:
  - Ausdruck einer hohen inländischen Ersparnis (auch demografisch bedingt), weil der Konsum und die Investitionen im Inland zu gering sind, sodass die Ersparnis im Ausland (mit geringer Renditen) investiert wird.
  - Alle Güter, die exportiert werden, können die inländischen Bürger nicht selbst konsumieren, müssen also sparen.
  - Anstatt also selbst zu konsumieren, exportiert Deutschland die hier produzierten Waren gegen Kredit ins Ausland, wodurch die Verschuldung der ausländischen Importstaaten ansteigt. Damit kann sich deren Kreditwürdigkeit verschlechtern.

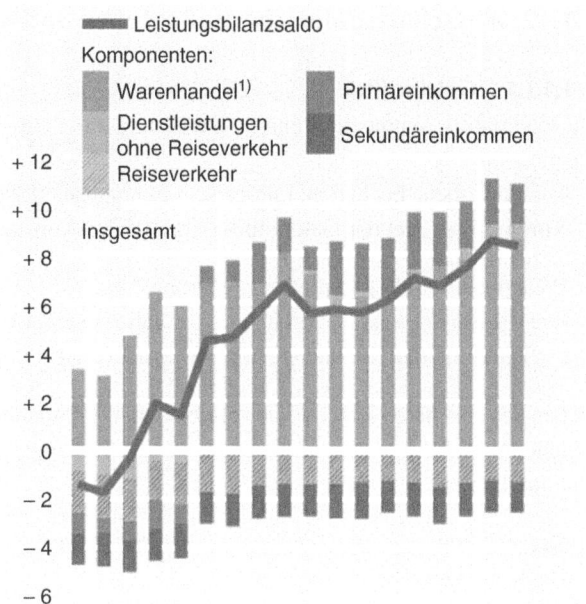

Abb. 1.17 Deutscher Leistungsbilanzsaldo und seine Komponenten 2017. (Quelle: Deutsche Bundesbank 2018, S. 16)

Insgesamt ist die Zielsetzung einer ausgeglichenen Leistungsbilanz in der wirtschaftspolitischen Umsetzung nicht unproblematisch, weil die Bestimmungsgrößen im Wesentlichen durch Entscheidungen der privaten Wirtschaftssubjekte beeinflusst werden, sodass die staatlichen Einflussmöglichkeiten nur begrenzt sind.

Zielkonflikte bestehen zwischen

- stetigem und angemessenem Wirtschaftswachstum und Preisniveaustabilität: Bei einem hohen nachhaltigen Wirtschaftswachstum können die Kapazitäten der Unternehmen ausgelastet werden, sodass Preiserhöhungen durchgesetzt werden können.
- hohem Beschäftigungsstand und Preisniveaustabilität: Bei einem hohen nachhaltigen Wirtschaftswachstum können die Arbeitnehmer leichter Gehaltserhöhungen durchsetzen, die in steigenden Preisen weitergegeben werden.

Zielharmonie besteht zwischen

- stetigem und angemessenem Wirtschaftswachstum und hohem Beschäftigungsstand: Die Arbeitslosigkeit wird bei steigendem Wirtschaftswachstum verringert.

Neben diesen vier klassischen Zielsetzungen wurden zusätzliche Zielsetzungen für die Wirtschaftspolitik aufgenommen, sodass sich ein **magisches Vieleck** entwickelt hat:

- Erhaltung der Umwelt (Ökologie) sowie Sicherung der Ressourcen
- gerechte Einkommens- und Vermögensverteilung
- humane Arbeitsbedingungen
- ausgeglichene öffentliche Haushalte

1.1.12 Wirtschaftspolitische Maßnahmen und Konzeptionen

1.1.12.1 Geldpolitik
Die Geldpolitik nimmt eine zentrale Bedeutung innerhalb der wirtschaftspolitischen Maßnahmen ein.

Verantwortliche Institution: Europäische Zentralbank (EZB) mit Sitz in Frankfurt am Main
Vorrangiges Ziel der Geldpolitik (Art. 105 EG-Vertrag):

- Preisniveaustabilität (Inflationssteuerung)
  - Preissteigerungsrate von unter, aber nahe bei zwei Prozent
  - Steuerung der Geldmenge M3 (Referenzwert 4,5 Prozent),

Neben dem primären Ziel der Gewährleistung der Preisniveaustabilität hat die EZB noch
weitere **Aufgaben,** womit sie eine besondere Stellung gegenüber den Geschäftsbanken
einnimmt:

- Organisation eines reibungslosen Zahlungsverkehrs
- Banknotenausgabe
- Refinanzierung der Banken („Lender of last Resort")
- Mitwirkung bei der Bankenaufsicht
- Unterstützung der Wirtschaftspolitik (hohes Beschäftigungsniveau und dauerhaftes
  Wachstum)

Die Europäische Zentralbank (EZB) steuert die Geldmengenentwicklung in der Eurozone
(19 Euroländer) über die **geldpolitischen Instrumente**. Dabei geht sie davon aus, dass die
Preisniveauentwicklung (Inflationsrate) wesentlich vom Verhältnis Geldmenge zu Güter-
menge beeinflusst wird. Die EZB kann über die Verteuerung/Verbilligung von Zentralbankgeld für die Geschäftsbanken (Leitzinsentwicklung) die Geldmengenentwicklung
eindämmen oder fördern.

Instrumente der Zentralbankpolitik bzw. Geldpolitik
Mindestreservepolitik:

- Zwangsinstrument der EZB, weil die Geschäftsbanken dazu verpflichtet sind, Mindestreserve bei der EZB zu halten.
- Derzeit ein Prozent der mindestreservepflichtigen Kundeneinlagen müssen die Ge-
  schäftsbanken bei der EZB als Mindestreserve hinterlegen; diese Mindestreserve wird
  von der EZB zum Zinssatz des Hauptrefinanzierungsinstrumentes verzinst; höhere
  Guthaben („Überschussguthaben") werden nicht verzinst.
- Mindestreservepflichtig sind Einlagen von Nichtbanken sowie Schuldverschreibungen
  mit einer Laufzeit von jeweils weniger als zwei Jahren.
- Die Mindestreserve dient der Stabilisierung der Nachfrage nach Zentralbankgeld
- Das Mindestrerversoll muss im Monatsdurchschnitt erfüllt werden.

Die EZB bietet darüber hinaus Offenmarktgeschäfte und die ständigen Fazilitäten an, bei denen sie auf die freiwillige Mitwirkung der Geschäftsbanken angewiesen ist, das heißt, die Geschäftsbanken müssen die von der EZB angebotenen Geschäfte nicht annehmen.

Ständige Fazilitäten:

- Spitzenrefinanzierungsfazilität
  - Die EZB gibt den Geschäftsbanken kurzfristigen Kredit (über Nacht) gegen erstklassige Sicherheiten.
  - Der Zinssatz ist die Zins-Obergrenze am Geldmarkt (aktuell 0,25 Prozent).
- Einlagenfazilität
  - Geschäftsbanken können über Nacht Gelder bei der EZB anlegen.
  - Der Zinssatz ist die Zins-Untergrenze am Geldmarkt (aktuell minus 0,40 Prozent) (Tab. 1.3).

Das bedeutendste geldpolitische Instrument stellt jedoch die **Offenmarktpolitik** der EZB dar, weil die EZB sowohl direkt, über das Volumen der Offenmarktgeschäfte, als auch indirekt, über die Festlegung des Leitzinses, die Bankenliquidität beeinflussen kann.

Auf dem Geldmarkt bietet die EZB den Geschäftsbanken an, zusätzliche Liquidität von der EZB zu erhalten. Als Gegenleistung verkaufen oder verpfänden die Banken der EZB sogenannte **Offenmarktpapiere** (im Wesentlichen Wertpapiere öffentlich-rechtlicher Schuldner).

Die **Hauptrefinanzierungsgeschäfte** stellen das zentrale geldmarktpolitische Instrument der Offenmarktpolitik dar:

- Geschäftsbanken können zur ständigen Liquiditätsversorgung gegen erstklassige Sicherheiten (Wertpapiere) in einem Bietungsverfahren liquide Mittel von der EZB erhalten.
- Geschäftsbanken sind verpflichtet, die Wertpapiere zum festgelegten Zeitpunkt wieder zurückzukaufen.
- Die Geschäfte werden wöchentlich angeboten.

Tab. 1.3 Gegenüberstellung Spitzenrefinanzierungsfazilität und Einlagenfazilität. (Quelle: eigene Darstellung)

	Spitzenrefinanzierungsfazilität	Einlagenfazilität
Zweck	kurzfristige Deckung von Liquiditätsbedarf bei der Zentralbank (Übernachtkredit)	kurzfristige Anlage von Liquiditätsüberschüssen bei der Zentralbank (Übernachtanlage)
Laufzeit	Laufzeit: ein Geschäftstag	Laufzeit: ein Geschäftstag
Aktueller Zinssatz	0,25 %	Minus 0,40 %
Bedeutung für Geldmarkt	Untergrenze für Tagesgeldsatz am Geldmarkt	Obergrenze für Tagesgeldsatz am Geldmarkt

- Die Regellaufzeit der Geschäfte beträgt einer Woche.
- Der Zinssatz liegt zwischen Zins-Ober- und Untergrenze am Geldmarkt (aktuell 0,00 Prozent).
- **Leitzins:** Ist der Hauptrefinanzierungssatz, zu dem die Kreditinstitute Liquidität von der EZB beschaffen können.

Geldpolitische Maßnahmen nach Ausbruch der Finanzmarktkrise (ab 2008)
Gründe:

- Der „Lehman-Schock" führte zu einem Vertrauensverlust im Bankensystem, sodass der Interbanken-Kreditmarkt austrocknete.
- Die Staatsschuldenkrise verursachte einen Liquiditätsabfluss von Kreditinstituten in Krisenländern und weiteren Verspannungen im Interbanken-Kreditmarkt.
- Es herrschen hartnäckig niedrige Inflationsraten, teilweise besteht sogar Deflationsgefahr.

Die Reaktion der EZB erfolgt mit folgenden geldpolitischen Maßnahmen:

- Vollzuteilung bei allen Refinanzierungsgeschäften
- längerfristige Refinanzierungsgeschäfte mit einer Laufzeit von bis zu 36 Monaten
- Ausweitung des Kreises der als Sicherheit akzeptierten Sicherheiten
- Senkung des Leitzinses auf null Prozent
- Einführung eines negativen Zinssatzes für die Einlagenfazilität
- seit März 2015 Ankauf von staatlichen und privaten Anleihen

Geldpolitische Maßnahme zur Dämpfung der Konjunktur bzw. Inflation (kontraktive Geldpolitik)

- Der Leitzins wird erhöht.
- Die Refinanzierungskosten der Geschäftsbanken bei der EZB erhöhen sich, denn diese müssen nun für die Kreditaufnahme bei der Zentralbank mehr Zinsen zahlen.
- Da die Leitzinsen gleichzeitig die Ober- und Untergrenze für den Tagesgeldsatz unter den Banken bestimmen, steigen auch die Zinssätze für Kredite, die sich die Geschäftsbanken untereinander geben.
- Diese höheren Geldbeschaffungskosten werden die Geschäftsbanken in Form erhöhter kurzfristiger Zinssätze (Soll- und Habenzinssatz) an die Bankkunden weitergegeben.
- Idealerweise werden sich dann auch die längerfristigen Bankzinssätze für die Kreditaufnahme und Geldanlage erhöhen.
- Das bedeutet für die Wirtschaftssubjekte, dass sich die Kreditaufnahme bei der Hausbank verteuert und dass frei verfügbare Gelder nun eher gespart und weniger für den Konsum ausgegeben werden.
- Beides bremst die gesamtwirtschaftliche Nachfrage und soll einen inflationären Preisauftrieb dämpfen.

Geldpolitische Maßnahme zur Stimulierung der Konjunktur bzw. Inflation (expansive Geldpolitik)

- Der Leitzins wird gesenkt.
- Die Refinanzierungskosten der Geschäftsbanken bei der EZB verringern sich, denn diese müssen nun für die Kreditaufnahme bei der Zentralbank weniger Zinsen zahlen.
- Da die Leitzinsen gleichzeitig die Ober- und Untergrenze für den Tagesgeldsatz unter den Banken bestimmen, sinken auch die Zinssätze für Kredite, die sich die Geschäftsbanken untereinander geben.

Nun tritt ein wesentlicher Unterschied zur kontraktiven Geldpolitik auf: Während die Geschäftsbanken erhöhte Geldbeschaffungskosten quasi „automatisch" an ihre Kunden weitergeben werden, ist diese Wirkung bei einer expansiven Geldpolitik nicht gegeben, weil die Geschäftsbanken nicht gezwungen werden können, die günstigeren Geldbeschaffungskosten in Form geringerer kurzfristiger Zinssätze (Soll- und Habenzinssatz) an die Bankkunden weiterzugeben.

Die Weitergabe dieses expansiven geldpolitischen Impulses hängt unter anderem von folgenden Einflussfaktoren ab:

- Je intensiver der Wettbewerb unter den Geschäftsbanken ist, desto eher werden die Bankzinssätze gesenkt.
- Je besser die Ertragslage der Geschäftsbanken ist, desto eher werden die Bankzinssätze (insbesondere Sollzinssätze) gesenkt.
- Je besser die Bonität des Kreditnehmers, desto größer ist die Wahrscheinlichkeit, dass er von der Leitzinssenkung profitieren wird.
- Je niedriger das Marktzinsniveau bereits ist, desto geringer ist der Zinssenkungseffekt.
- Je kürzer die Zinsbindung der Kreditaufnahme und Geldanlage, desto eher werden die Bankzinssätze gesenkt.

Das bedeutet für die Wirtschaftssubjekte, dass sich die Kreditaufnahme bei der Hausbank verbilligt und dass frei verfügbare Gelder nun weniger gespart und mehr für den Konsum bzw. Investition ausgegeben werden.

Beides erhöht die gesamtwirtschaftliche Nachfrage und soll eine deflationäre Preisentwicklung verhindern (vgl. Abb. 1.18).

Risiken der Niedrigzinspolitik:

- Gefahr der Preisblasenbildung auf den Vermögensmärkten (Anleihen, Aktien, Immobilien)
- negative Auswirkung auf die Profitabilität der Finanzintermediäre (Kreditinstitute und Versicherungen)
- eventueller Interessenkonflikt bei der EZB (Geldpolitik versus Bankenaufsicht)
- Funktionen des Preismechanismus werden beeinträchtigt und Fehlsignale erzeugt
- Fehlanreize für Regierungen, die Staatsverschuldung nicht zu reduzieren und Strukturreformen nicht durchzuführen (Tab. 1.4)

Änderung der Leitzinsen durch die Zentralbank:	↓ Senkung	↑ Erhöhung
Refinanzierung der Banken:	↓ günstiger	↑ teurer
Zinsen für die Kunden:	↓ sinken	↑ steigen
Kreditnachfrage durch Nichtbanken:	↑ steigt	↓ sinkt
Investitions- und Konsumgüter-nachfrage im Inland:	↑ steigt	↓ sinkt
Preise (Preisniveau): (Annahme: gleichbleibendes Angebot)	↑ steigen	↓ sinken

Abb. 1.18 Wirkungsmechanismus von Leitzinsänderungen. (Quelle: Deutsche Bundesbank 2017, S. 181)

Tab. 1.4 Überblick über die anderen Bereiche der Wirtschaftspolitik. (Quelle: eigene Darstellung)

Bereich der Wirtschaftspolitik	Teilbereiche	Erläuterungen
Ordnungspolitik: Maßnahmen zur langfristigen Gestaltung der wirtschaftspolitischen Rahmenbedingungen	Arbeitsmarkt-politik	**im weitesten Sinne:** Der Staat wirkt durch die Gesetzgebung regulierend auf den Arbeitsmarkt ein, z. B: Bestimmungen des Arbeitsrechts, des Arbeitsschutzes sowie die Sozialgesetzgebung **im engeren Sinne:** Aktivitäten der Bundesagentur für Arbeit
	Umweltpolitik	Wirtschaftspolitische Maßnahmen, um eine umweltverträgliche, nachhaltige Wachstums-und Beschäftigsdynamik zu erreichen
Prozesspolitik: Maßnahmen zur Beeinflussung einzelner wirtschaftspolitischen Prozesse	Finanzpolitik	Sicherung der Finanzierung der staatlichen Ausgaben, Umverteilung der Einnahmen nach sozialen Gesichtspunkten, Beeinflussung der wirtschaftlichen Entwicklung (z. B. antizyklische Fiskalpolitik durch Deficit Spending). Aber Beachtung der Schuldenbremse nach § 109 GG
	Wachstums-politik	quantitative Wirtschaftswachstum: gemessen an der Veränderung des realen BIP qualitative Wirtschaftswachstum: umweltverträgliche, ressourcensparende und nachhaltige wirtschaftliche Entwicklung
	Tarifpolitik	Lohnpolitik durch Abschluss von Tarifverträgen zwischen den Tarifparteien (Arbeitgeberverbände und Gewerkschaften)

1.1.12.2 Unterscheidung nachfrage- und angebotsorientierte Wirtschaftspolitik

Zur Beeinflussung des Konjunkturverlaufes existieren unterschiedliche wirtschaftspolitische Konzeptionen:

Nachfrageorientierte Beschäftigungspolitik

- Theoretische Grundlage: antizyklische Fiskalpolitik („Keynes")
- Ziel: kurzfristige Beseitigung von Störungen des Marktgleichgewichtes (Symptombekämpfung)
- Ansatz: Stärkung der gesamtwirtschaftlichen Nachfrage durch Konsumsteigerung
- Maßnahmen:
  – Erhöhung der Nettokreditaufnahme für erhöhte Staatsausgaben („Deficit Spending")
  – Steuersenkungen zur Konsumankurbelung
  – Transferzahlungen zur Konsumankurbelung
- Probleme:
  – Zeitliche Verzögerung bis Maßnahmen wirken
  – Verdrängung privater Investitionen durch staatliche Interventionen („Crowding-out")
  – Zunahme der staatlichen Verschuldung
- **Angebotsorientierte** Wirtschaftspolitik:
  – Theoretische Grundlage: Angebotsorientierung
  – Ziel: langfristige Beseitigung von Störungen des Marktgleichgewichtes (Ursachenbekämpfung)
  – Ansatz: Verbesserung der Bedingungen für Investition und Beschäftigung
  – Maßnahmen:
    • Senkung der Unternehmenssteuern zur Förderung der Investitionstätigkeit
    • Verbesserung der Abschreibungsmöglichkeiten zur Förderung der Investitionstätigkeit
    • Reduktion staatlicher Regulierungen zur Förderung der Unternehmertätigkeit
  – Probleme:
    • Gesamtwirtschaftliche Nachfrage wird nicht berücksichtigt; wenn die Nachfrage ausbleibt, werden die Unternehmen trotz verbesserter Rahmenbedingungen nicht investieren.

1.1.13 Außenwirtschaft

Deutschland als stark exportorientierte Volkswirtschaft profitiert vom weltweiten Austausch von Gütern und Dienstleistungen sowie von Informationen und Kapital, die einen weltweiten Abbau der Grenzen zwischen nationalen Märkten voraussetzt und vorantreibt **(Globalisierung).**

Vorteile der Globalisierung:

- Förderung des internationalen Handels
- Ausnutzung von Standortvorteilen (Kostenvorteile, Rohstoffe)
- Schaffung neuer Arbeitsplätze durch Verlegung von Unternehmen in Niedriglohnländer, dadurch Wohlstandszuwachs
- Technologieaustausch von hoch entwickelten Ländern zu Entwicklungsländern

Nachteile der Globalisierung:

- Der Wettbewerb um Investoren und Kapital bereitet Politik Schwierigkeiten („heimatlose multinationale Konzerne").
- Unternehmen können ihre Produktion in Länder mit geringeren Umweltvorschriften verlagern.
- Unternehmen verlegen Zentralen in Länder mit einem geringeren Steuersatz (geringere Steuereinnahmen im Heimatstaat).
- Dies führt teilweise zu Arbeitslosigkeit in Industriestaaten.

1.1.14 Besonderheiten der Europäischen Union (EU)

Europäischer Binnenmarkt
Mit dem europäischen Binnenmarkt soll ein Wirtschaftsraum ohne innere Grenzen geschaffen werden.
Die **Grundfreiheiten** und Voraussetzungen des europäischen Binnenmarktes sind:

- Freier Warenverkehr: Der Handel zwischen den Mitgliedsstaaten ist grundsätzlich keinen Beschränkungen unterworfen.
- Freier Personenverkehr: Jeder Bürger hat innerhalb der Gemeinschaft die Arbeitnehmer- und Niederlassungsfreiheit.
- Dienstleistungsfreiheit: Jeder Bürger darf innerhalb der EU seine Dienstleistungen wie im eigenen Land anbieten und durchführen.
- Freier Kapital- und Zahlungsverkehr: Jeder EU-Bürger hat das Recht, Gelder und Wertpapiere von einem Land in ein anderes EU-Land zu transferieren.

Europäische Wirtschafts- und Währungsunion
Mit der Einführung des Euros haben sich die Mitgliedsstaaten auf ein System zur Sicherung der Währung („Stabilitätskultur") geeinigt. Die **Konvergenzkriterien** der EU sind:

- Die Nettoneuverschuldung (das laufende Defizit) darf nicht „deutlich und andauernd" mehr als drei Prozent des BIP betragen.
- Die Gesamtverschuldung darf nicht mehr als 60 Prozent des BIP ausmachen.

- Die Inflationsrate darf im Jahr vor dem Beitritt nur um maximal 1,5 Prozent höher sein als der Durchschnitt der drei preisstabilsten EU-Mitgliedstaaten.
- Das langfristige Zinsniveau darf nur um maximal zwei Prozent über jenem der drei preisstabilsten EU-Mitgliedstaaten liegen.

Die wesentlichen Reformen des Euro-Stabilitäts- und -Wachstumspaktes:

- **Defizitkriterien**: Die zwei zentralen Defizitkriterien wurden bestätigt: drei Prozent des BIP für die maximal zulässige Neuverschuldung, 60 Prozent des BIP für die maximal zulässige Gesamtverschuldung.
- **Sparen in guten Zeiten**: In wirtschaftlich guten Zeiten sollte das Gesamtdefizit um 0,5 Prozent abgebaut werden.
- **Strukturreformen**: Beispielsweise werden Rentenreform und Gesundheitsreform berücksichtigt, um die Drei-Prozent-Marke bei der Nettoneuverschuldung wieder zu erreichen.
- **Defizitverfahren**: Wird die Defizitgrenze von drei Prozent überschritten, berichtet die EU-Kommission über die Ursachen und schlägt weitere Verfahren vor.

1.2   Betriebswirtschaftliche Grundlagen (BWL)

1.2.1   Betriebswirtschaftliche Produktionsfaktoren

Die betrieblichen Produktionsfaktoren (vgl. Abb. 1.19) sind die Einsatzstoffe, die ein Unternehmen für den Herstellungsprozess der Produkte oder Dienstleistungen benötigt:

- Arbeitskraft (ausführende körperliche oder geistige Arbeit, die an Weisungen gebunden ist)
- dispositiver Faktor von Führungskräften des Unternehmens (Leitung, Planung, Organisation, Kontrolle)
- Betriebsmittel (Gebäude, Maschinen, Technik, Patente und Lizenzen)
- Werkstoffe, die in andere Produkte eingehen und unterschieden werden in:
  - Rohstoffe: Hauptbestandteil eines Produktes, zum Beispiel Metall
  - Hilfsstoffe: Nebenbestandteil eines Produktes, zum Beispiel Plastik
  - Betriebsstoffe: kein Bestandteil eines Produktes; werden bei der Produktion gebraucht bzw. verbraucht (zum Beispiel Energie, Klebstoff)

1.2.2   Betriebliche Funktionen

Im Unternehmen fallen unterschiedliche Aufgaben und Tätigkeiten an, denen folgende Funktionen zugeordnet werden können:

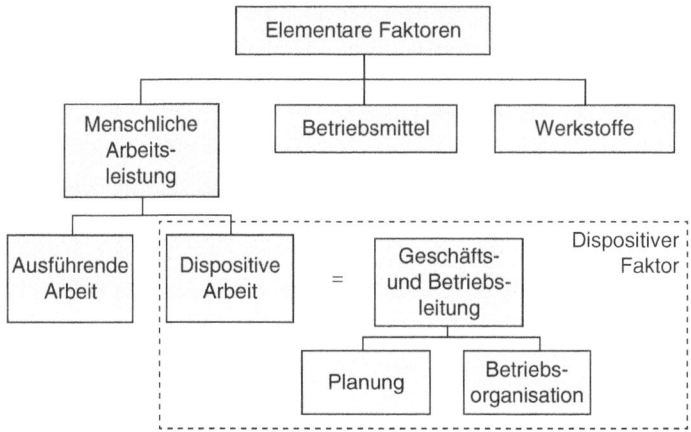

Abb. 1.19 Betriebswirtschaftliche Produktionsfaktoren. (Quelle: eigene Darstellung)

- Unternehmensleitung
- Materialwirtschaft
- Produktion
- Forschung und Entwicklung
- Vertrieb
- Personal
- Rechnungswesen/Controlling
- Finanzierung
- Logistik
- IT/Technik

Daraus sollen ausgewählte Funktionen näher betrachtet werden, die für jedes Unternehmen relevant sind.

1.2.2.1 Finanzierung von Unternehmen

„Finanzierung" ist die Beschaffung von finanziellen Mitteln, die im Unternehmen verwendet werden können. Dabei haben unterschiedliche Gruppen („Stakeholder") verschiedene Interessen (Tab. 1.5).

Das Kapital kann dabei als Eigenkapital oder Fremdkapital zur Verfügung gestellt werden (Tab. 1.6).

Wichtige Begriffe in diesem Zusammenhang:

- **Gläubiger:** Kreditgeber
- **Schuldner:** hat Schuld bei Gläubiger (Kreditschuld, also muss er den Kredit tilgen und Zinsen zahlen)
- **Fremdkapitalgeber:** Gläubiger vergibt Kredit und erwartet Zurückzahlung von Kreditbetrag + Zinsen

Tab. 1.5 Interessengruppen bei der Unternehmensfinanzierung. (Quelle: eigene Darstellung)

Interessengruppe	Ziele bzw. Interessen
Anteilseigner bzw. Eigenka-pitalgeber	Optimierung der Rentabilität des eingesetzten Kapitals und Wertsteigerung der Anteile
Fremdkapitalgeber	Erfüllung der Verträge, Sicherstellung der Zins- und Tilgungszah-lungen
Management	Vertragserfüllung, Einkommen, Macht, Einfluss, Ansehen
Arbeitnehmer	Vertragserfüllung, langfristige Arbeitsplatzsicherheit
Kunden und Lieferanten	Vertragserfüllung, stabile Geschäftsbeziehungen
Öffentlichkeit und Staat	Schaffung und Erhaltung von Arbeitsplätzen, Steuereinnahmen, Einhaltung gesetzlicher Vorschriften

Tab. 1.6 Gegenüberstellung Eigenkapital und Fremdkapital. (Quelle: eigene Darstellung)

	Eigenkapital	Fremdkapital
Rechtsverhältnis	Teilhaberverhältnis	Gläubigerverhältnis
Haftung	In Höhe der Einlage oder ggf. mit privatem Vermögen	keine Haftung
Erfolgsbeteiligung	Beteiligung an Gewinn und Verlust	fester Zinsanspruch
Unternehmensführung	grundsätzlich berechtigt	grundsätzlich ausgeschlossen
Verfügbarkeit für Unternehmen	grundsätzlich zeitlich unbe-grenzt	Fremdkapital muss zurückgezahlt
Steuerliche Belastung	Gewinn wird steuerlich belastet	Fremdkapitalzinsen sind als Betriebsausgaben steuerlich absetzbar
Finanzierungskosten	teurer als Fremdkapital	günstiger als Eigenkapital

- **Eigenkapitalgeber:** beteiligt sich an einem Unternehmen und bekommt Kapital nicht vom Unternehmen wieder; dafür eine Gewinnbeteiligung (Dividende)
- **Rücklagen:** Teil des Eigenkapitals
- **Rückstellungen:** = ungewisse Verbindlichkeiten, zum Beispiel Pensionsrückstellun-gen (Fremdkapital)

Übersicht Finanzierungsarten

Die Finanzierungsarten ergeben sich aus der Unterscheidung, welche Rechtsstellung die Kapitalgeber haben und woher das Kapital kommt:

- Innenfinanzierung: Finanzierung aus dem Umsatzprozess
- Außenfinanzierung: Finanzmittel kommen von außerhalb des Unternehmens
- Eigenfinanzierung: Finanzmittel kommen von Eigenkapitalgebern
- Fremdfinanzierung: Finanzmittel kommen von Fremdkapitalgebern (Tab. 1.7)

Tab. 1.7 Gegenüberstellung Innenfinanzierung und Außenfinanzierung. (Quelle: eigene Darstellung)

Finanzierungsarten	Innenfinanzierung	Außenfinanzierung
Eigenfinanzierung	Selbstfinanzierung (aus Gewinnen finanziert, z. B. Gewinnrücklagen)	Beteiligungsfinanzierung, z. B. Ausgabe von Aktien
Fremdfinanzierung	Finanzierung aus Rückstellungen, Abschreibungsgegenwerten, Vermögensumschichtung	Kreditfinanzierung (Bank, Lieferanten)

1.2.2.2 Rechnungswesen/Controlling

Das Rechnungswesen kann in das externe (Finanzbuchhaltung) und das interne (Kosten- und Leistungsrechnung = Controlling) Rechnungswesen unterteilt werden (Tab. 1.8).

Unterschiede zwischen dem Aufgabenbereich „Controlling" von dem betrieblichen Aufgabenbereich „Finanzbuchhaltung" (externes Rechnungswesen) anhand von ausgewählten Kriterien sind in Tab. 1.9 zusammengestellt.

Weitere Details zu diesem betrieblichen Kernbereich können dem Abschn. 1.2.2.2 entnommen werden.

1.2.2.3 Personal

Der Personalbereich ist ein zentraler Unternehmensbereich, der für die in Tab. 1.10 aufgeführten Kernaufgaben zuständig ist.

Aufgrund der demografischen Entwicklung (Mangel an qualifizierten Nachwuchs- und Führungskräften) hat der Personalbereich eine bedeutende Stellung zur Existenzsicherung der Unternehmen erlangt.

1.2.3 Zusammenwirken der betrieblichen Funktionen

Die einzelnen betrieblichen Funktionen wirken zusammen (vgl. Abb. 1.20), indem sie auf das Erreichen der unternehmerischen Ziele ausgerichtet sind. Diese können in einer Zielhierarchie u. a. in strategische und operative Ziele unterteilt werden:

- **Strategische** Ziele dienen zur Sicherung der Unternehmensexistenz und zur Verbesserung der Wettbewerbsposition (zum Beispiel durch stärkere Digitalisierung der Unternehmensabläufe und Schnittstellen zu Kunden und Lieferanten)
- **Operative** Ziele sind eher kurz- und mittelfristig ausgerichtet und beziehen sich auf konkrete Sachverhalte bzw. Kennzahlen (zum Beispiel Steigerung der Kundenzufriedenheit bzw. der Eigenkapitalrendite)

Um die Zielerreichung überprüfen zu können, sollten die Ziele „smart" formuliert sein:

Tab. 1.8 Unterscheidung Externes/Internes Rechnungswesen. (Quelle: eigene Darstellung)

Bereich	Aufgaben
Externes Rechnungswesen	Dokumentation, Rechenschaftslegung und Information für externe Adressaten (z. B. Erstellung des Jahresabschlusses mit Bilanz und Gewinn- und Verlustrechnung)
Internes Rechnungswesen	Steuerung des Unternehmens in Richtung der Unternehmensziele; eine durch das Rechnungswesen gestützte Informations-, Koordinations-, Planungs- und Kontrollhilfe für die Unternehmensleitung

Tab. 1.9 Unterscheidungskriterien Controlling/Finanzbuchhaltung. (Quelle: eigene Darstellung)

Kriterium	Controlling	Finanzbuchhaltung
Zielgruppe	Internes Management	Externe Informationsempfänger
Gesetzliche Regelung	Keine	HGB, Steuergesetze
Begriffe	Kosten, Leistungen	Aufwand, Ertrag
Ergebnis	Jahreserfolg	Betriebsergebnis
Zeitraum	grundsätzlich Jahresrechnung	grundsätzlich unterjährige Rechnung

Tab. 1.10 Kernaufgaben des Personalwesens. (Quelle: eigene Darstellung)

Kernaufgaben	Beschreibung
Personalplanung	Der Bedarf, die Beschaffung, die Entwicklung sowie der Einsatz des Personals werden geplant
Personalbeschaffung	externe oder interne Beschaffung der benötigten Mitarbeiter
Personaleinsatz	Mitarbeiter werden entsprechend ihres Leistungsvermögen und ihrer Verfügbarkeit eingesetzt
Personalentwicklung	Personalaus- und -weiterbildung entsprechend des quantitativen und qualitativen Personalbedarfs
Personalfreisetzung	Abbau von Mitarbeiterkapazitäten
Personalentlohnung	Entgeltpolitik sowie Sozialleistungen
Personalverwaltung	administrative, routinemäßige Aufgaben

- **S**pezifisch: Konkrete und klare Formulierung sollten möglichst keinen Interpretationsspielraum lassen.
- **M**essbar: Die Ziele sind so formuliert, dass eine eindeutige Messung des Erfolges möglich ist.
- **A**ttraktiv bzw. akzeptabel: Ziele werden nur dann verfolgt, wenn sie von den Mitarbeitern akzeptiert werden.
- **R**ealistisch: Ziele werden nur dann akzeptiert, wenn sie als realistisch angesehen werden. Aber: Ziele dürfen auch nicht zu niedrig angesetzt werden, weil sie dann nicht mehr herausfordernd wirken.
- **T**erminiert: Zu Zielen gehören klare Zeitangaben hinsichtlich Dauer und Terminen.

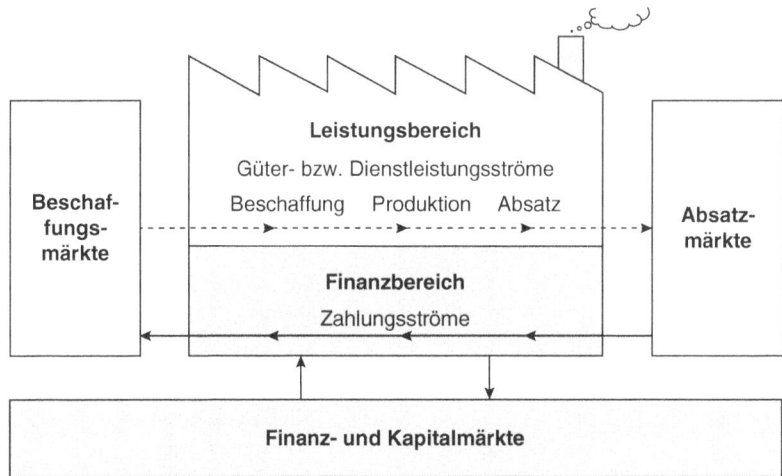

Abb. 1.20 Zusammenwirken betrieblicher Faktoren. (Quelle: eigene Darstellung)

Die betrieblichen Leistungsbereiche können unterteilt werden in:

- Den finanzwirtschaftlichen Sektor: Der Finanzbereich steuert die Zahlungsströme des Unternehmens und unterstützt damit den Leistungsbereich (zum Beispiel durch Bezahlung der Mitarbeiter und Lieferantenrechnungen).
- Den güter- bzw. leistungswirtschaftlichen Sektor: Der Leistungsbereich ist verantwortlich für die Beschaffung und Bereitstellung der erforderlichen Mitarbeiter, Betriebsmittel und Werkstoffe (siehe betriebswirtschaftliche Produktionsfaktoren), um über die Leistungserstellung/Produktion die Produkte bzw. Dienstleistungen absetzen zu können.

1.2.4 Existenzgründung

Die gewerblichen Existenzgründungen in Deutschland sind im Zeitraum von 2013 bis 2017 nicht nur rückläufig, sondern weisen auch einen negativen Saldo aus, weil die Anzahl der Unternehmensaufgaben (Liquidationen) größer ist als die Anzahl der Neugründungen (vgl. Abb. 1.21).

Damit die Existenzgründung erfolgreich verläuft, sollten im Vorfeld folgende Phasen bzw. Fragen geklärt bzw. berücksichtigt werden:

Phasen der Existenzgründung:

- überzeugende Geschäftsidee (Produkt, Dienstleistung, Patent)
- Marktanalyse (Branche, relevante Wettbewerber, Chancen und Risiken des Marktes)
- Konzeption (Erstellung eines Businessplanes)
- Realisierung der Geschäftsidee

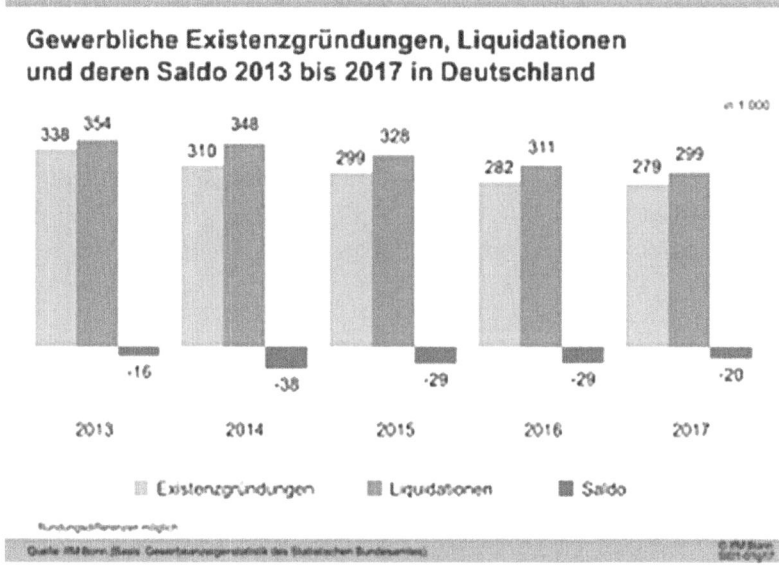

Abb. 1.21 Gewerbliche Existenzgründungen, Liquidationen und deren Saldo 2013 bis 2017 in Deutschland. (Quelle: IfM Bonn 2018)

Fragen im Vorfeld der Existenzgründung:

1. Eigne ich mich persönlich und fachlich zum Unternehmer?
2. Was ist das Besondere an der Geschäftsidee, die ich am Markt erfolgreich anbieten möchte?
3. Welche Art der Gründung wird gewählt (Errichtung, Übernahme, Franchise)?
4. Welche Rechtsform passt am besten?
5. Woher kommt das Gründungs- bzw. Startkapital?
6. Welche Genehmigungen und Versicherungen werden benötigt?
7. Wer kann während der Gründungs- und Anlaufphase beraten bzw. unterstützen (Steuerberater, IHK)?

Persönliche und sachliche Voraussetzungen des Existenzgründers:

• Einschlägige Fachkenntnisse/Branchenkenntnisse
• Erfüllung möglicher behördlicher Auflagen/Qualifikationsnachweise
• Ausreichende finanzielle Mittel
• Fähigkeit, potenzielle Kunden sowie Geschäftspartner überzeugen zu können
• Fähigkeit, Mitarbeiter führen und motivieren zu können
• Bereitschaft, vorübergehend auf Freizeit und Einkommen zu verzichten

Der **Businessplan** ist zentraler Bestandteil im Rahmen der Konzeptionsphase und erfüllt folgende **Funktionen**:

- Intensive Auseinandersetzung mit den Chancen und Risiken der Existenzgründung
- Entscheidungsgrundlage für Banken zur Genehmigung von Krediten
- Entscheidungsgrundlage für staatliche Förderung (zum Beispiel KfW-Kredit, Bundesagentur für Arbeit)
- Controllinginstrument in der Realisierungsphase (Soll-Ist-Vergleich und Anpassungsmaßnahmen)

Inhalte des Businessplanes:

- Zusammenfassung (Executive Summary)
- Beschreibung der Geschäftsidee
- Produkt- und Dienstleistungsangebot
- Angaben zum Markt und zur Konkurrenzsituation
- Rechtsform
- Planung zum Management, Mitarbeiterplanung
- Erläuterung der Marketingstrategien und Instrument des Marketingmix
- Beschreibung der Unternehmensorganisation
- Erörterung von Chancen und Risiken
- Finanzierung: Deckung des Kapitalbedarfs, Liquiditätsplan, Rentabilitätsrechnungen
- Unterlagen (zum Beispiel: Lebenslauf, Entwurf eines Gesellschaftervertrages)

Kurse, Seminare und Vorträge werden teilweise kostenlos angeboten und können unter dem Stichwort „Existenzgründer" unter www.kursnet.de oder www.bpw.de gefunden werden.

Zur Finanzierung der Existenzgründung existiert neben vielfältigen Programmen der Förderbanken (zum Beispiel KfW und Förderbanken der Bundesländer) auch die Möglichkeit, einen Gründungszuschuss der Arbeitsagentur zu erlangen, der eine reine Ermessensleistung darstellt.

Voraussetzungen für den **Gründungszuschuss**:

- unternehmerische Eignung
- ausreichend Anspruch auf Arbeitslosengeld
- Es wird zeitnah keine abhängige Beschäftigung gefunden
- Nachweis einer fachkundigen Stelle (Fachverband, Steuerberater/in, IHK), dass das Gründungsvorhaben als Hauptgewerbe tragfähig ist.

Wird der Gründungszuschuss bewilligt, wird zunächst für sechs Monate der Betrag des bisherigen Arbeitslosengeldes plus 300 Euro monatlich gezahlt. Bei Nachweis der Tragfähigkeit kann dieser Zuschuss weitere neun Monate bewilligt werden.

Wie der negative Saldo aus Neugründungen und Liquidationen zeigt, sind mit der Existenzgründung auch **Risiken einer selbstständigen Tätigkeit** verbunden:

- Entscheidungen unter Unsicherheit
- fehlende Liquidität
- Gesundheit
- instabiles Umfeld
- Haftung
- Armut im Alter

Unternehmensformen

Die Wahl der Rechtsform ist eine wichtige strategische Entscheidung im Vorfeld der Existenzgründung, weil diese nicht kurzfristig revidierbar ist und persönliche, rechtliche, steuerliche und wirtschaftliche Konsequenzen hat.

Die Rechtsformen können unterteilt werden in:

- Einzelunternehmen
  - Kleingewerbetreibender: Nichtkaufmann, aber freiwillige Eintragung ins Handelsregister möglich, womit der Kleingewerbetreibende als Kaufmann gilt; es reicht die Anmeldung bei der Gewerbeanmeldestelle der Kommune.
  - Einzelkaufmann: Pflicht zur Eintragung ins Handelsregister, Firma muss Zusatz e. K., e. Kfm., e. Kffr. tragen
  - Freiberufler („Katalogberufe"): keine Eintragung ins Handelsregister; gelten nicht als Kleingewerbetreibende und unterliegen nicht der Gewerbesteuer.
- **Personengesellschaften** müssen von mindestens zwei Personen gegründet werden; zwar kann dies durch einen formfreien Vertrag erfolgen, aber Schriftform ist aus Beweisgründen zu empfehlen.
  - Gesellschaft bürgerlichen Rechts (GbR): Rechtsgrundlage § 705 ff. BGB; die Gründung einer GbR ist formlos und wird schon durch das geschäftsmäßige gemeinsame Handeln rechtsgültig. Eine Eintragung im Handelsregister erfolgt nicht. Grundsätzlich gemeinschaftliche Geschäftsführung und Vertretung (gesetzliche Regelung, die durch Gesellschaftsvertrag modifiziert werden kann). Sie kann keine Firma führen; der Zusatz „GbR" ist nicht erforderlich; häufiges Praxisbeispiel: Arbeitsgemeinschaften im Baugewerbe.
  - Offene Handelsgesellschaft (OHG): Firmenzusatz OHG; Gründung durch formfreien Gesellschaftsvertrag und Eintragung ins Handelsregister; Geschäftsführung und Vertretung durch jeden Gesellschafter einzeln (gesetzliche Regelung, die durch Gesellschaftsvertrag modifiziert werden kann).
  - Kommanditgesellschaft (KG): Firmenzusatz KG; Gründung durch formfreien Gesellschaftsvertrag und Eintragung ins Handelsregister, Geschäftsführung und Vertretung durch jeden Komplementär einzeln (gesetzliche Regelung, die durch Gesellschaftsvertrag modifiziert werden kann).

- GmbH & Co. KG: Die GmbH & Co. KG muss ins Handelsregister eingetragen werden. Rechtsform der KG mit einer GmbH als Komplementär, die nur mit ihrem Gesellschaftsvermögen haftet, das heißt, es gibt aufgrund dieser Mischform keine unbeschränkte Haftung. Geschäftsführung und Vertretung erfolgt über die Geschäftsführung der GmbH. Diese Rechtsform ist besonders aus steuerlichen und Haftungsgründen vorteilhaft.
- **Kapitalgesellschaften:** Kapitalgesellschaften sind juristische Personen, das heißt, sie sind selbst Träger von Rechten und Pflichten.
  - GmbH: Firmenzusatz GmbH; Gründung erfolgt durch notariell beurkundeten Gesellschaftsvertrag und Eintragung ins Handelsregister; bei mehreren Geschäftsführern erfolgt die Geschäftsführung und Vertretung durch alle Geschäftsführer gemeinsam (gesetzliche Regelung, die durch Gesellschaftsvertrag modifiziert werden kann).
  - Unternehmergesellschaft (haftungsbeschränkt): Firmenzusatz Unternehmergesellschaft (haftungsbeschränkt): Die sogenannte „Mini-GmbH" ist für Gründer geeignet, die ihre Haftung beschränken möchten und mit geringem Kapital auskommen (kleine Unternehmen oder Dienstleister). Die Gründungskosten sind bei der UG wesentlich niedriger als bei der GmbH; Stammkapital mindestens ein Euro, aber jährlich muss eine Rücklage in Höhe von 25 Prozent der Gewinne gebildet werden. Beträgt das Stammkapital mindestens 25.000 Euro, kann in eine GmbH umfirmiert werden; die Eintragung ins Handelsregister darf erst erfolgen, wenn das gesamte Stammkapital eingezahlt ist
  - AG: Firmenzusatz AG, Gründung erfolgt durch notariell beurkundeten Gesellschaftsvertrag und Eintragung ins Handelsregister

Im Jahr 2014 wählten die Unternehmensgründer mit 39,3 Prozent die GmbH, auf Rang 2 steht mit 27,0 Prozent das Einzelunternehmen vor der GbR mit 11,9 Prozent (vgl. Abb. 1.22).

In Abb. 1.23 werden ausgewählte Entscheidungskriterien (insbesondere bei Existenzgründung) für unterschiedliche Rechtsformen gegenübergestellt.

Gründe für die **Auflösung** einer Gesellschaft können sein:

- Beschluss der Gesellschafter
- Insolvenzverfahren
- Zeitablauf bzw. Zielerreichung laut Gesellschaftsvertrag

1.3   Aufgaben

Aufgabe 1: Konjunkturindikatoren
Die wirtschaftliche Entwicklung einer Volkswirtschaft unterliegt Schwankungen.

a. Erklären Sie die vier grundsätzlichen Konjunkturphasen.

GmbH weiter hoch im Kurs
Gewählte Rechtsform bei eingetragenen Betriebsgründungen in Deutschland 2014

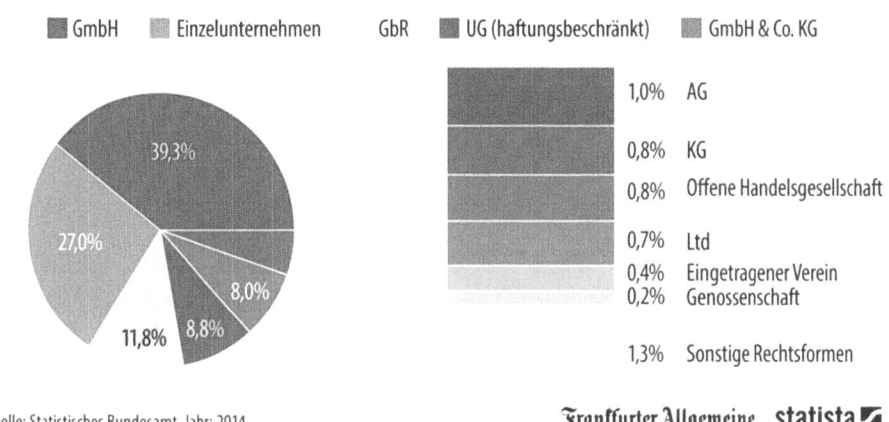

Quelle: Statistisches Bundesamt, Jahr: 2014   Frankfurter Allgemeine statista

Abb. 1.22 Rechtsformwahl bei Neugründungen. (Quelle: Grieß 2015, Statistisches Bundesamt 2015, S. 514)

b. Beschreiben Sie die folgenden Indikatoren und nennen Sie jeweils ein Beispiel:
  – Frühindikatoren
  – Gegenwartsindikatoren
  – Spätindikatoren

Aufgabe 2: Magisches Viereck

Im Gesetz zur Förderung der Stabilität und des Wachstums der Wirtschaft („Stabilitätsgesetz") aus dem Jahr 1967 werden die Ziele der Wirtschaftspolitik aufgezählt.

a. Nennen Sie die in diesem Gesetz verankerten Ziele („magische Viereck") der staatlichen Konjunkturpolitik.
b. Nennen Sie das Kriterium, mit dem die Zielerreichung in Deutschland gemessen wird.
c. Geben Sie an, wie der entsprechende Zielwert in Deutschland Ende 2017 konkret ausgefallen ist.

Aufgabe 3: Unternehmenszusammenschlüsse

Im Jahr 2016 verständigten sich Edeka und Rewe über die Aufteilung des Konkurrenten Kaiser's Tengelmann.

a. Erklären Sie, ob es sich hierbei um eine Kooperation oder Konzentration handelt.
b. Nennen Sie fünf Motive bzw. Gründe, warum sich Unternehmen zusammenschließen.

	Einzelunternehmen	Personengesellschaften				Kapitalgesellschaften		
	Einzelkaufmann (e.K.)	Gesellschaft bürgerlichen Rechts (GbR)	Offene Handelsgesellschaft (OHG)	Kommanditgesellschaft (KG)	GmbH & Co KG	Gesellschaft mit beschränkter Haftung (GmbH)	UG (haftungsbeschränkt) Unternehmergesellschaft	Aktiengesellschaft (AG)
Anzahl der Gründer	Eine Person	Mindestens zwei Personen	Mindestens zwei Personen	Mindestens einen Komplementär und mindestens einen Kommanditisten	Mindestens einen Komplementär und mindestens einen Kommanditisten	Mindestens eine Person	Mindestens eine Person	Mindestens eine Person
Mindestkapital bei Gründung	Keine Mindesteinlage	Keine Mindesteinlage	Keine Mindesteinlage	Keine Mindesteinlage	GmbH: mindestens 25.000 € Stammkapital Mindesteinzahlung 12.500 €	mindestens 25.000 € Stammkapital Mindestein zahlung 12.500 €	Mindestens 1 € Vollständige Einzahlung bei Gründung erforderlich Nur Bargründung möglich	Mindestens 50.000 € Grundkapital
Vertrag	Kein Vertrag	Formfreier Vertrag, schriftlicher Vertrag empfehlenswert	Formfreier Vertrag, schriftlicher Vertrag empfehlenswert	Formfreier Vertrag, schriftlicher Vertrag empfehlenswert	Notariell beurkundeter Vertrag für GmbH	Notariell beurkundeter Vertrag	Notariell beurkundeter Vertrag	Notariell beurkundeter Vertrag
Eintrag ins Handelsregister (HR)	Ja, Abteilung A	Nein	Ja, Abteilung A	Ja, Abteilung A	Ja, Abteilung A	Ja, Abteilung B	Ja, Abteilung B	Ja, Abteilung B
Geschäftsführung und Vertretung	Durch Einzelkaufmann	Gemeinsame Geschäftsführung und Vertretung durch alle Gesellschafter, sofern im Gesellschaftsvertrag nichts anderes geregelt ist	Einzelgeschäftsführung und -vertretung, sofern im Gesellschaftsvertrag nichts anderes geregelt ist	Einzelgeschäftsführung und -vertretung, durch Komplementär	Einzelgeschäftsführung und -vertretung, durch Komplementär (Geschäftsführer der GmbH)	Gemeinsame Geschäftsführung und Vertretung durch alle Geschäftsführer, sofern im Gesellschaftsvertrag nichts anderes geregelt ist	Wie GmbH	Gemeinsame Geschäftsführung und Vertretung durch alle Vorstandsmitglieder, sofern in Satzung nichts anderes geregelt ist
Haftung	Persönliche unbeschränkte Haftung sowie mit Gesellschaftsvermögen	Persönliche, gesamtschuldnerische, unbeschränkte Haftung der Gesellschafter; Gesellschaftsvermögen	Persönliche, gesamtschuldnerische, unbeschränkte Haftung der Gesellschafter und Gesellschaftsvermögen	Komplementär: persönliche, gesamtschuldnerische, unbeschränkte Haftung Kommanditist: Haftungsbeschränkung auf Kapitaleinlage nach Eintragung ins HR; Gesellschaftsvermögen	Komplementär: GmbH, dadurch beschränkte Haftung Kommanditist: Haftungsbeschränkung auf Kapitaleinlage nach Eintragung ins HR; Gesellschaftsvermögen	Gesellschaftsvermögen nach Eintragung ins HR; Gesellschafter haften nur mit Einlage	Wie GmbH	Gesellschaftsvermögen nach Eintragung ins HR; Aktionäre haften nur mit Aktienanteil
Firma	Name plus Zusatz e.K.	Keine Firma	Name plus Zusatz OHG	Name plus Zusatz KG	Name plus Zusatz GmbH & Co. KG	Name plus Zusatz GmbH (haftungsbeschränkt)	Name plus Zusatz GmbH	Name plus Zusatz AG

Abb. 1.23 Unternehmensformen. (Quelle: eigene Darstellung)

c. Nennen Sie die staatliche Institution,
   – die einen Unternehmenszusammenschluss untersagen kann, sofern eine marktbeherrschende Stellung vorliegt oder vermutet wird.
   – die ein Vetorecht gegen diese Untersagung hat.

Aufgabe 4: Betriebliche Funktionen und deren Zusammenwirkung

Zur Realisierung einer Investition besteht in einem Unternehmen ein entsprechender Kapitalbedarf.

a. Nennen Sie drei Investitionsarten
b. Dabei kann der geplante Kapitalbedarf entweder über Eigenkapital oder Fremdkapital finanziert werden.
c. Unterscheiden Sie die beiden Finanzierungsalternativen anhand von drei selbst gewählten Kriterien. Verwenden Sie hierzu die folgende Anlage.

Kriterium	Eigenkapital	Fremdkapital
Stellung des Kapitalgebers		
Verfügbarkeit des Kapitals		
Verlustübernahme		
Entgelt		

Aufgabe 5: Existenzgründung und Unternehmensrechtsformen

Sie beabsichtigen, sich als Event-Manager in Berlin selbstständig zu machen.

a. Zunächst erstellen Sie zur Vorbereitung auf die Selbstständigkeit einen Businessplan.
b. Nennen Sie neben der Rechtsform fünf weitere Aspekte (Themen), die ein Businessplan enthalten sollte.

Bei der Wahl der Rechtsform kommen für Sie die folgenden Alternativen in Betracht:Einzelkaufmann (Einzelunternehmen)

• OHG
• GmbH

Unterscheiden Sie die angegebenen Rechtsformen anhand ausgewählter Merkmale. Verwenden Sie hierzu die folgende Anlage.

Merkmal	Einzelunternehmen	OHG	GmbH
Mindestkapital bei Gründung			
Eintragung ins Handelsregister			
Geschäftsführung und Vertretung			
Haftung			
Firma			

Literatur

Deutsche Bundesbank (2017): Geld und Geldpolitik, Ausgabe Frühjahr 2017, Frankfurt am Main 2017.

Deutsche Bundesbank (2018): Monatsbericht März 2018, Frankfurt am Main 2018.

IfM Bonn (2018): Gründungen und Unternehmensschließungen, unter: https://www.ifm-bonn.org/statistiken/gruendungen-und-unternehmensschliessungen/#accordion=0&tab=1, abgerufen am 14. März 2019.

Grieß, A. (2015): GmbH weiter hoch im Kurs, unter: https://de.statista.com/infografik/3374/gewaehlte-rechtsform-bei-eingetragenen-betriebsgruendungen-in-deutschland/, abgerufen am 14. März 2019.

Statistisches Bundesamt (2015): Statistisches Jahrbuch 2015, Wiesbaden 2015.

Statistisches Bundesamt (2018a): Bruttoinlandsprodukt für Deutschland 2017 – Begleitmaterial zur Pressekonferenz vom 11. Januar 2018 in Berlin, Wiesbaden 2018.

Statistisches Bundesamt (2018b): Statistisches Jahrbuch 2018, Wiesbaden 2018.

Statistisches Bundesamt (2018c): Qualitätsbericht Volkswirtschaftliche Gesamtrechnungen, Wiesbaden 2018.

Rechnungswesen 2

Olaf Fischer

2.1 Grundlegende Aspekte

2.1.1 Abgrenzungen von Finanzbuchhaltung, Kosten- und Leistungsrechnung, Auswertungen und Planungsrechnung

Das betriebliche Rechnungswesen setzt sich aus dem externen und internen Rechnungswesen zusammen (vgl. Abb. 2.1).

► Finanzbuchführung: Laufende Geschäftsvorfälle einer Periode werden in der Finanzbuchführung geordnet in chronologischer Reihenfolge auf Konten erfasst.

► Die Finanzbuchführung mit den dort erfassten Geschäftsvorfällen bildet die Datenbasis für alle weiteren Instrumente und Teilbereiche des betrieblichen Rechnungswesens.

► Geschäftsvorfälle: Vorgänge und Sachverhalte in einem Unternehmen, die zu einer Änderung von Beständen an Vermögen und/oder Kapital (Bestandsgrößen) führen. Beispiele: Kauf von Rohstoffen, Erfassung einer Abschreibung, Überweisung von Gehältern.

O. Fischer (✉)
Heinersdorf, Deutschland

© Springer Fachmedien Wiesbaden GmbH, ein Teil von Springer Nature 2019   47
O. Fischer, A. Braun (Hrsg.), *Wirtschaftsbezogene Qualifikationen*,
https://doi.org/10.1007/978-3-658-12946-0_2

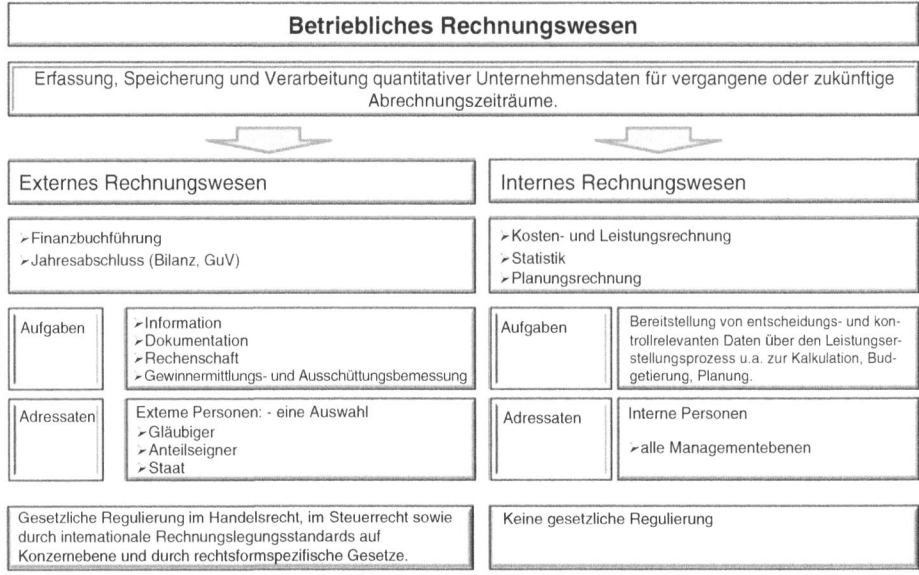

Abb. 2.1 Betriebliches Rechnungswesen. (Quelle: eigene Darstellung)

Tab. 2.1 Übersicht Strom- und Bestandsgrößen. (Quelle: eigene Darstellung)

Negative Veränderung der Bestandsgrößen		Bestandsgrößen	Positive Veränderung der Bestandsgrößen
Auszahlung		**Zahlungsmittelbestand** (Kasse und Bankguthaben)	**Einzahlung**
	+	Forderungen	
	–	Verbindlichkeiten	
Ausgabe	=	**Geldvermögen**	**Einnahme**
	+	Sachvermögen (z. B. Rohstoffe, Hilfsstoffe, Grundstücke, Gebäude, Maschinen)	
Aufwand	=	**Reinvermögen** (auch Eigenkapital oder Nettovermögen genannt)	**Ertrag**

▶ Stromgrößen: Geschäftsvorfälle verändern Bestandsgrößen. Diese Veränderung erfolgt durch ausgelöste Stromgrößen.

Die Bestandsgrößen der Bilanz (Vermögen und Kapital) werden zur Darstellung der Stromgrößen wie in Tab. 2.1 dargestellt gegliedert.

Folgende beispielhafte Geschäftsvorfälle (nachfolgend mit GV abgekürzt) lösen folgende Stromgrößen aus und verändern entsprechend die Bestandsgrößen:

GV 1: Kauf von Rohstoffen (zum Beispiel Holz) auf Rechnung

Es liegt hier (noch) keine Veränderung des Zahlungsmittelbestandes vor, weil (noch) keine liquiden Mittel abfließen. Durch die Rechnung wird eine Verbindlichkeit aus Lieferung und Leistung begründet, die dazu führt, dass sich bei gleichbleibendem Zahlungsmittelbestand das Geldvermögen vermindert. Somit liegt hier eine *Ausgabe* vor. Durch diesen Geschäftsvorfall bekommt das Unternehmen jedoch Rohstoffe als Sachvermögen hinzu. Somit wird die Reduzierung des Geldvermögens ausgeglichen und das Reinvermögen bleibt gleich. Es liegt also nur eine Ausgabe vor.

GV 2: Begleichung der obigen Rechnung durch Überweisung

Durch die Überweisung vom Bankkonto vermindert sich der Zahlungsmittelbestand. Somit liegt eine *Auszahlung* vor. Es vermindert sich auch die Verbindlichkeit des Unternehmens, denn die Schuld ist nun beglichen. Insofern verändert sich das Geldvermögen nicht, da sich die Reduzierung des Zahlungsmittelbestandes durch die Reduzierung der Verbindlichkeit ausgleicht.

GV 3: Überweisung von Gehältern

Durch die Überweisung vom Bankkonto vermindert sich der Zahlungsmittelbestand. Somit liegt eine *Auszahlung* vor. Der Bestand an Forderungen und Verbindlichkeiten verändert sich nicht. Somit reduziert sich das Geldvermögen. Es liegt also eine *Ausgabe* vor. An Sachvermögen bekommt das Unternehmen nichts hinzu. Somit verändert sich auch das Reinvermögen. Es liegt also ein *Aufwand* vor.

GV 4: Gutschrift von Zinsen auf dem Bankkonto

Durch die Gutschrift auf dem Bankkonto erhöht sich der Zahlungsmittelbestand. Es liegt also eine *Einzahlung* vor. Der Bestand an Forderungen und Verbindlichkeiten verändert sich nicht. Somit erhöht sich das Geldvermögen. Es liegt also eine *Einnahme* vor. An Sachvermögen bekommt das Unternehmen nichts hinzu. Somit verändert sich auch das Reinvermögen; es liegt also ein *Ertrag* vor.

GV 5: Verkauf von Gütern, die in der Betrachtungsperiode hergestellt worden sind, gegen Barzahlung

Durch die Einzahlung in die Kasse erhöht sich der Zahlungsmittelbestand. Es liegt also eine *Einzahlung* vor. Der Bestand an Forderungen und Verbindlichkeiten verändert sich nicht. Somit erhöht sich das Geldvermögen. Es liegt also eine *Einnahme* vor. Das Sachvermögen verändert sich nicht. Somit verändert sich auch das Reinvermögen; es liegt also ein *Ertrag* vor.

▶   Den verkauften Gütern steht der Verbrauch an Produktionsfaktoren gegenüber, der während der laufenden Periode als Aufwand erfasst worden ist. Insofern erfolgt hier keine zusätzliche Erfassung des körperlichen Abganges. Sonst würde eine Doppelerfassung des Werteverzehrs erfolgen.

Auf Basis der obigen Ausführungen können die obigen Stromgrößen hinsichtlich ihrer Wirkung vereinfacht wie folgt beschreiben werden:

- *Auszahlung:* Abfluss von liquiden Mitteln mit der Folge, dass sich der Zahlungsmittelbestand vermindert. (Geschäftsvorfälle 2 und 3)
- *Einzahlung:* Zufluss an liquiden Mitteln mit der Folge, dass sich der Zahlungsmittelbestand erhöht (Geschäftsvorfälle 4 und 5)
- *Ausgabe:* Erhöhung der Verbindlichkeiten. bei gleichbleibendem Zahlungsmittelbestand oder Reduzierung des Zahlungsmittelbestandes bei gleichbleibendem Betrag an Forderungen und Verbindlichkeiten mit der Folge, dass sich das Geldvermögen vermindert (Geschäftsvorfälle 1 und 3)
- *Einnahme:* Erhöhung der Forderungen bei gleichbleibendem Zahlungsmittelbestand oder Erhöhung des Zahlungsmittelbestandes bei gleichbleibendem Betrag an Forderungen und Verbindlichkeiten mit der Folge, dass sich das Geldvermögen erhöht (Geschäftsvorfälle 4 und 5)
- *Aufwand:* gesamter Werteverzehr an Gütern und Dienstleistungen einer Periode, der zu einer Verminderung des Reinvermögens führt (Geschäftsvorfall 3)
- *Ertrag:* gesamter Wertezuwachs aus der Herstellung, Verkauf oder sonstigen Wertzuwächsen von Gütern und Dienstleistungen einer Periode, der zu einer Erhöhung des Reinvermögens führt (Geschäftsvorfälle 4 und 5)

▶ Jahresabschluss: Aus der Finanzbuchführung wird der Jahresabschluss zum Ende des Geschäftsjahres abgeleitet. Der Jahresabschluss besteht mindestens aus der Bilanz und der Gewinn- und Verlustrechnung (§ 242 Abs. 3 HGB). Die Bilanz erfasst in der Gegenüberstellung das gesamte Vermögen (Aktiva) und das Kapital (Passiva). In der Gewinn- und Verlustrechnung werden die Erträge und die Aufwendungen einer Periode zum Geschäftsjahresende dargestellt und ein Gewinn (die Erträge übersteigen die Aufwendungen) bzw. ein Verlust (Erträge sind geringer als die Aufwendungen) ausgewiesen.

▶   Finanzbuchführung, Bilanz und Gewinn- und Verlustrechnung werden häufig auch als Finanzbuchhaltung zusammengefasst.

▶ **Kosten- und Leistungsrechnung:** Hauptelement des internen Rechnungswesens. Im Rahmen der Vollkostenrechnung werden die Teilbereiche Kostenartenrechnung, Kostenträgerrechnung und Kostenstellenrechnung unterschieden. Das zentrale Ergebnis sind die Selbstkosten, die auf einen Kostenträger (Produkt oder Dienstleistung) bezogen Stückkosten genannt werden und im Rahmen einer Zeitraumrechnung unter Berücksichtigung der Leistungen zur Ermittlung des Betriebsergebnisses beitragen. Somit kann die Wirtschaftlichkeit im Unternehmen überprüft werden. In der Teilkostenrechnung stellt die Deckungsbeitragsrechnung einen wesentlichen Bestandteil dar.

▶ **Statistik:** Erstellung von internen und externen Vergleichsrechnungen. Dabei werden die Daten aus der Buchführung und Kosten- und Leistungsrechnung aufbereitet und so für die Planungsrechnung bereitgestellt.

▶ **Planungsrechnung** (vgl. Abschn. 2.5): Abbildung bestimmter Ergebnisse zukünftiger Zeiträume; Prognoserechnung und Budgetierung.

2.1.2 Grundsätze ordnungsgemäßer Buchführung

Ein Unternehmen muss im Rahmen seiner Rechnungslegung sicherstellen, dass sich ein sachverständiger Dritter in angemessener Zeit einen Überblick über die Unternehmenslage verschaffen kann (§ 238 HGB, § 145 AO).

Insbesondere sind hierzu die Grundsätze ordnungsgemäßer Buchführung zu beachten. Sie sind historisch entstanden und aus dem ordnungsgemäßen Verhalten eines ordentlichen Kaufmanns abgeleitet. Mittlerweile sind viele einzelne Grundsätze in gesetzlichen Normen verankert.

Einige Grundsätze ordnungsgemäßer Buchführung sind in Tab. 2.2 erläutert.

2.1.3 Buchführungspflichten

Die Verpflichtung zur doppelten Buchführung (Finanzbuchführung) richtet sich nach den Vorgaben des HGB für das Handelsrecht an dem Kaufmannsbegriff aus. Jeder Kaufmann ist also buchführungspflichtig.

Tab. 2.2 Grundsätze ordnungsgemäßer Buchführung. (Quelle: eigene Darstellung)

Grundsatz	Erläuterung
Klarheit und Übersichtlichkeit	Die Buchführung muss übersichtlich und nachvollziehbar organisiert sein. Dies gilt auch hinsichtlich der Gliederung der Bestandteile des Jahresabschlusses (Bilanz, Gewinn- und Verlustrechnung)
Keine Buchung ohne Beleg	Für jeden Geschäftsvorfall müssen entsprechende Belege vorliegen, die fortlaufend, vollständig sowie sachlich richtig und zeitnah erfasst werden. Somit wird eine laufende Nachprüfbarkeit sichergestellt. Werden Bargeldtransaktionen getätigt, sind diese in einem Kassenbuch aufzuzeichnen
Verständliche Sprache	Bei der Erfassung der Geschäftsvorfälle muss eine lebende Sprache verwendet werden
Richtigkeit und Willkürfreiheit	Die Geschäftsvorfälle müssen sachlich und rechnerisch richtig in der Finanzbuchführung erfasst werden. Mögliche Abkürzungen etc. müssen eindeutig festgelegt sein.
Vollständigkeit und Nachprüfbarkeit	Alle Aufzeichnungen der Geschäftsvorfälle sowie das Inventar müssen vollständig dargestellt werden und mit entsprechenden Belegen sowie Verzeichnissen entsprechend nachvollziehbar sein
Ordnungsgemäße Aufbewahrung	Die Aufbewahrungspflicht für relevante Unterlagen der Finanzbuchhaltung (insbesondere Handelsbücher, Buchungsbelege, Inventare und Jahresabschlüsse) beträgt zehn Jahre. Handels- und Geschäftsbriefe sind sechs Jahre aufzubewahren. Daten auf Datenträger müssen in Klarschrift darstellbar sein

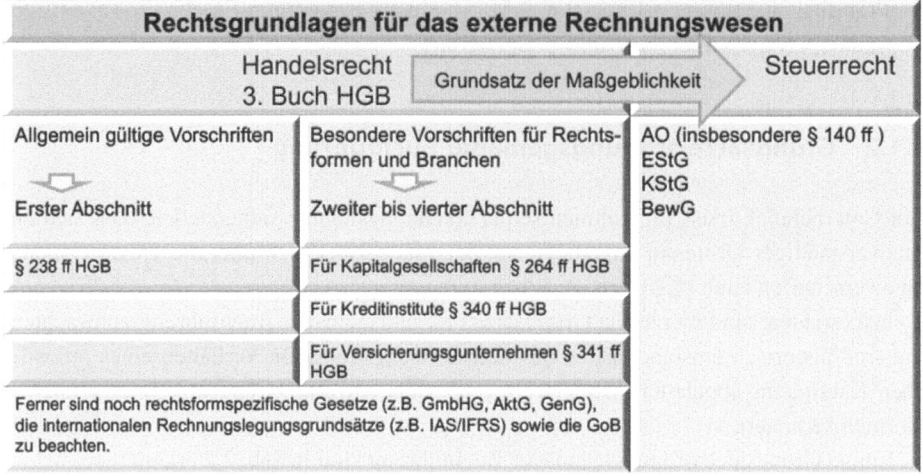

Abb. 2.2 Rechtsnormen im Überblick. (Quelle: eigene Darstellung)

▶ Für die Zwecke der steuerlichen Rechnungslegung ist die Buchführungspflicht
geben, wenn der Kaufmann nach dem HGB zur Buchführung verpflichtet ist,
oder nach § 141 AO folgende Umsatz- bzw. Gewinngrenzen überschritten
werden: Umsätze inklusive bestimmter steuerfreier Umsätze nach dem UStG aus
Gewerbe oder Land- und Forstwirtschaft vom mehr als 500.000 Euro im Kalen-
derjahr bzw. oder einem Gewinn von mehr als 50.000 Euro.

Dem externen Rechnungswesen; somit der Buchführung und dem Jahresabschluss, liegen
die in Abb. 2.2 dargestellten wesentlichen gesetzlichen Normen zugrunde.
    Zweck der Normen:

• Handelsrecht: Gläubigerschutz
• Steuerrecht: Ermittlung des steuerlichen Gewinns zur Besteuerung

2.1.4 Bilanzierungs- und Bewertungsgrundsätze

In der Bilanz werden das Vermögen auf der Aktivseite und das Kapital auf der Passivseite
ausgewiesen. Das Vermögen stellt auch die Mittelverwendung und das Kapital die Mittelherkunft dar. Für die Frage, mit welchem Wert Vermögen und Schulden in der Bilanz erfasst werden, sind die Vorgaben des HGB und des Steuerrechts von Bedeutung. Dort ist
festgelegt, mit welchem Wert die Aktiva und die Passiva in die Bilanz aufgenommen werden muss oder kann. Dabei sind grundsätzlich Bilanzierungsverpflichtungen bzw. Bilan-
zierungswahlrechte zu beachten (vgl. Abb. 2.3).

	Anlagevermögen		Umlaufvermögen
	abnutzbar	nicht abnutzbar	
Bewertungsgrundsatz	gemildertes Niederstwertprinzip		strenges Niederstwertprinzip
Wertansatz und Abschreibungspflichten	AHK abzgl. planmäßige Abschreibung (§253 Abs. 3, Satz 1 HGB) abzgl. Außerplanmäßige Abschreibung bei voraussichtlich dauerhafter Wertminderung (§253 Abs. 3 Satz 3 HGB)	Ak	AHK abzgl. Abschreibung auf einen niedrigeren Börsen- bzw. Marktpreis bzw. auf den beizulegenden Wert (§ 253 Abs. 4 HGB) – *Bei Forderungen sind EWB und PWB zu berücksichtigen!*
Abschreibungswahlrechte		abzgl. außerplanmäßige Abschreibung auch bei voraussichtlich nicht dauerhafter Wertminderung bei Finanzanlagen (§253 Abs. 3 Satz 4 HGB)	
Wertaufholung	Zuschreibungsgebot gem. §253 Abs. 5 HGB – Ausnahme: entgeltlich erworbener Geschäfts- und Firmenwert.		

Abb. 2.3 Bewertungsregelungen im Überblick. (Quelle: eigene Darstellung)

2.2 Finanzbuchhaltung

2.2.1 Grundlagen

Die Finanzbuchhaltung (Finanzbuchführung, Bilanz und GuV) hat insgesamt folgende Aufgaben zu erfüllen:

- Aufzeichnung, Ermittlung und Darstellung des Anfangsbestandes, der Veränderungen und des Schlussbestandes an Vermögen und Kapital zu einem bestimmten Stichtag
- Erfolgsermittlung zum Ende einer Periode
- Bereitstellung der Daten für die Kosten- und Leistungsrechnung und Statistik
- Beweismittel bei Rechtsstreitigkeiten
- Grundlage für die Ermittlung der Steuerlast

In der Finanzbuchführung werden, wie oben schon dargestellt, die Geschäftsvorfälle in chronologischer Reihenfolge erfasst. Dazu werden bestimmte Verzeichnisse (die sogenannten Konten) verwendet. Die eigentliche Erfassung der Geschäftsvorfälle erfolgt mittels Buchungssätzen. Ein Buchungssatz stellt vereinfacht ausgedrückt die Anweisung dar, auf welche Seite eines Kontos welcher Betrag erfasst werden soll.

Da immer zwei Bestandsgrößen (vgl. Abb. 2.4) betroffen sind, werden auch zwei Bestandskonten eingesetzt, auf dem die Vermögens- und Kapitalveränderungen erfasst werden.

Für jede Bestandsgrößenart wird also ein eigenes Bestandskonto geführt, auf dem der Anfangsbestand, die Minderungen, die Erhöhungen sowie der Schlussbestand erfasst

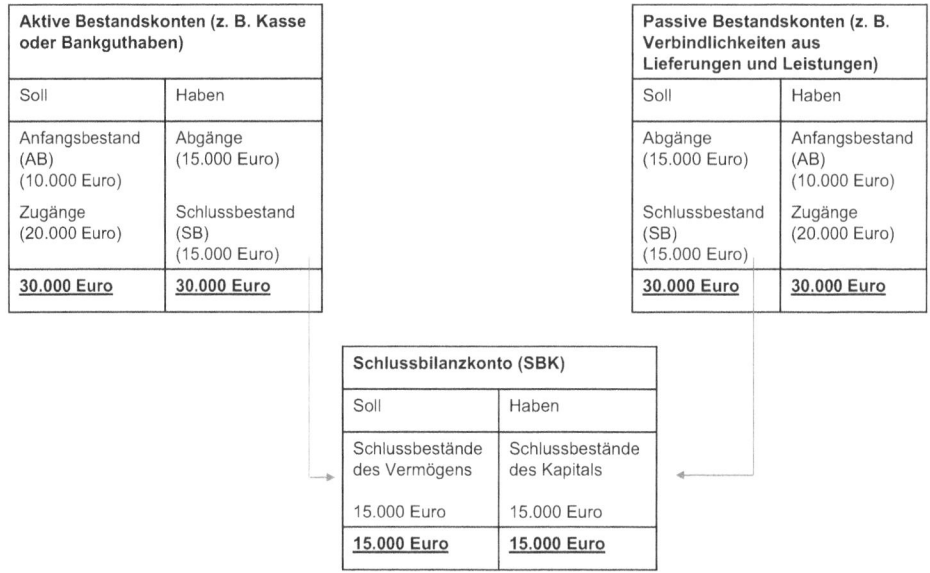

Abb. 2.4 Übersicht Bestandskonten. (Quelle: eigene Darstellung)

werden. Für Vermögen werden diese Konten aktive Bestandskonten und für das Kapital werden diese Konten passive Bestandskonten genannt. Die Schlussbestände dieser Konten werden dann in die Bilanz übernommen. Da die Mittelherkunft betraglich immer mit der Mittelverwendung übereinstimmen muss, ist die Bilanz mit den Schlussbeständen an Vermögen und Kapital immer ausgeglichen.

Aufwendungen und Erträge stellen Veränderungen des Eigenkapitals dar. Sie könnten theoretisch direkt als Mehrung (Ertrag) oder als Minderung (Aufwand) auf dem passiven Bestandskonto Eigenkapital erfasst werden. Da so jedoch die Übersicht verlorengeht, werden hierfür in der Praxis Aufwandskonten und Ertragskonten je Aufwandsart und Ertragsart verwendet (vgl. Abb. 2.5). So ist während des Geschäftsjahres für den Unternehmer jederzeit ersichtlich, wie sich der Gewinn bzw. der Verlust ergeben hat. Zum Geschäftsjahresende werden die Salden der Aufwands- und Ertragskonten in das Konto Gewinn- und Verlustrechnung übernommen und dieses Konto saldiert. So wird ein Gewinn oder Verlust ermittelt. Dieser wird dann an das Konto Eigenkapital (quasi als Nettomehrung oder Nettominderung) übergeben.

Die Konten werden in einem Kontenrahmen und einem Kontenplan aufgeführt.

- Kontenrahmen: Darstellung aller möglichen Konten bestimmter Branchen; Industriekontenrahmen bzw. Sachkontenrahmen
- Kontenplan: Darstellung der für das jeweilige Unternehmen verwendete Konten; nicht genutzte Konten werden dort nicht aufgeführt.

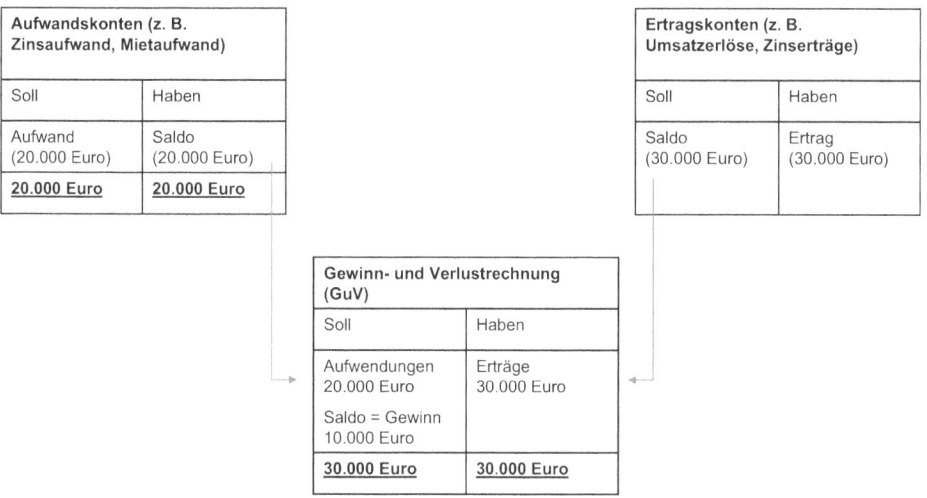

Abb. 2.5 Übersicht Erfolgskonten. (Quelle: eigene Darstellung)

In der Finanzbuchführung werden die Geschäftsvorfälle in folgenden Büchern erfasst:

- Grundbuch (Journal): Buchungssätze
- Hauptbuch: Erfassung auf den einzelnen Konten
- Nebenbücher: Dokumentation der Details zu den Buchungen auf Bestandskonten
- Kontokorrentbuch: Verbindlichkeiten und Forderungen gegenüber einzelnen Schuldnern und Gläubigern
- Lagerbuch: Zu- und Abgänge im Warenlager
- Kassenbuch: Zu- und Abgänge im Kassenbestand
- Anlagebuch: Bestand, Zugänge und Abgänge im Anlagevermögen
- Rechnungsausgangsbuch
- Lohn- und Gehaltsbuch

2.2.2 Jahresabschluss

▶ Der Jahresabschluss soll die Vermögens-, Finanz- und Ertragslage eines Unternehmens für das abgelaufene Geschäftsjahr abbilden.

Die Bestandteile des Jahresabschlusses zeigt Abb. 2.6.

Die Bilanz wird aus den Schlussbeständen der aktiven und passiven Bestandskonten abgeleitet. Damit die Bilanz jedoch erstellt werden kann, sind die Schlussbestände mit den tatsächlichen Verhältnissen abzugleichen. Das Unternehmen führt in diesem Zusammenhang eine Inventur durch. Unter einer Inventur versteht man die körperliche

Bestandsaufnahme der tatsächlich vorhandenen Vermögenswerte und die Verprobung der Kapitalbestände zum Beispiel anhand von Kontoauszügen und Rechnungen.

Es lassen sich folgende Inventurarten unterscheiden:

- Stichtagsinventur: zeitnah, in der Regel innerhalb von zehn Tagen vor bzw. nach dem Geschäftsjahresende
- Verlegte Inventur: innerhalb von drei Monaten vor bzw. nach dem Geschäftsjahresende
- Permanente Inventur: laufende Inventur anhand von Materialentnahmescheinen; eine körperliche Inventur ist trotzdem einmal im Jahr erforderlich; jedoch nicht unbedingt zum Geschäftsjahresende

Das Ergebnis der Inventur wird im Inventar erfasst. Das Inventar ist ein von der Bilanz zu unterscheidendes Verzeichnis des Vermögens, der Schulden und des Eigenkapitals und wird in Staffelform erstellt.

Nach § 247 HGB in Verbindung mit § 266 HGB sind die in Abb. 2.7 dargestellten Inhalte in einer Bilanz abzubilden.

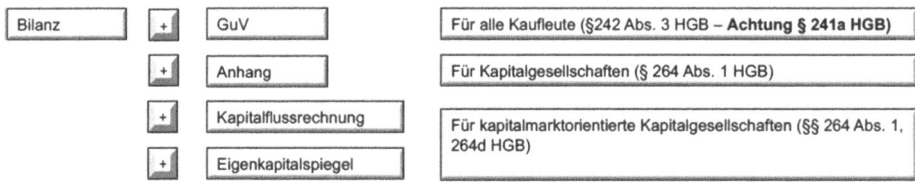

Abb. 2.6 Bestandteile des Jahresabschlusses. (Quelle: eigene Darstellung)

Mindestgliederungsschema für die Bilanz einer kleinen Kapitalgesellschaft (§266 HGB)

Aktiva	Passiva
A: Anlagevermögen	A: Eigenkapital
I. Immaterielle Vermögensgegenstände	I. Gezeichnetes Kapital
II. Sachanlagen	II. Kapitalrücklage
III. Finanzanlagen	III. Gewinnrücklage
	IV. Gewinnvortrag/Verlustvortrag
	V. Jahresüberschuss/Jahresfehlbetrag
B: Umlaufvermögen	B: Rückstellungen
I. Vorräte	
II. Forderungen und sonstige Vermögensgegenstände	
III. Wertpapiere	
IV. Kassenbestand, Bundesbankguthaben, Guthaben bei Kreditinstituten	C. Verbindlichkeiten
C. Rechnungsabgrenzungsposten	D: Rechnungsabgrenzungsposten

Abb. 2.7 Aufbau einer Bilanz. (Quelle: eigene Darstellung)

Verbindliche Gliederungsvorschriften gibt es nach § 266 HGB lediglich für Kapital-gesellschaften. Dieses Gliederungsschema findet in der Praxis grundsätzlich aber auch für alle anderen Rechtsformen Anwendung.

Die Gewinn- und Verlustrechnung ist eine zeitraumbezogene Gegenüberstellung der Erträge und Aufwendungen. Es wird das Ergebnis in Form des Jahresüberschusses bzw. Jahresfehlbetrages (vor Gewinnverwendung) abgebildet.

Für Kapitalgesellschaften sind Gliederungsvorgaben nach § 275 HGB gegeben. Wie bei den Gliederungsvorschriften für die Bilanz von Kapitalgesellschaften orientieren sich Unternehmen anderer Rechtsformen auch an dem genannten Gliederungsschema für die Gewinn- und Verlustrechnung.

Der Jahresabschluss von Kapitalgesellschaften ist von unabhängigen Abschlussprüfern zu prüfen, im elektronischen Bundesanzeiger zu veröffentlichen und beim Unternehmensregis-ter einzureichen. Die Größenklassenumschreibungen sind dem § 267 HGB zu entnehmen.

▶   Bitte sehen Sie sich die eben genannten §§ im HGB an. Sie können das HGB in der Abschlussprüfung verwenden.

2.3   Kosten- und Leistungsrechnung

2.3.1   Einführung

Im Rahmen des betrieblichen Rechnungswesens beschäftigt sich Kosten- und Leistungs-rechnung mit dem betrieblichen Leistungserstellungsprozess und den daraus resultierenden Kosten und Leistungen. Insbesondere werden die Produktion und der Absatz betrachtet.

In der Kosten- und Leistungsrechnung werden unterschiedliche Kostenrechnungssys-teme definiert, die hinsichtlich des Zeitbezuges und des Umfangs der verrechneten Kosten in Abb. 2.8 dargestellt sind.

▶   **Ist-Kostenrechnung (Ist-Kosten):** Kosten einer zurückliegenden Periode; zum Beispiel eines Monats.

▶   **Normalkostenrechnung (Normalkosten):** Kosten mehrerer zurückliegender Peri-oden im Durchschnitt; zum Beispiel Monate Januar bis Juli im Monatsdurchschnitt.

▶   **Plankostenrechnung (Plankosten):** Kosten zukünftiger Perioden.

▶   **Vollkostenrechnung:** Es werden alle Kosten (Einzelkosten und Gemeinkosten) auf den Kostenträger verrechnet.

▶   **Teilkostenrechnung:** Es werden in der einstufigen Deckungsbeitragsrechnung ledig-lich die variablen Kosten auf den Kostenträger verrechnet. Die fixen Kosten werden aus dem Deckungsbeitrag aller Kostenträger getragen.

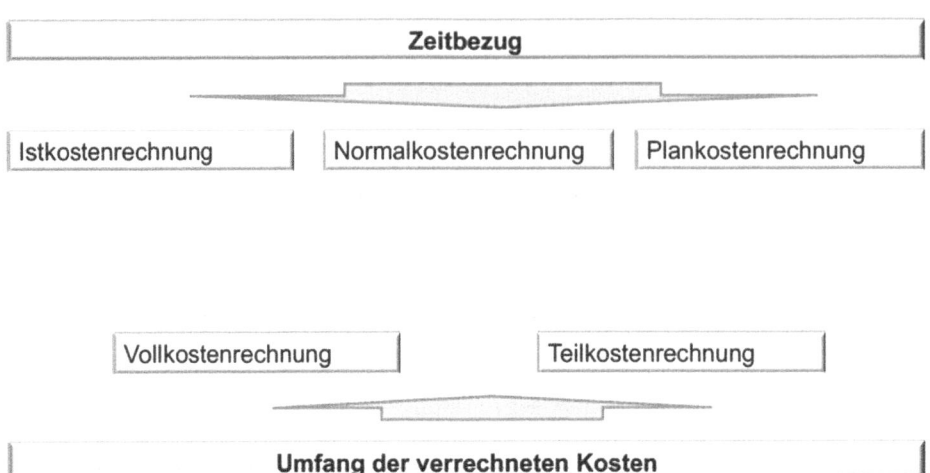

Abb. 2.8 Kostenrechnungssysteme im Überblick. (Quelle: eigene Darstellung)

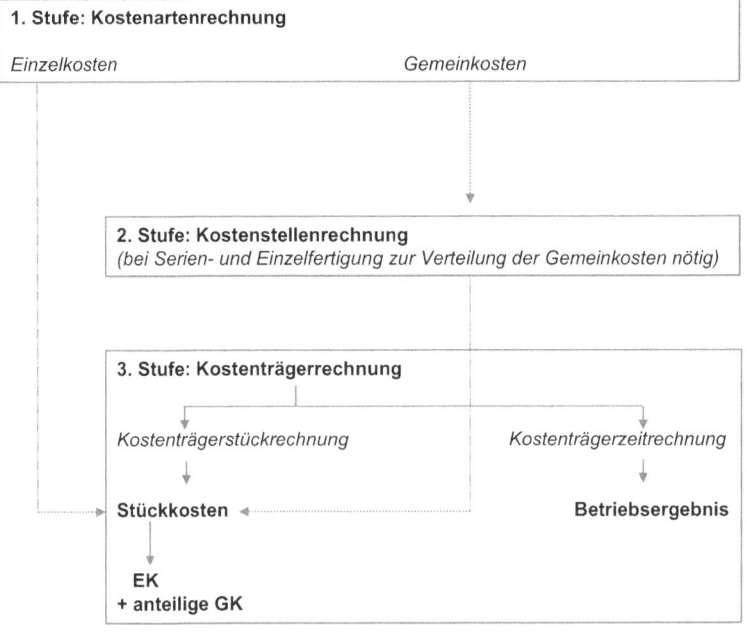

Abb. 2.9 Stufen der Volkostenrechnung. (Quelle: eigene Darstellung)

Die Vollkostenrechnung kann in folgende Teilbereiche, auch Rechenstufen genannt, unterteilt werden (vgl. Abb. 2.9). Diese ergänzen sich gegenseitig.

Abb. 2.10 Aufwand und Kosten. (Quelle: eigene Darstellung)

2.3.2 Kostenartenrechnung

In der Kostenartenrechnung werden die Kosten erfasst und gegliedert. Worin unterscheiden sich Aufwand und Kosten (vgl. Abb. 2.10), Ertrag und Leistungen?

Aufwand: Gesamter Werteverzehr an Gütern und Dienstleistungen einer Periode, der zu einer Verminderung des Reinvermögens führt.

Kosten: Betriebsbedingter, aus dem ordentlichen Leistungsprozess hervorgehender, Werteverzehr von Gütern und Dienstleistungen einer Periode.

Ertrag: Gesamter Wertezuwachs aus der Herstellung, Verkauf oder sonstigen Wertzuwächsen von Gütern und Dienstleistungen einer Periode, der zu einer Erhöhung des Reinvermögens führt.

Erlöse/Leistungen: Betriebsbedingter, aus dem ordentlichen Leistungsprozess hervorgehender, Wertezuwachs aus der Herstellung oder Verkauf von Gütern und Dienstleistungen einer Periode.

Grundkosten: Aufwand und Kosten sind betraglich gleich; es ist keine Anpassung bei der Überleitungsrechnung in die Kosten- und Leistungsrechnung nötig; zum Beispiel Mietzahlungen, Gehälter

Anderskosten: Aufwand und Kosten sind betraglich ungleich; Anpassung des Betrages der Aufwendungen an den betrieblichen Werteverzehr; zum Beispiel kalkulatorische Abschreibung und Wagnisse.

Zusatzkosten: Den Kosten steht in der Finanzbuchhaltung kein Aufwand gegenüber; zum Beispiel kalkulatorischer Unternehmerlohn.

Abb. 2.11 zeigt eine mögliche Einteilung der Kosten.

Die kalkulatorischen Kosten lassen sich wie folgt beschreiben:

▶ **Kalkulatorische Wagnisse:** Ansatz von „durchschnittlichen" Wagniskosten, die die nicht versicherten, aber im Durchschnitt zu erwartenden Einzelwagnisse (zum Beispiel Fertigungswagnis, Beständewagnis, Gewährleistungswagnis) abdecken (Basis: tatsächliche Ausfälle/Vorkommnisse der Vergangenheit).

Die Kosten für versicherte Einzelwagnisse gehen in die Finanzbuchführung als Aufwand ein und stellen in der Kostenrechnung Dienstleistungskosten dar, werden also nicht in die kalkulatorischen Wagnisse mit eingerechnet.

▶ **Kalkulatorische Abschreibung:** Ermittlung des verursachungsgerechten Werteverzehrs durch Anpassung der Abschreibungsbasis und der Nutzdauer.

Die bilanzielle Abschreibung wird angepasst.

Bemessungsgrundlage bilden in der Regel die Wiederbeschaffungskosten.

Grundsätzlich wird die lineare Abschreibung eingesetzt.

▶ **Kalkulatorische Miete:** Es wird eine ortsübliche Miete für eigengenutzte Immobilien angesetzt. Ggf. wird der Ansatz der kalkulatorischen Miete durch die Berücksichtigung der kalkulatorischen Abschreibung und kalkulatorischen Zinsen überflüssig.

Kostengliederung	Unterteilung der Kosten	Beispiele
Verbrauchsart	➢Werkstoffkosten ➢Betriebsmittelkosten ➢Personalkosten ➢Dienstleistungskosten ➢Zwangsabgaben	➢Verbrauch an RHB-Stoffen ➢Wertminderungen an Betriebsmitteln ➢Löhne, Gehälter, Lohnnebenkosten ➢Vers.prämien ➢Steuern, Gebühren
Zurechnung zu Kostenträgern	➢Einzelkosten ➢Sondereinzelkosten der Fertigung ➢Sondereinzelkosten des Vertriebes ➢Gemeinkosten	➢Rohstoffverbrauch ➢Spezialwerkzeuge, Lizengebühren ➢Vertriebsprovision ➢Mieten, Gehälter, Abschreibungen
Verhalten bei Beschäftigungsänderungen	➢Variable Kosten ➢Fixe Kosten	➢Rohstoffverbrauch ➢Gehälter, Mieten

Abb. 2.11 Einteilung der Kosten nach Kostenarten. (Quelle: eigene Darstellung)

Betriebsnotwendiges Anlagevermögen

\+   Betriebsnotwendiges Umlaufvermögen

\=   **Betriebsnotwendiges Vermögen**

\-   Abzugskapital (unverzinsliche Kapitalposten, wie z. B. Verbindlichkeiten LL,
      Kundenanzahlungen)

\=   **Betriebsnotwendiges kapital** * Zinssatz

\=   **Kalkulatorische Zinsen**

Abb. 2.12 Rechenschema zur Ermittlung der kalkulatorischen Zinsen. (Quelle: eigene Darstellung)

▶ **Kalkulatorischer Unternehmerlohn:** Es wird das Gehalt eines fiktiven Geschäftsführers bei einer Einzelunternehmung oder Personenhandelsgesellschaft angesetzt.

▶ **Kalkulatorische Zinsen (vgl.** Abb. 2.12)**:** Sie stellen die Opportunitätskosten des gebundenen Kapitals (Eigenkapital und Fremdkapital) dar und ersetzen die in der Finanzbuchführung ausgewiesenen Fremdkapitalzinsen (Anderskosten bzw. Zusatzkosten).

Es wird auf das betriebsnotwendige Vermögen (daraus abgeleitet das betriebsnotwendige Kapital) als Basis für die Berechnung herangezogen. Das betriebsnotwendige Kapital stellt also das in Vermögen gebundene Kapital dar, welches einem Verzinsungsanspruch unterliegt.

Das nicht abnutzbare Anlagevermögen wird in der Regel mit den Anschaffungskosten oder den Wiederbeschaffungskosten, das abnutzbare Anlagevermögen mit seinem Restbuchwert (Restwertverzinsung) oder mit dem durchschnittlichen Wert an Anschaffungskosten oder Wiederbeschaffungskosten (Durchschnittsverzinsung) angesetzt.

Durchschnittsmethode

$$\frac{AK\ bzw.HK\ oder\ WBK + Restbuchwert\ am\ Ende\ der\ Nutzdauer}{2}$$

Restwertverfahren; Ansatz des jeweiligen Restbuchwertes

Das Umlaufvermögen wird in der Regel mit dem Jahresdurchschnittswert angesetzt.

Beachten Sie, dass nur betriebsnotwendige Bestandteile berücksichtigt werden. Stillgelegte Maschinen, Wertpapiere der Liquiditätsreserve oder des AV werden beispielsweise nicht berücksichtigt.

2.3.3   Kostenstellenrechnung

▶ Im Rahmen der Kostenstellenrechnung sollen die (Gemein-)Kosten am Ort ihrer Entstehung transparent gemacht werden. Es wird also die Frage beantwortet, „Welche organisatorische Einheit (Kostenstelle) hat welche (Gemein-)Kosten verursacht?" (Wirtschaftlichkeitskontrolle).

In der Kostenstellenrechnung werden die Gemeinkosten auf Kostenstellen verteilt und somit zur Kostenverrechnung auf Kostenträger mittels Zuschlagssätzen (ggf. auch anhand von Verrechnungssätzen) aufbereitet. Dies ist jedoch nur bei Einzel- oder Serienfertigung nötig.

Die Gliederung der Kostenstellen (Kostenstellenplan) muss eindeutig, möglichst genau jedoch gleichermaßen wirtschaftlich sinnvoll sein.

Instrument der Kostenstellenrechnung ist der Betriebsabrechnungsbogen (BAB).

Ein Kostenstellenplan ist üblicherweise in Industriebetrieben wie folgt aufgebaut:

1. Materialkostenstellen
2. Fertigungskostenstellen
3. Verwaltungskostenstellen
4. Vertriebskostenstellen
5. Hilfskostenstellen

Kostenstellen können Hauptkostenstellen oder Hilfskostenstellen sein.

Hilfskostenstellen:

Kostenstellen, deren Kosten nicht direkt auf die Kostenträger, sondern erst auf andere leistungsempfangende Kostenstellen umgelegt werden. Dabei erbringen „Allgemeinen Kostenstellen"; zum Beispiel die Kostenstellen „Reparatur" oder „Gebäudereinigung", Leistungen für eine Vielzahl anderer Kostenstellen.

Es erfolgt eine innerbetriebliche Leistungsverrechnung über Verrechnungssätze. Die so verteilten Gemeinkosten werden auch sekundäre Gemeinkosten genannt.

Hauptkostenstellen:

Kostenstellen, deren Kosten nicht auf andere Kostenstellen, sondern (in der Regel mit Hilfe von Zuschlagssätzen) direkt auf die Kostenträger verrechnet werden. Es handelt sich also um Kostenstellen, die überwiegend am eigentlichen Leistungserstellungsprozess beteiligt sind. Die Kostenstellen 1 bis 4 sind alles Hauptkostenstellen.

Ein Betriebsabrechnungsbogen (BAB) in einem Industriebetrieb ist vereinfacht und stark zusammengefasst in Tab. 2.3 (hier ohne Hilfskostenstellen) abgebildet.

Beispiel

Im Betriebsabrechnungsbogen in Tab. 2.3 sind die im Januar 2019 angefallenen Kosten in Höhe von 865.000,00 Euro auf die jeweiligen Kostenstellen verteilt worden. Bei den 865.000,00 Euro handelt es sich um Kosten, die einem Kostenträger nicht direkt zugerechnet werden können. Es handelt sich diesbezüglich also um Gemeinkosten. Bei der Verteilung der 865.000,00 Euro ist zu berücksichtigen, dass ein Teil der Kosten direkt einzelnen Kostenstellen zugerechnet werden kann. In diesem Fall handelt es sich

Tab. 2.3 Betriebsabrechnungsbogen (BAB). (Quelle: eigene Darstellung)

Monat Januar 2019					
Gemeinkostenarten	Beträge in Euro	Hauptkostenstellen			
		Material	Fertigung	Verwaltung	Vertrieb
Zeitlöhne	15.000,00	3000,00	3000,00	3000,00	6000,00
Gehälter	150.000,00	35.000,00	20.000,00	80.000,00	15.000,00
Mietkosten	200.000,00	25.000,00	100.000,00	50.000,00	25.000,00
Restliche Gemeinkosten	500.000,00	100.000,00	210.000,00	140.000,00	50.000,00
Summe (primäre) GK	865.000,00	163.000,00	333.000,00	273.000,00	96.000,00
Bezugsbasis für die Ermittlung der Zuschlagssätze		Materialeinzelkosten 550.000,00	Fertigungseinzelkosten 210.000,00	Herstellkosten 1.256.000,00	Herstellkosten 1.256.000,00
Zuschlagssätze		29,64 %	158,57 %	21,74 %	7,64 %

um Kostenstelleneinzelkosten. Dies ist beispielsweise bei den Gehältern oder den Zeitlöhnen der Fall. Ist eine direkte Zurechnung nicht ohne weiteres möglich, zum Beispiel bei den Mietkosten, handelt es sich um Kostenstellengemeinkosten. Hier ist eine Verteilung der Kosten nur anhand eines Verteilungsschlüssels möglich. Bei den Mietkosten bietet sich als Verteilungsschlüssen die Fläche in Quadratmetern an. Weitere Verteilungsschlüssel für andere Kostenstellengemeinkosten können Mitarbeiteranzahl, Verhältniszahlen, kWh oder Liter sein.

Nachdem nun die primären Gemeinkosten auf alle Kostenstellen verteilt worden sind, werden die notwendigen Zuschlagssätze ermittelt. Die Zuschlagssätze drücken das Verhältnis der Gemeinkosten zu einer Bezugsbasis aus. Die Bezugsbasis für die Materialgemeinkosten und die Fertigungsgemeinkosten stellen jeweils die Einzelkosten für das Material (konkret: Rohstoffverbrauch) sowie für die Fertigung (konkret: Löhne) dar. Bei den Verwaltungs- und Vertriebsgemeinkosten dienen als Bezugsbasis die Herstellkosten. Die Herstellkosten werden für die Erzeugung (also der hergestellten Stücke) bzw. für den Umsatz (also der verkauften Stücke) ermittelt. Für die Herstellkosten des Umsatzes werden die Herstellkosten der Erzeugung um die Bestandsveränderungen korrigiert. Sind keine Bestandsveränderungen vorhanden; sind also alle in einer Periode produzierten Produkte verkauft worden – und nicht mehr; sind die Herstellkosten der Erzeugung gleich den Herstellkosten des Umsatzes.

Die Herstellkosten lassen sich für das obige Beispiel wie folgt ermitteln:

	Materialeinzelkosten	550.000,00 Euro
+	Materialgemeinkosten	163.000,00 Euro
+	Fertigungseinzelkosten	210.000,00 Euro
+	Fertigungsgemeinkosten	333.000,00 Euro
=	Herstellkosten der Erzeugung	1.256.000,00 Euro
–	Bestandserhöhungen	
+	Bestandsminderungen	
=	Herstellkosten des Umsatzes	1.256.000,00 Euro

Somit können nun die im Betriebsabrechnungsbogen ausgewiesenen Zuschlagssätze ermittelt werden. **Rechnen Sie bitte nach!**

Materialgemeinkosten-zuschlagssatz = **29,64 %**	$\dfrac{Materialgemeinkosten * 100}{Materialeinzelkosten}$
Fertigungsgemeinkosten-zuschlagssatz = **158,57 %**	$\dfrac{Fertigungsgemeinkosten * 100}{Fertigungseinzelkosten}$
Verwaltungsgemeinkosten-zuschlagssatz = **21.74 %**	$\dfrac{Verwaltungsgemeinkosten * 100}{Herstellkosten\,des\,Umsatzes\,bzw.\,der\,Erzeugung}$

Vertriebsgemeinkosten-zuschlagssatz = **7,64 %**	$\dfrac{Vertriebsgemeinkosten * 100}{Herstellkosten\ des\ Umsatzes\ bzw.der\ Erzeugung}$

In dem obigen Beispiel liegen keine Bestandsveränderungen vor.

Da die Gemeinkosten in Höhe von 865.000,00 Euro im Monat Januar 2019 angefallen sind, handelt es sich um Ist-Kosten. In der Praxis werden die Ist-Kosten einer Periode in eine Durchschnittsrechnung überführt. So werden die Normalkosten zum Beispiel als Monatsdurchschnitt ermittelt. Dies gilt selbstverständlich auch für die Zuschlagssätze. So werden Schwankungen, insbesondere beim Materialverbrauch, ausgeglichen. Ferner können Kostenüberdeckungen bzw. Kostenunterdeckungen ermittelt werden.

Ebenfalls werden die Normalkostenzuschlagssätze zur Vorkalkulation (Ermittlung der Stückkosten für eine zukünftige Periode) verwendet.

▷ Mit diesen Zuschlagssätzen können nun für den Monat Januar 2019 die Stückkosten für die einzelnen Produkte ermittelt werden. Die Gemeinkosten werden so auf die Produkte verteilt

Nehmen wir einmal an, es werden fünf Produkte in Serienfertigung produziert. Dann ist eindeutig ermittelbar, wie hoch der Rohstoffverbrauch und die Löhne je Produkt sind. Mit den Zuschlagssätzen werden dann die Gemeinkosten für Material, Fertigung, Verwaltung und Vertrieb wie folgt auf die einzelnen Produkte verteilt:

		Produkt 1	Produkt 2
	Materialeinzelkosten	210,00 Euro	350,00 Euro
+	Materialgemeinkosten (29,64 %)	62,24 Euro	103,74 Euro
+	Fertigungseinzelkosten	200,00 Euro	450,00 Euro
+	Fertigungsgemeinkosten (158,57 %)	317,14 Euro	713,66 Euro
=	Herstellkosten	789,38 Euro	1.617,40 Euro
+	Verwaltungsgemeinkosten (21,74 %)	171,61 Euro	351,62 Euro
+	Vertriebsgemeinkosten (7,64 %)	60,31 Euro	123,57 Euro
=	Stückkosten	1.021,30 Euro	2.092,59 Euro

▷ Im Monat Januar 2019 sind von den Gemeinkosten der Kostenstelle Material (in Höhe von 163.000,00 Euro) 62,24 Euro dem einzelnen Stück des Produkts 1 und 103,74 Euro dem einzelnen Stück des Produkts 2 zugeordnet worden. Die gleichlautenden Aussagen können auch für die anderen Gemeinkosten (Fertigung, Verwaltung und Vertrieb) getroffen werden. Somit ist ersichtlich, dass die Gemeinkosten mit den Zuschlagssätzen auf einzelne Produkte verteilt werden.

Bildet man die Zuschlagssätze auf Normalkostenbasis, können die Stückkosten im Rahmen der Vorkalkulation ermittelt werden. Somit kann das Unternehmen die zukünftigen Abgabepreise festlegen bzw. bestehende Abgabepreise überprüfen.

2.3.4   Kostenträgerzeit- und Kostenträgerstückrechnung

▶ **Kostenträgerstückrechnung:** In der Kostenträgerstückrechnung werden die Selbstkosten pro Stück (Stückkosten) eines Produktes ermittelt. Aus den Stückkosten kann dann durch Berücksichtigung eines Gewinnzuschlages der Verkaufspreis ermittelt werden.

Die jeweils verwendete Kalkulationsmethode ist grundsätzlich davon abhängig, welches Produktionsverfahren angewendet wird (Tab. 2.4).

In der Kostenträgerzeitrechnung werden die Kosten auf eine Abrechnungsperiode bezogen und unter Berücksichtigung der Erlöse und ggf. der Bestandsveränderungen wird das Betriebsergebnis ermittelt (Tab. 2.5).

▶ **Divisionskalkulation:** Bei der Divisionskalkulation ist eine Unterteilung in Einzel- und Gemeinkosten bei der Kostenträgerrechnung nicht nötig. Es wird grundsätzlich der gesamte Kostenblock auf die Kostenträger verrechnet.

Bei Anwendung der einstufigen Divisionskalkulation sind die Produktionsmenge und die Absatzmenge im Betrachtungszeitraum identisch.

Tab. 2.4 Kalkulationsverfahren. (Quelle: eigene Darstellung)

Produktionsverfahren	Kalkulationsmethode
Massenfertigung	Divisionskalkulation • einstufig • zweistufig • mehrstufig
Sortenfertigung	Divisionskalkulation • Äquivalenzziffernkalkulation
Serienfertigung Einzelfertigung	Zuschlagskalkulation • summarisch • differenzierend

Tab. 2.5 Stufen der Divisionskalkulation. (Quelle: eigene Darstellung)

Art	Formel für die Ermittlung der Selbstkosten je Kostenträger
Einstufig	$\dfrac{\textit{Gesamtkosten der Periode}}{\textit{hergestellte Menge}}$
Zweistufig	$\dfrac{\textit{Herstellkosten der Periode}}{\textit{hergestellte Menge}} + \dfrac{\textit{Kosten Verwaltung und Vertrieb}}{\textit{abgesetzte Menge}}$ Herstellkosten = Alle Kosten, die nicht auf Verwaltung und Vertrieb entfallen
Mehrstufig	

Bei der zweistufigen Divisionskalkulation sind Produktionsmenge und Absatzmenge nicht identisch, es liegen also Bestandsveränderungen an fertigen und/oder unfertigen Erzeugnissen vor.

Liegt ein mehrstufiger Produktionsprozess vor, sollte die mehrstufige Divisionskalkulation angewendet werden. Ein mehrstufiger Produktionsprozess liegt beispielsweise vor, wenn ein Produkt mehrere Produktionsstufen durchläuft. Auf jeder Produktionsstufe werden dann die Herstellkosten des Vorproduktes zusätzlich berücksichtigt, bis die Endstufe erreicht ist.

▶ **Äquivalenzziffernkalkulation:** Diese besondere Form der Divisionskalkulation findet bei Sortenfertigung Anwendung. Die Sortenfertigung ist dadurch gekennzeichnet, dass es einen gleichen Hauptbestandteil gibt, dieser jedoch unterschiedlich hoch bei den einzelnen Sorten ausgeprägt ist. Insofern schätzt man letztendlich die Verhältnisse der Kosten untereinander und teilt die Kosten so auf.

Dabei geht man wie folgt vor:
    Berechnung mit Hilfe von Äquivalenzziffern

* Äquivalenzziffer: Verhältnis der Kosten eines Produktes zu den Kosten eines Einheitsproduktes
* Einheitsprodukt erhält die Äquivalenzziffer 1

Bestimmung von Äquivalenzziffern in der Praxis:

* Produktgewicht
* Produktabmessung
* Physikalische Größen (Heizwert, Energieverbrauch)
* Arbeits-, Maschinen- und Durchlaufzeiten

▶ **Zuschlagskalkulation:** Bei der differenzierenden Zuschlagskalkulation werden die Gemeinkosten in die Bereiche Material, Fertigung, Verwaltung und Vertrieb differenziert dargestellt und auf die zugehörigen Einzelkosten bzw. Herstellkosten bezogen. Bei der summarischen Zuschlagskalkulation wird auf eine differenzierende Abbildung der Gemeinkosten verzichtet, sondern ein Zuschlagssatz für alle Gemeinkosten ermittelt und im Rahmen der Kalkulation berücksichtigt. Dabei wird (vereinfachend) eine gleiche proportionale Beziehung der einzelnen Gemeinkostenarten zu den Einzelkosten unterstellt.

Bei der differenzierenden Zuschlagskalkulation im Rahmen der Vorkalkulation werden die Zuschlagssätze aus der Kostenstellenrechnung auf Normalkostenbasis verwendet. Soll die Kalkulation auf Ist-Kostenbasis für einen zurückliegenden Zeitraum berechnet werden, werden die Ist-Zuschlagssätze für den jeweiligen Betrachtungszeitraum verwendet.

▶ Die Vorkalkulation der Stückkosten kann zum einen zur Bestimmung und
Überprüfung der Abgabepreise verwendet werden. Es wird also auf Basis der
Stückkosten der „richtige" Abgabepreis ermittelt und ggf. mit den bestehenden Abgabepreisen verglichen. So kann das Unternehmen erkennen, ob die
Abgabepreise noch ausreichend für eine Kostendeckung und Gewinnerzielung sind. Ferner kann mit der Vorkalkulation auch eine Wirtschaftlichkeitskontrolle vorgenommen werden. So werden die „geplanten" Kosten einer
zukünftigen Periode mit den am Ende der Periode angefallenen Ist-Kosten
verglichen und mögliche Kostenüberdeckungen bzw. Kostenunterdeckungen
ermittelt. Dabei gilt: Sind die Ist-Kosten größer als die Normalkosten, liegt eine
Kostenunterdeckung vor, sind die Ist-Kosten kleiner als die Normalkosten, eine
Kostenüberdeckung. In jedem Fall einer Abweichung muss das Unternehmen
diese hinterfragen. Denn entweder sind dann die Abgabepreise zu hoch oder
zu niedrig gewesen.

Das Rechenschema der differenzierenden Zuschlagskalkulation baut auf den schon be-
kannten Größen auf. Es soll nun das Beispiel von oben in diesem Zusammenhang fortge-
führt werden.

Im Rahmen der Nachkalkulation sind die Stückkosten für das Produkt mit 1021,30 Euro
für den Monat Januar 2019 ermittelt worden. Die für diesen Monat geltenden Normalkos-
tenkostenzuschlagssätze zur Vorkalkulation:

- Materialgemeinkosten: 30,10 Prozent
- Fertigungsgemeinkosten: 145,20 Prozent
- Verwaltungsgemeinkosten: 22,50 Prozent
- Vertriebsgemeinkosten: 8,00 Prozent

Daraus ergibt sich das in Tab. 2.6 dargestellte Ergebnis.

Tab. 2.6 Zuschlagskalkulation aus Basis Ist- und Normalkosten. (Quelle: eigene Darstellung)

	Produkt 1	Vorkalkulation	Nachkalkulation
		Normalkosten	Ist-Kosten
	Materialeinzelkosten	210,00 Euro	210,00 Euro
+	Materialgemeinkosten (30,10 %)	63,21 Euro	62,24 Euro
+	Fertigungseinzelkosten	200,00 Euro	200,00 Euro
+	Fertigungsgemeinkosten (145,20 %)	290,04 Euro	317,14 Euro
=	Herstellkosten	763,25 Euro	789,38 Euro
+	Verwaltungsgemeinkosten (22,50 %)	171,73 Euro	171,61 Euro
+	Vertriebsgemeinkosten (8,00 %)	61,06 Euro	60,31 Euro
=	Stückkosten	996,04 Euro	1021,30 Euro

Das Unternehmen hat also für den Monat Januar 2019 damit gerechnet, dass die Stück-kosten für das Produkt 1 996,04 Euro betragen werden. Tatsächlich haben die Stückkosten am Ende der Planperiode Januar aber 1021,30 Euro betragen. Die tatsächlich angefallenen Kosten sind also um 25,26 Euro höher als erwartet. Es liegt also eine Kostenunterdeckung vor. Wenn auf Basis der 996,04 Euro der Abgabepreis ermittelt wurde, ist er um 25,26 Euro zu niedrig. Die Folge ist, dass pro verkauftem Stück der Gewinn um 25,26 Euro niedriger ist als erwartet.

Besonderheit: Maschinenstundensätze

Bei Maschinen, die im Rahmen der Fertigung nicht gleichmäßig beansprucht werden bzw. unterschiedlich hohe Kosten auslösen, werden die Gemeinkosten der Kostenstelle Ferti-gung auf die einzelnen Maschinen verteilt (Maschinenkosten der Maschine 1, 2, 3 usw.). Das Ergebnis ist ein Verrechnungssatz, der in Abhängigkeit von der Maschinenlaufzeit ermittelt wird. Die restlichen Gemeinkosten werden als Restkosten ausgewiesen und dann zur Ermittlung des Zuschlagssatzes für die Fertigung verwendet.

Ermittlung der Abgabepreise

Ausgehend von den ermittelten Stückkosten (egal nach welchem Kalkulationsverfahren) kann nun der Abgabepreis (auch Listenverkaufspreis genannt) ermittelt werden. Anhand der Erweiterung des obigen Beispiels soll nun das zu verwendende Rechenschema dar-gestellt werden.

Anhand der für Januar 2019 ermittelten Normalkosten für Produkt 1 in Höhe von 996,04 Euro sollen bei der Ermittlung des Abgabepreises noch folgende Parameter be-rücksichtigt werden:

- fünf Prozent Skonto bei Zahlung innerhalb von zehn Tagen
- acht Prozent Sofortrabatt
- 30 Prozent Gewinnaufschlag

Damit sich durch Rabatt und Skonto der geplante Gewinn sich nicht verringert sind diese Größen auf die Stückkosten hinzuzurechnen. Dabei ist die Reihenfolge wichtig. Es erfolgt hier die Betrachtung aus Sicht des Verkäufers; nicht aus Sicht des Käufers! (Tab. 2.7).

Tab. 2.7 Ermittlung des Listenverkaufspreises. (Quelle: eigene Darstellung)

	Stückkosten	996,04 Euro	
+	Gewinnaufschlag 30 %	298,81 Euro	
=	Barverkaufspreis	1294,85 Euro	: 0,95
+	Skonto 5 %	68,15 Euro	
=	Zielverkaufspreis	1363,00 Euro	: 0,92
+	Rabatt 8 %	118,52 Euro	
=	Abgabepreis/Listenverkaufspreis	1481,52 Euro	

▶ **Bitte beachten Sie:** Der Barverkaufspreis ist 95 Prozent des zu ermittelnden Zielverkaufspreises, da das Skonto auf den Zielverkaufspreis bezogen wird.

Besonderheit: Handelskalkulation

Werden Waren eingekauft und weiterverkauft, wird die Handelskalkulation eingesetzt. Die Handelskalkulation besteht aus der Bezugskalkulation (Ermittlung des Bareinkaufspreises), der Selbstkostenkalkulation (Ermittlung des Selbstkostenpreises) und der Angebotskalkulation (Ermittlung des Listenverkaufspreises). Dabei wird das in Tab. 2.8 dargestellte Rechenschema verwendet (Darstellung mit fiktiven Werten).

▶ **Kostenträgerzeitrechnung:** In der Kostenträgerzeitrechnung werden den Leistungen die Selbstkosten gegenübergestellt und das Betriebsergebnis einer Periode ermittelt. Im Rahmen eines Soll-Ist-Vergleiches können Abweichungen von Zielgrößen ermittelt werden.

Es gibt grundsätzlich zwei Verfahren zur Ermittlung des Betriebsergebnisses, die jedoch zum gleichen Ergebnis führen. Beide Verfahren sollen nun mit der Erweiterung des Beispiels von oben für den Monat Januar 2019 erläutert werden.

– Herstellkosten der Erzeugung: 1.256.000,00 Euro
– Verwaltungsgemeinkosten: 273.000,00 Euro
– Vertriebsgemeinkosten: 96.000,00 Euro

Nun neu:
Bestandserhöhung an unfertigen

Erzeugnissen: 400.100,00 Euro
Umsatzerlöse: 2.550.000,00 Euro

Tab. 2.8 Handelskalkulation. (Quelle: eigene Darstellung)

	Listeneinkaufspreis	850,00 Euro	
–	Lieferantenrabatt 10 %	85,00 Euro	
=	**Zieleinkaufspreis**	**765,00 Euro**	
–	Skonto 8 %	61,20 Euro	
=	**Bareinkaufspreis**	**703,80 Euro**	
+	Bezugskosten	50,00 Euro	
=	**Einstandspreis**	**753,80 Euro**	
+	Handlungskosten 15 %	113,07 Euro	
=	**Selbstkosten(preis)**	**866,87 Euro**	: 0,90
+	Skonto 10 %	96,32 Euro	
=	**Zielverkaufspreis**	**963,19 Euro**	: 0,90
–	Rabatt 10 %	107,02 Euro	
	Listenverkaufspreis/Verkaufspreis	**1070,21 Euro**	

Tab. 2.9 Gesamtkostenverfahren. (Quelle: eigene Darstellung)

	Umsatzerlöse	2.550.000,00 Euro
+	Bestandsmehrungen	400.100,00 Euro
−	Bestandsminderungen	entfällt hier
+	Aktivierte Eigenleistungen	entfällt hier
=	**Betriebsleistung**	**2.950.100,00 Euro**
−	Herstellkosten *der Erzeugung*	1.256.000,00 Euro
−	Verwaltungsgemeinkosten	273.000,00 Euro
−	Vertriebsgemeinkosten	96.000,00 Euro
−	Sondereinzelkosten des Vertriebs	entfällt hier
=	**Betriebsergebnis**	**1325.100,00 Euro**

Gesamtkostenverfahren

Den Leistungen werden sämtliche Kosten (Selbstkosten der Erzeugung; hier 1.625.000,00 Euro) einer Periode werden gegenübergestellt (vgl. Tab. 2.9).

Umsatzkostenverfahren

Es werden hier lediglich die verkauften Produkte zur Ergebnisermittlung berücksichtigt. Bestandsveränderungen bleiben hier außen vor. Den Umsatzerlösen werden die Selbstkosten des Umsatzes (also der verkauften Stücke) gegenübergestellt (vgl. Tab. 2.10).

2.3.5 Vergleich von Voll- und Teilkostenrechnung

Die bisherigen Ausführungen zur Vollkostenrechnung offenbaren einige Problemstellungen der Vollkostenrechnung. Insbesondere können folgende Punkte kritisiert werden:

- Die Schlüsselung der (Kostenstellen-)Gemeinkosten in der Kostenstellenrechnung erfolgt durchaus willkürlich.
- Es findet keine Unterscheidung zwischen beschäftigungsabhängigen und beschäftigungsunabhängigen Kosten statt. Somit werden die Gemeinkosten in der Zuschlagskalkulation proportionalisiert und eine Fixkostendegression sowie Fixkostenremanenz werden nicht berücksichtigt.

Fixkostendegression: Die fixen Stückkosten sinken bei steigender Ausbringungsmenge.
Fixkostenremanenz: Die fixen Kosten bleiben auch bei sinkender Ausbringungsmenge gleich.

Ein großer Teil der obigen Problemfelder wird durch die Teilkostenrechnung ausgeglichen.

Während die Vollkostenrechnung die langfristige Proeisuntergrenze in Höhe der Stückkosten ermittelt, legt die Teilkostenrechnung die Basis für kurzfristige Preisuntergrenze. Die variablen Stückkosten (k_V) müssen mindestens durch den Verkaufserlös je Stück (p) gedeckt sein. Ist der Verkaufserlös höher als die variablen Stückkosten, entsteht je Produkt ein positiver Deckungsbeitrag pro Stück (db). Die Summe aller Deckungsbeiträge (DB) aller in einer Periode hergestellten und abgesetzten Produkte (x) dient dann zur Deckung

Tab. 2.10 Umsatzkostenverfahren. (Quelle: eigene Darstellung)

	Umsatzerlöse	2.550.000,00 Euro
−	Herstellkosten *des Umsatzes* (hier: *Herstellkostenkosten der Erzeugung 1.256.000,00 Euro abzgl. Bestandserhöhung 400.100,00 Euro*)	855.900,00 Euro
−	Verwaltungsgemeinkosten	273.000,00 Euro
−	Vertriebsgemeinkosten	96.000,00 Euro
−	Sondereinzelkosten des Vertriebs	entfällt hier
=	Betriebsergebnis	1325.100,00 Euro

der fixen Kosten der Periode (K_{fix}). Ist der Deckungsbeitrag der Periode größer als die fixen Kosten der Periode, entsteht ein positives Betriebsergebnis.

Nachfolgende Berechnung verdeutlicht den eben skizzierten Sachverhalt noch einmal anhand der einstufigen Deckungsbeitragsrechnung:

	$p - k_v =$	$db * x =$	DB je Produkt; über alle Produkte Σ DB
−			K_{fix}
=			Betriebsergebnis

Beispiel

Die A-AG stellt drei Produkte her. Die relevanten Größen für den Monat September wurden aus dem Rechnungswesen wie folgt ermittelt:

Produkt 1: $p = 110,00$ Euro, $k_v = 55,00$ Euro, $x = 2000$ Stück

Produkt 2: $p = 86,00$ Euro, $k_v = 30,00$ Euro, $x = 1500$ Stück

Produkt 3: $p = 90,00$ Euro; $k_v = 45,00$ Euro, $x = 1800$ Stück

Die fixen Kosten im Monat September betragen 120.000,00 Euro.

Wie hoch sind die jeweiligen Deckungsbeiträge und das Betriebsergebnis im Monat September?

	Produkt 1	110,00 Euro (p) − 55,00 Euro (k_v) = 55,00 Euro (db) * 2.000 Stück =	110.000,00 Euro (DB)
+	Produkt 2	86,00 Euro (p) − 30,00 Euro (k_v) = 56,00 Euro (db) * 1.500 Stück =	84.000,00 Euro (DB)
+	Produkt 3	90,00 Euro (p) − 45,00 Euro (k_v) = 45,00 Euro (db) * 1.800 Stück =	81.000,00 Euro (DB)
=			**275.000,00 Euro (DB)**
−		K_{fix}	120.000,00 Euro
=		**Betriebsergebnis**	**155.000,00 Euro**

Die obigen Ausführungen lassen sich auch verwenden, um die sogenannte Gewinnschwelle (auch Break-even-Point genannt) zu ermitteln.

▶ Die Gewinnschwelle drückt die Produktions- und Absatzmenge aus, bei der Kostendeckung erreicht wird, bei der also die fixen (K_{fix}) und variablen (K_v) Gesamtkosten gedeckt sind. Mit jeder weiteren produzierten und abgesetzten Einheit wird die Gewinnzone erreicht. Es entsteht also ein positives Betriebsergebnis.

Für die Ermittlung der Gewinnschwelle ist es zunächst wichtig, die Zusammensetzung der Gesamtkosten einer Periode zu kennen.

Die gesamten Kosten (K) einer Periode setzen sich wie folgt zusammen:

$K = K_v + K_{fix}$; dabei setzen sich die variablen Gesamtkosten des Monats zusammen aus $k_v * x$

Mit dieser Kenntnis lässt sich nun die Formel für die Ermittlung der Gewinnschwelle ableiten:

$$\frac{K_{fix}}{db}$$

Beispiel

Ein Unternehmen stellt Peitschen her. Dazu liegen für den Monat September folgende Größen vor:

$$p = 210,00\,\text{Euro}; k_v = 120,00\,\text{Euro}; K_{fix} = 150.000,00\,\text{Euro}$$

$$\frac{K_{fix}\left(150.000,00\,\text{Euro}\right)}{db\left(90,00\,\text{Euro}\right)}$$

$= $ die Gewinnschwelle beträgt also $1666,67$ – aufgerundet 1667 Stück.

Es müssen also 1667 Stück Peitschen hergestellt und verkauft werden, um die Kostendeckung zu erreichen. Ab dem 1668-ten Stück kommt das Unternehmen in die Gewinnzone.

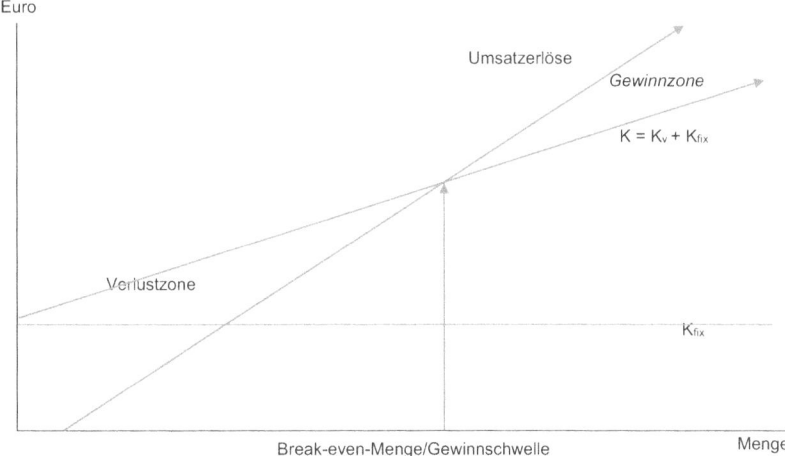

2.4   Auswertung betriebswirtschaftlicher Zahlen

2.4.1   Aufbereitung und Auswertung der Zahlen

Ausgehend von den Aufgaben des betrieblichen Rechnungswesens wird dort eine Vielzahl von Daten zum Leistungserstellungsprozess sowie zum gesamten Geschäftsverlauf erfasst.

Diese Daten stehen primär dem Unternehmen mit seinen Managementebenen zur Verfügung. Bestimmte Informationen müssen aber auch bestimmten externen Personengruppen zugänglich gemacht werden.

Es stellt sich also die Frage: Welche Informationen sind in welchen Berichtsarten wem zur Verfügung (interne und/oder externe Adressaten) zu stellen.

Berichtsarten:

- Standardberichte: periodisch wiederkehrende, standardisierte Berichte, die zum Teil auf gesetzlichen Vorschriften beruhen (zum Beispiel Bilanz sowie Gewinn- und Verlustrechnung nach außen hin; Zusammensetzung des Betriebsergebnisses sowie Vertriebsreports nach innen hin)
- Abweichungsberichte: Informationen zu Abweichungen relevanter Erfolgsgrößen
- Bedarfsberichte: Berichte zu einzelnen abgegrenzten Themengebieten

Von besonderer Bedeutung sind die nach außen hin veröffentlichten Daten aus dem Jahresabschluss. Diese Daten werden überwiegend von externen Adressaten, aber auch von der Unternehmensleitung, aufbereitet und entsprechend anhand von Kennzahlen hinsichtlich der Vermögens- Finanz- und Ertragslage des Unternehmens analysiert.

Die Jahresabschlussanalyse kann hinsichtlich des Zeitbezugs statisch (auf einen Stichtag; zum Beispiel 31.12.2018) oder dynamisch (mehrere Stichtage im Zeitablauf; zum Beispiel 31.12.2016 bis 31.12.2018) erfolgen. Um eine belastbare Analyse über die Entwicklung der die Vermögens-, Finanz- und Ertragslage des Unternehmens erstellen zu können sind die Jahresabschlüsse mehrerer Jahre in die Betrachtung mit einzubeziehen.

Die ermittelten Kennzahlen sind hinsichtlich eines Zeitvergleichs (Entwicklung über mehrere Jahre), eines Branchenvergleichs (Abgleich mit vergleichbaren Unternehmen einer Branche) sowie eines Soll-Ist-Vergleichs zu analysieren.

Ausgewählte Kennzahlen zur Analyse der

Vermögenslage:

Anlageintensität: $\dfrac{Anlagevermögen * 100}{Gesamtvermögen}$

Umlaufintensität: $\dfrac{Umlaufvermögen * 100}{Gesamtvermögen}$

Finanzlage:

Eigenkapitalquote: $\dfrac{Eigenkapital * 100}{Gesamtkapital}$

Fremdkapitalquote: $\dfrac{Fremdkapital * 100}{Gesamtvermögen}$

Verschuldungskoeffizient: $\dfrac{Fremdkapital}{Eigenkapital}$

2.4.2 Rentabilitätsrechnungen

Bei den Kennzahlen zur Rentabilitätsrechnung geht es um die Rentabilitätskennzahlen, die die **Ertragslage** analysieren.

Zu unterscheiden sind:

Eigenkapitalrentabilität: $\dfrac{Jahresergebnis * 100}{Eigenkapital}$

Gesamtkapitalrentabilität: $\dfrac{\left(Jahresergebnis + Fremdkapitalzinsen\right) * 100}{Gesamtkapital}$

Umsatzrentabilität: $\dfrac{Jahresergebnis * 100}{Umsatzerlöse}$

Jahresergebnis = Gewinn jeweils als Vorsteuer- oder Nachsteuergröße

Achtung: Der Gewinn kann auf zwei Weisen ermittelt werden:

1. Ertrag − Aufwand = Gewinn
2. Eigenkapital am Ende des Jahres − Einlagen + Entnahmen − Eigenkapital am Anfang des Jahres = Gewinn

Von besonderer Bedeutung ist der Leverage-Effekt. Ein positiver Leverage-Effekt sagt aus, dass sich die Eigenkapitalrentabilität erhöht, wenn der Anteil des Fremdkapitals am Gesamtkapital gesteigert wird. Dies ist dann der Fall, wenn die Gesamtkapitalrentabilität höher ist als der Zinssatz für das Fremdkapital.

Ist der Zinssatz für das Fremdkapital niedriger als die Gesamtkapitalrentabilität, sinkt die Eigenkapitalrentabilität durch den negativen Leverage-Effekt.

2.5   Planungsrechnung

Unter Planung versteht man grob die geistige Vorwegnahme zukünftigen Geschehens. Im Allgemeinen geht es hierbei um die Gestaltung der Zukunft des Unternehmens.

Einige praxisrelevante Planungsarten können sein (eine Auswahl):

• Beschaffungsplanung
• Personalplanung
• Finanzplanung
• Absatzplanung

Konkrete geplante Wertgrößen werden auch Prognosen genannt; zum Beispiel Umsatzerlöse im nächsten Geschäftsjahr 250.000,00 Euro.

Damit belastbar Planungen in Form von Planungsrechnungen erstellt werden können, sind Daten des Unternehmensprozesses aus der Vergangenheit erforderlich. Diese Daten werden als Ist-Daten u. a. aus der Finanzbuchführung, der Kosten- und Leistungsrechnung und aus der Statistik, also den einzelnen Teilbereichen des Betrieblichen Rechnungswesens geliefert und entweder vereinfacht linear hochgerecht oder in komplexeren Verfahren, zum Beispiel Szenario-Technik, für die Ermittlung der Planwerte verwendet.

Die Zielwerte können dann in der jeweils aktuellen Periode mit den Istwerten abgeglichen werden und somit bei möglichen negativen Abweichungen Gegensteuerungsmaßnahmen ergriffen werden.

Hinsichtlich des Planungszeitraums, auch Planungshorizont genannt, sind folgende Unterscheidungen möglich:

• Operative Planung = kurzfristig, in der Regel die Detailplanung für ein Geschäftsjahr
• Taktische Planung = mittelfristig, in der Regel zwei bis fünf Jahre
• Strategische Planung = langfristig; in der Regel mehr als fünf Jahre

▶   Eine abschließende und einheitliche Bestimmung des Planungszeitraums gibt
      es in der Betriebswirtschaftslehre nicht.

2.6   Aufgaben

Aufgabe 1: Bilanzänderungen und Stromgrößen
Bestimmen Sie anhand der nachfolgenden Geschäftsvorfälle, welche Bilanzveränderungen (Aktivtausch, Passivtausch, Aktiv-Passiv-Mehrung, Aktiv-Passiv-Minderung) sowie Stromgrößen vorliegen.

1. Zielkauf von Hilfsstoffen gemäß Eingangsrechnung Nr. 410
2. Privateinlage eines Gesellschafters; Gutschrift auf dem Bankkonto

3. Verkauf eines gebrauchten Computers (Betriebs- und Geschäftsausstattung) gegen Barzahlung
4. Aufnahme eines Darlehens mit Gutschrift auf dem Geschäftskonto
5. Umschuldung von kurzfristigen Verbindlichkeiten durch ein langfristiges Bankdarlehen
6. Bezahlung unserer Ausgangsrechnung Nr. 210 per Überweisung durch einen Kunden
7. Tilgung eines Darlehens durch Überweisung
8. Überweisung der Eingangsrechnung Nr. 410

Aufgabe 2: Teilkostenrechnung
Die C GmbH hat sich auf die Produktion von Spezialschrauben für Pkw spezialisiert. Für den Monat April liegen Ihnen folgende Daten vor:

Umsatzerlöse: 7500.000,00 Euro
Fixkosten gesamt: 3510.000,00 Euro
Gewinn pro Bauteil: 1,55 Euro
Absatzmenge: 22.000 Stück
maximale Kapazität: 24.000 Stück

1. Berechnen Sie nachvollziehbar die Gewinnschwellenmenge.
2. Ermitteln Sie rechnerisch nachvollziehbar
   - den Gesamtdeckungsbeitrag pro Monat und
   - das Betriebsergebnis pro Monat

bei Vollauslastung.

Aufgabe 3: Abschreibungen auf Sachanlagen
Erläutern Sie die grundsätzliche Erfassung des planmäßigen Werteverzehrs von abnutzbarem Sachanlagevermögen. Gehen Sie hierbei auf folgende Sachverhalte ein:

1. Nennen Sie drei Ursachen, wodurch sich der Wert von Sachanlagen mindert.
2. Beschreiben Sie jeweis eine Auswirkung der bilanziellen Abschreibungen auf den Wertansatz in der Bilanz und das Periodenergebnis.
3. Bestimmen Sie die Bemessungsgrundlage für die Ermittlung der Abschreibungsbeträge in der Finanzbuchhaltung und in der Kosten- und Leistungsrechnung.

Aufgabe 4: Kostenstellenrechnung
Dem Betriebsabrechnungsbogen der D GmbH entnehmen Sie für die Periode September 2018 folgende Daten:

	Materialkostenstelle	Fertigungskostenstelle	Verwaltung/Vertrieb
Einzelkosten	190.000,00 Euro	210.000,00 Euro	

	Materialkostenstelle	Fertigungskostenstelle	Verwaltung/Vertrieb
Gemeinkosten	30.500,00 Euro	120.900,00 Euro	240.000,00 Euro

1. Ermitteln Sie rechnerisch nachvollziehbar die relevanten Gemeinkostenzuschlagssätze. Es wurden alle produzierten Stücke verkauft. Lagerbestandsminderungen lagen nicht vor.
2. Berechnen Sie den Gewinn für das Produkt Designtischhocker im Rahmen der Nachkalkulation. Berücksichtigen Sie hierzu folgende Werte:
   - Fertigungsmaterial 40,00 Euro je Stück
   - Fertigungslöhne 23,00 Euro je Stück
   - Spezialschrauben: 2,30 Euro je Stück
   - Barverkaufspreis 190,00 Euro je Stück
   - Listenverkaufspreis: 200,00 Euro je Stück
3. Erläutern Sie den Begriff Vorkalkulation.

Aufgabe 5: Rentabilitätskennzahlen

Ihnen liegen folgende Daten für das Geschäftsjahr 2018 der B-GmbH vor:

Gezeichnetes Kapital: 4.000.000,00 Euro
Gewinn- und Kapitalrücklagen: 750.000,00 Euro
Jahresergebnis: 430.000,00 Euro
Zinsen: 700.100,00 Euro

1. Ermitteln Sie die Eigenkapitalrentabilität und die Gesamtkapitalrentabilität Angenommen, die Gesellschafter der GmbH hätten 1.400.000,00 Euro Eigenkapital durch langfristiges Fremdkapital zu einem Zinssatz von 2,50 Prozent p. a. ersetzt.
2. Berechnen Sie die neue Eigenkapitalrentabilität und die Gesamtkapitalrentabilität und kommentieren die Veränderung dieser Größen.

Recht und Steuern

Dorothea Rost und Olaf Fischer

3.1 BGB Allgemeiner Teil

3.1.1 Rechtssubjekte und ihre Rechtsfähigkeit

Das Gesetz basiert auf Rechtssubjekten und unterscheidet dabei zwischen natürlichen Personen und juristischen Personen, denen die Rechtsfähigkeit von der Rechtsordnung verliehen wird.

▶ Rechtsfähigkeit ist die Fähigkeit, Träger von Rechten und Pflichten zu sein (Tab. 3.1).

3.1.1.1 Natürliche Personen
Natürliche Personen sind alle Menschen. Nach § 1 BGB beginnt die Rechtsfähigkeit mit der Vollendung der Geburt und endet mit dem Tod.

3.1.1.2 Juristische Personen
Die juristische Person ist ein Gebilde mit eigener Rechtspersönlichkeit und eigener Rechtsfähigkeit. Träger von Rechten und Pflichten ist die juristische Person selbst und nicht die an ihr beteiligten Personen. Es wird zwischen juristischen Personen des privaten und öffentlichen Rechts unterschieden (Tab. 3.2).

D. Rost (✉)
Berlin, Deutschland

O. Fischer
Heinersdorf, Deutschland

© Springer Fachmedien Wiesbaden GmbH, ein Teil von Springer Nature 2019   79
O. Fischer, A. Braun (Hrsg.), *Wirtschaftsbezogene Qualifikationen*,
https://doi.org/10.1007/978-3-658-12946-0_3

Tab. 3.1 Rechtssubjekte im Überblick mit den gesetzlichen Regelungen. (Quelle: eigene Darstellung)

Natürliche Personen	Juristische Personen

Rechtsfähigkeit
  mit der Vollendung der Geburt,
  § 1 BGB
(BGB AT)
	Definition:
	Zusammenschlüsse von Personen oder Zusammenfassung von Sachen, die als solche Träger von Rechten und Pflichten sein können

Handlungsfähigkeit
  Geschäftsfähigkeit (BGB AT)
    Geschäftsunfähigkeit
    beschränkte Geschäftsfähigkeit
    unbeschränkte
  Geschäftsfähigkeit
  Deliktsfähigkeit (Schuldrecht BT)
	Handelsgesellschaften
	z. B. AG, GmbH (AktG, GmbHG)
	  Eingetragene Vereine (e.V.) (BGB AT)
	  Stiftungen (BGB AT)
	  Personengesellschaften
	z. B. BGB-Gesellschaft (BGB), OHG, KG (HGB)

Tab. 3.2 Juristische Personen. (Quelle: eigene Darstellung)

Juristische Personen des privaten Rechts	Juristische Personen des öffentlichen Rechts
Rechtsfähigkeit durch Eintragung in ein öffentliches Register beim zuständigen Amtsgericht	Rechtsfähigkeit durch Gesetz oder staatlichen Hoheitsakt
Eingetragener Verein (e. V.)	Körperschaften des öffentlichen Rechts (Gemeinden Bundesländer, Kammern)
Aktiengesellschaft (AG)	Anstalten des öffentlichen Rechts (Sparkassen, Landesbanken)
Kommanditgesellschaft auf Aktien (KGaA)	Stiftungen des öffentlichen Rechts Stiftung preußischer Kulturbesitz, Stiftung Warentest
Gesellschaft mit beschränkter Haftung (GmbHG)	
eingetragene Genossenschaft (eG)	

3.1.2   Geschäftsfähigkeit und Rechtsgeschäfte Minderjähriger

▶   Geschäftsfähigkeit ist die Fähigkeit, Rechtsgeschäfte selbstständig voll wirksam vorzunehmen.

3.1.2.1   Begriff und Abgrenzung

Die Geschäftsfähigkeit baut auf der Rechtsfähigkeit auf und bezeichnet die Fähigkeit, wirksam Rechtsgeschäfte vorzunehmen. Die gesetzlichen Regelungen finden sich in §§ 104 ff. BGB. Je nach Schutzbedürftigkeit wird unterschieden:

- Geschäftsunfähigkeit (§ 104 BGB)
- Beschränkte Geschäftsfähigkeit Minderjähriger (§§ 106, 2 BGB)
- volle Geschäftsfähigkeit (keine ausdrückliche gesetzliche Regelung)

Sonderfälle der Geschäftsfähigkeit:

- Fähigkeit zur Eingehung einer Ehe (Ehefähigkeit), Eintritt grundsätzlich mit Volljährigkeit, in bestimmten Fällen mit Vollendung des 16. Lebensjahres, § 1303 BGB
- Fähigkeit zur Testamentserrichtung (Testierfähigkeit), Eintritt grundsätzlich mit Vollendung des 16. Lebensjahres (§ 2229 Abs. 1 BGB)

Von der Geschäftsfähigkeit ist die Deliktsfähigkeit abzugrenzen (§§ 827 ff. BGB). Hierbei handelt es sich um die Verantwortlichkeit für deliktische, also fremde Rechtsgüter schädigende Handlungen.

3.1.2.2 Geschäftsunfähigkeit

Geschäftsunfähige werden durch das BGB dadurch geschützt, dass ihre Willenserklärungen und sonstigen Rechtsgeschäfte nichtig sind (§ 105 Abs. 1 BGB). Wirksame Handlungen für Geschäftsunfähige nehmen deren gesetzliche Vertreter vor. Als schutzbedürftig wird angesehen, wer:

- noch nicht das siebte Lebensjahr vollendet hat (§ 104 Nr. 1 BGB) oder
- sich in einem die freie Willensbildung ausschließenden Zustand krankhafter Störung der Geistesfähigkeit befindet, sofern nicht der Zustand seiner Natur nach ein vorübergehender ist (§ 104 Nr. 2 BGB). In einem Stadium der geistigen Klarheit oder des „lichten Moments" kann eine solche Person eine wirksame Willenserklärung abgeben.

Nichtig sind ferner Willenserklärungen, die im Zustand der Bewusstlosigkeit oder vorübergehenden Störung der Geistestätigkeit abgegeben werden (§ 105 Abs. 2 BGB). Das betrifft zum Beispiel geschäftsfähige Personen im Zustand der Volltrunkenheit oder des Drogenrausches.

Volljährige Geschäftsunfähige können aber ausnahmsweise Geschäfte des täglichen Lebens abschließen, die mit geringen Mitteln bewirkt werden können und keine Gefahr für Person und Vermögen bedeuten (§ 105a BGB), wie der Kauf von Lebensmitteln des täglichen Bedarfs. Das Geschäft des Kaufs der Lebensmittel wird erst dann wirksam, wenn die Leistung und Gegenleistung bewirkt wurde.

3.1.2.3 Beschränkte Geschäftsfähigkeit Minderjähriger

Minderjährige ab Vollendung des siebten und vor Vollendung des 18. Lebensjahres werden vom Gesetz besonders geschützt, indem ihre Geschäftsfähigkeit nach §§ 107 bis 113 BGB beschränkt wird (§§ 106, 2 BGB). Ein Minderjähriger bedarf grundsätzlich der Zustimmung seines gesetzlichen Vertreters, um ein Rechtsgeschäft wirksam vornehmen zu können. Das gilt auch dann, wenn der Geschäftspartner ihn für volljährig halten sollte, denn der gute Glaube an die Geschäftsfähigkeit wird nicht geschützt.

Lediglich rechtlich vorteilhaftes Geschäft (§ 107 BGB)

Geschäfte, durch die der Minderjährige einen lediglichen rechtlichen Vorteil erlangt, darf er dem Schutzzweck der §§ 106 ff. BGB vornehmen, auch ohne die Zustimmung seines gesetzlichen Vertreters (§ 107 BGB). Dabei kommt es nur auf die rechtlichen Wirkungen an, nicht auf eine wirtschaftliche Betrachtung. Auch wenn der Kaufpreis noch so günstig verhandelt wurde, würde der geschlossene Kaufvertrag nach § 433 Abs. 2 BGB zur Zahlung des Kaufpreises verpflichten und damit einen rechtlichen Nachteil begründen.

Wann ein lediglich rechtlicher Vorteil für den Minderjährigen anzunehmen ist, richtet sich nach der Art des Rechtsgeschäfts (Tab. 3.3).

Rechtliche neutrale Rechtsgeschäfte, die weder vorteilhaft noch nachteilhaft für ihn sind, kann der Minderjährige jederzeit eigenständig vornehmen, wie zum Beispiel gemäß § 165 BGB als Stellvertreter handeln, da die Willenserklärung, die er abgibt oder empfängt, nicht ihn, sondern den Vertretenen berechtigen und verpflichten (§ 164 Abs. 1 und 3 BGB).

Einwilligung des gesetzlichen Vertreters (§ 107 BGB)

Die Einwilligung seines gesetzlichen Vertreters benötigt der Minderjährige dann, wenn er Geschäfte vornimmt, die nicht lediglich rechtlich vorteilhaft sind. Gesetzliche Vertreter des Minderjährigen sind grundsätzlich seine Eltern, die gemeinschaftlich handeln (§§ 1626 Abs. 1, 1629 Abs. 1 BGB) oder sein Vormund (§§ 1773 BGB).

Die Einwilligung ist die vorherige Zustimmung (§ 183 S. 1 BGB), die Genehmigung die nachträgliche Zustimmung, die auf den Zeitpunkt der Vornahme des Rechtsgeschäfts zurückwirkt (§ 184 Abs. 1 BGB).

Umfang der Einwilligung:

- Einwilligung für ein bestimmtes Rechtsgeschäft = konkrete Einwilligung, zum Beispiel Kauf eines bestimmten Buches
- Einwilligung für einen begrenzten Kreis von Rechtsgeschäften = beschränkter Generalkonsens, zum Beispiel Geld für das tägliche Leben bei einer Vereinsausfahrt

Tab. 3.3 Art der Rechtsgeschäfte. (Quelle: eigene Darstellung)

Verpflichtungsgeschäft	Verfügungsgeschäft
Ein Verpflichtungsgeschäft ist nur dann lediglich rechtlich vorteilhaft für den Minderjährigen, wenn er keine rechtliche Verpflichtung damit eingeht	Ein Verfügungsgeschäft ist nur dann lediglich rechtlich vorteilhaft für den Minderjährigen, wenn die Übertragung, Belastung, Inhaltsänderung oder Aufhebung des Rechts zu seinen Gunsten erfolgt
Beispiel: Der Abschluss eines Kaufvertrages verpflichtet den Minderjährigen entweder zur Lieferung der Kaufsache (§ 433 Abs. 1 S. 1 BGB) oder zur Zahlung des Kaufpreises (§ 433 Abs. 2 BGB)	Beispiel: Dem Minderjährigen wird ein Hausgrundstück übereignet (§§ 873 Abs. 1, 925 BGB). Den öffentlich-rechtlichen Grundstückslasten (z. B. Grundsteuerzahlungsverpflichtung) wird nur eine geringe Gefährdung beigemessen und bei § 107 BGB nicht berücksichtigt

- Sonderform: Taschengeldparagraf gemäß § 110 BGB:
- Ein von einem Minderjährigen eigenständig geschlossener Vertrag gilt von Anfang an als wirksam, wenn dieser die vertragsgemäße Leistung mit Mitteln bewirkt, die ihm zu diesem Zweck in angemessenem Umfang oder zur freien Verfügung überlassen worden sind. Die Überlassung muss entweder vom gesetzlichen Vertreter oder mit dessen Zustimmung von einem Dritten (zum Beispiel Großeltern) stammen. Zum anderen muss der Minderjährige seine Leistung bewirkt, das heißt erfüllt haben, womit zum Beispiel Ratenzahlungen nicht umfasst sind bzw. erst die Begleichung der letzten Rate zum Bewirken führt.

Partielle Geschäftsfähigkeit (§§ 112, 113 BGB)

Wenn der Minderjährige zum selbstständigen Betrieb eines Erwerbsgeschäfts oder zur Eingehung eines Dienst- oder Arbeitsverhältnisses ermächtigt worden ist, hat das zur Folge, dass er in Bezug auf die damit zusammenhängenden Rechtsgeschäfte voll geschäftsfähig ist. So darf er zum Beispiel ein Gehaltskonto eröffnen und Barabhebungen vom Konto tätigen, nicht aber Überweisungen durchführen (§ 107 BGB).

Fehlen der erforderlichen Einwilligung

Ein von einem Minderjährigen ohne Einwilligung seiner gesetzlichen Vertreter geschlossener Vertrag ist schwebend unwirksam. Seine Wirksamkeit hängt von der Genehmigung des gesetzlichen Vertreters ab (§ 108 Abs. 1 BGB). Genehmigt er den Vertrag gegenüber dem Minderjährigen oder seinem Vertragspartner, wird dieser rückwirkend wirksam (§§ 182 Abs. 1, 184 Abs. 1 BGB). Verweigert er die Genehmigung, wird der Vertrag endgültig unwirksam. Der Minderjährige kann den Vertrag selbst genehmigen, wenn er während der noch laufenden Schwebezeit das 18. Lebensjahr vollendet (§ 108 Abs. 3 BGB).

Der Vertragspartner des Minderjährigen kann diesen Schwebezustand beenden:

- durch Aufforderung des gesetzlichen Vertreters zur Erklärung über die Genehmigung, mit der Folge, dass dieser sich binnen zwei Wochen ihm gegenüber erklären muss. Wird die Genehmigung während der Frist nicht erklärt, gilt sie als verweigert (§ 108 Abs. 2 BGB).
- durch Widerruf während der Schwebezeit, falls er die Minderjährigkeit nicht kannte oder nicht wusste, dass die vom Minderjährigen behauptete Einwilligung in Wirklichkeit nicht vorlag (§ 109 BGB).

▶ Prüfung der Wirksamkeit einer Willenserklärung eines Minderjährigen:

1. Rechtlich vorteilhaftes Geschäft: wenn ja, Rechtsgeschäft wirksam (§ 107 BGB)
2. Einwilligung des gesetzlichen Vertreters in der Form einer konkreten Einwilligung, eines beschränkten Generalkonsenses oder gemäß § 110 BGB („Taschengeldparagraf"): wenn ja, Rechtsgeschäft wirksam
3. Fehlende erforderliche Einwilligung
   – bei Vertrag: schwebende Unwirksamkeit (§ 108 Abs. 1 BGB)
   – bei einseitigem Rechtsgeschäft: Unwirksamkeit (§ 111 S. 1 BGB)

3.1.2.4 Volle Geschäftsfähigkeit

Volle Geschäftsfähigkeit besitzen alle volljährigen Menschen, die nicht gemäß § 104 BGB geschäftsunfähig sind und sich auch nicht in einem Zustand gemäß § 105 Abs. 2 BGB befinden.

Fragen zur Kontrolle:
- Was ist Rechtsfähigkeit? Wann beginnt und endet sie?
- Was bedeutet Geschäftsfähigkeit? Welche Arten werden unterschieden?
- Welche Minderjährigen sind beschränkt geschäftsfähig? Wie werden sie geschützt?
- Wann liegt ein für einen Minderjährigen lediglich rechtlich vorteilhaftes Geschäft vor?
- Welche Rechtsfolge hat es, wenn ein Minderjähriger einen Vertrag ohne die erforderliche Einwilligung geschlossen hat?

3.1.3 Rechtsgeschäfte

Im allgemeinen Teil des BGB (§§ 1–240 BGB) sind grundlegende Vorschriften normiert, die sich vor allem auf die Rechtsgeschäfte (§§ 104–185 BGB) beziehen, mit denen der einzelne seine Rechtsbeziehungen privatautonom gestalten kann.

3.1.3.1 Definition des Rechtsgeschäfts

▶ Rechtsgeschäft ist der Oberbegriff für die Maßnahmen, mit denen eine natürliche oder juristische Person ihre Rechtsbeziehungen nach ihrem eigenen Willen gestalten kann. Jedes Rechtsgeschäft setzt mindestens eine Willenserklärung als notwendigen Bestandteil voraus, kann aber auch aus mehreren Willenserklärungen bestehen (zum Beispiel der Vertrag) oder auch nur eine rein tatsächliche Handlung, einen sogenannten Realakt, voraussetzen. Mit dem Rechtsgeschäft soll eine bestimmte Rechtsfolge herbeigeführt werden, die von der Rechtsordnung gebilligt werden muss (zum Beispiel kein Verstoß gegen ein gesetzliches Verbot (§ 134 BGB) oder gegen die guten Sitten (§ 138 BGB).

Beispiel
Die Eigentumsübertragung besteht aus einer Einigung, die durch zwei Willenserklärungen zustande kommt (dinglicher Vertrag) und einem Realakt, der Übergabe.

Somit ist ein Rechtsgeschäft ein Tatbestand, der:

- aus mindestens einer Willenserklärung bzw. oft aus weiteren Elementen besteht,
- auf die Herbeiführung einer Rechtsfolge gerichtet ist und
- diese Rechtsfolge unmittelbar herbeiführt, wie sie sowohl gewollt als auch von der Rechtsordnung anerkannt wird.

3.1.3.2 Arten von Rechtsgeschäften
Für die Einteilung von Rechtsgeschäften gibt es verschiedene Kriterien, wie die Zahl der beteiligten Personen oder die Funktion des Rechtsgeschäfts.

Ein- und mehrseitige Rechtsgeschäfte
Ein einseitiges Rechtsgeschäft liegt vor, wenn es die Willenserklärung nur einer Person enthält.

> **Beispiel**
> Kündigung eines Arbeitsverhältnisses (§ 620 Abs. 2 BGB), Errichtung eines Testaments (§ 2064 BGB), Anfechtung einer Willenserklärung (§ 143 BGB)

Ein mehrseitiges Rechtsgeschäft liegt vor, wenn es die Willenserklärung von zwei oder mehr Personen enthält.

> **Beispiel**
> Beschlüsse (gleichgerichtete Willenserklärungen in Vereinen, Gesellschaften), Verträge (bei zwei Vertragspartnern auch zweiseitige Verträge genannt).

Verpflichtungs- und Verfügungsgeschäfte
Das deutsche Recht weist an dieser Stelle eine Besonderheit auf: das Trennungs- und Abstraktionsprinzip. Danach werden Rechtsgeschäfte, die der juristische Laie nur als ein Rechtsgeschäft wahrnimmt, in Verpflichtungs- und Verfügungsgeschäft aufgeteilt.

▶ Ein Verpflichtungsgeschäft ist ein Rechtsgeschäft, das die Verpflichtung zu einer Leistung begründet. Das Verpflichtungsgeschäft begründet den Anspruch (§ 194 Abs. 1 BGB) von einem anderen ein Tun oder Unterlasen zu verlangen (zum Beispiel Abschluss eines Kaufvertrages, Mietvertrages).

▶ Ein Verfügungsgeschäft ist ein Rechtsgeschäft, durch das ein Recht unmittelbar, das heißt ohne weitere Durchführungsgeschäfte, übertragen, belastet, inhaltlich geändert oder aufgehoben wird. Das Verfügungsgeschäft bewirkt, anders als das Verpflichtungsgeschäft, die Änderung selbst. Darunter fallen meist sachenrechtliche Rechtsgeschäfte, wie die Übereignung von Grundstücken (§§ 873, 925 BGB) und beweglicher Sachen (§§ 929 ff. BGB)

> **Beispiel**
> Hausfrau S kauft beim Bäcker B ein Brot für drei Euro. Sie übergibt drei Euro-Münzen, nimmt das Brot entgegen und verlässt den Laden.

Hier haben S und B einen Kaufvertrag (§ 433 BGB) über das Brot zum Preis von drei Euro abgeschlossen. Aus diesem Vertrag ergibt sich die Verpflichtung für B, der S das Brot zu übergeben und zu übereignen (§ 433 Abs. 1 BGB) und für S, das Brot abzunehmen und zu bezahlen (§ 433 Abs. 2 BGB). Der Kaufvertrag allein bewirkt noch nicht, dass S auch Eigentümerin des Brotes wird. Vielmehr müssen beide Kaufvertragsparteien ihre kaufvertragliche Verpflichtung noch gesondert erfüllen, indem B das Brot übergibt und übereignet (§ 929 S. 1 BGB) und S dem B die drei Euro-Münzen übergibt und übereignet (§ 929 S. 1 BGB).

Trennungs- und Abstraktionsprinzip

Nach dem Trennungs- und Abstraktionsprinzip muss zunächst zwischen Verpflichtungs- und Verfügungsgeschäft getrennt werden (Trennungsgrundsatz). Des Weiteren muss zwingend beachtet werden, dass die Wirksamkeit der Verpflichtungs- und Verfügungsgeschäfte nicht voneinander abhängt; diese Geschäfte also losgelöst voneinander auf ihre Wirksamkeit hin zu überprüfen sind (Abstraktionsgrundsatz). Die Unwirksamkeit des einen Rechtsgeschäfts führt nicht zur Unwirksamkeit des anderen Rechtsgeschäfts.

Beispiel

Hausfrau S bemerkt im obigen Bespiel beim Verlassen des Ladens, dass sie irrtümlich Weizenbrot gekauft hat, obwohl sie Roggenbrot kaufen wollte. Sie ist somit zur Anfechtung des Kaufvertrages wegen Irrtums (§ 119 Abs. 1 S. 1 Alt. 1 BGB) berechtigt. Die Anfechtung führt nur zur Nichtigkeit des Kaufvertrages (§ 142 Abs. 1 BGB), also des Verpflichtungsgeschäfts. Die Übereignung des Brotes und des Geldes bleibt wirksam. Möchte S nun die Rückgabe des Geldes (gegen Rückgabe des Brotes) erreichen, kann sie einen Anspruch aus ungerechtfertigter Bereicherung (§ 812 Abs. 1 S. 1 Alt. 1 BGB) geltend machen, denn die Nichtigkeit des Kaufvertrages wegen Anfechtung führt zum Wegfall des Rechtsgrundes und damit zur Zahlungsverpflichtung der S aus § 433 Abs. 2 BGB. Entsprechendes gilt für den Wegfall der Übergabeverpflichtung des Bäckers aus § 433 Abs. 1 S. 1 BGB.

Der Sinn des Trennungs- und Abstraktionsprinzips liegt in der rechtlichen Sicherheit des Güteraustauschs bei Veräußererketten. Ficht etwa der Lieferant den Kaufvertrag mit dem Zwischenhändler an, der die Sachen bereits an den Einzelhändler weiterveräußert hatte, berührt die Anfechtung nicht die Übereignung der Sachen durch den Lieferanten an den Zwischenhändler. Es bleibt trotz Anfechtung dabei, dass der Zwischenhändler bei der Weiterveräußerung an den Einzelhändler Eigentümer der Sachen war.

3.1.3.3 Willenserklärungen

Definition und Abgrenzung

▶ Willenserklärung ist eine Willensäußerung, gerichtet auf eine Rechtsfolge. Wille und Erklärung bilden eine Funktionseinheit.

Im Unterschied zur Willenserklärung ist ein Realakt eine rein tatsächliche Handlung (zum Beispiel die Übergabe im Rahmen des § 929 S. 1 BGB). Knüpfen daran Rechtshandlungen an, geschieht dies unabhängig vom Willen des Handelnden.

Geschäftsähnliche Handlungen stehen den Willenserklärungen sehr nahe. Es handelt sich ebenfalls um eine bewusste Willenskundgabe, an die das Gesetz Rechtsfolgen knüpft. Die Vorschriften über Willenserklärungen finden grundsätzlich analoge Anwendung.

Beispiel

Eine Mahnung eines Gläubigers setzt einen Schuldner in Verzug, ob er es wollte oder nicht (§ 286 Abs. 1 S. 1 BGB). Mit Zugang der Mahnung (§ 130 Abs. 1 BGB) erfolgt die Rechtsfolge.

Bestandteile einer Willenserklärung

Eine Willenserklärung besteht aus Wille und Erklärung, die das innere (subjektiv) und äußere Element (objektiv) darstellen.

Subjektives Element

Der innere Wille wird nach psychologischen Erkenntnissen in drei Bestandteile gegliedert:

- Handlungswille
- Erklärungsbewusstsein
- Geschäftswille

Der Handlungswille ist das Bewusstsein des Erklärenden, überhaupt zu handeln. Fehlt er, liegt keine Willenserklärung vor.

Beispiel

Unbewusste Handlungen, etwa unter Hypnose, oder unmittelbarer körperlicher Zwang, zum Beispiel Handführen bei Unterzeichnung.

Das Erklärungsbewusstsein ist das Bewusstsein, überhaupt rechtsgeschäftlich zu handeln. Fehlt es, wird der Handelnde nur dann so behandelt, als habe er eine Willenserklärung abgegeben, wenn er bei Anwendung hinreichender Sorgfalt hätte erkennen können, dass seine Handlung als Äußerung eines rechtsgeschäftlichen Willens aufgefasst werden konnte.

Beispiel

Hausfrau S unterschreibt ein Abo für eine Kochzeitschrift in der Annahme, sie mache bei einem Preisausschreiben mit. Da S bei hinreichender Sorgfalt hätte erkennen können, dass sie eine rechtsverbindliche Erklärung auf ein Zeitschriften-Abo abgegeben hat, wird ihre Unterschrift als Willenserklärung behandelt. Sie kann jedoch wegen Irrtums anfechten gemäß § 119 Abs. 1 Alt. 1 BGB.

Der Geschäftswille liegt vor, wenn der Handelnde eine bestimmte Rechtsfolge herbeiführen will. Fehlt er, ist die Willenserklärung dennoch wirksam, jedoch anfechtbar.

Student S bietet sein Smartphone seinem Freund F für 210 Euro an. In einer E-Mail an ihn vertippt er sich und schreibt 120 Euro. F nimmt sofort an. Hier ist ein Kaufvertrag über 120 Euro wirksam zustande gekommen. S kann jedoch wegen Irrtums (§ 119 Abs. 1 Alt. 2 BGB) anfechten und sich somit rückwirkend vom Kaufvertrag lösen.

Objektiver Tatbestand

Die Kundgabe des inneren Willens führt erst zu einer Rechtsfolge. Die Kundgabe kann wie folgt erfolgen:

- ausdrücklich (Student S bietet in einer E-Mail sein Smartphone für 120 Euro an)
- konkludent (Student S nimmt in einem Kiosk eine Wasserflasche aus dem Kühlschrank und legt eine Euro-Münze auf die Theke)
- Schweigen; das bloße Schweigen ist grundsätzlich keine Willenserklärung; das Schweigen hat grundsätzlich keinen Erklärungswert.
- Ausnahmsweise hat das Schweigen einen Erklärungswert, wenn
  - das Gesetz dies anordnet
  - (zum Beispiel § 177 Abs. 2 S. 2 BGB (Ablehnung), § 516 Abs. 2 S. 2 BGB (Annahme), § 362 Abs. 1 HGB (Annahme))
  - die Parteien es vereinbart haben oder
  - der Schweigende wegen besonderer Umstände nach Treu und Glauben zur Erklärung verpflichtet war (zum Beispiel kaufmännisches Bestätigungsschreiben).

Abgabe und Zugang

Eine Willenserklärung muss im Rechtsverkehr nach außen dringen, damit sie rechtswirksam wird.

Nach § 130 Abs. 1 S. 1 BGB wird eine Willenserklärung, die einem anderen gegenüber abzugeben ist, dann, wenn sie in dessen Abwesenheit abgegeben wird, in dem Zeitpunkt wirksam, in welchem sie ihm zugeht.

Nicht empfangsbedürftige Willenserklärungen

Eine nicht empfangsbedürftige Willenserklärung ist nicht an eine andere Person gerichtet. Sie wird deshalb bereits mit der Abgabe wirksam. Die Vollendung genügt.

Ein Testament wird mit Vollendung wirksam, das heißt eigenhändig verfassen und unterschreiben (§ 2247 BGB).

Empfangsbedürftige Willenserklärungen

Um eine empfangsbedürftige Willenserklärung handelt es sich nach § 130 Abs. 1 S. 1 BGB, wenn sie einen bestimmten Adressaten hat. Nach § 130 Abs. 1 S. 1 BGB muss sie dem Empfänger **zugehen**.

Beim Zugang unter Abwesenden müssen zwei Komponenten erfüllt sein:

- räumliche Komponente: Ankunft im Machtbereich des Empfängers
- zeitliche Komponente: Möglichkeit der Kenntnisnahme durch den Empfänger unter gewöhnlichen Umständen.

Der Grundgedanke des § 130 Abs. 1 S. 1 BGB ist übertragbar auf den Zugang bei Anwesenden, wenn sich Erklärender und Empfänger im selben Raum befinden. Für den Zugang kommt es darauf an, ob eine schriftliche oder mündliche Willenserklärung vorlag.

- Eine schriftliche Willenserklärung geht dem anwesenden Empfänger zu, wenn er unter gewöhnlichen Umständen von ihr Kenntnis nehmen kann (§ 130 Abs. 1 S. 1 BGB analog); in der Regel durch Aushändigung.
- Eine mündliche Willenserklärung geht dem anwesenden Empfänger zu, wenn er sie wahrgenommen hat oder unter normalen Umständen mit der Wahrnehmung rechnen konnte (zum Beispiel ist entscheidend, ob mit der Schwerhörigkeit des Empfängers gerechnet werden konnte).

Zugang gegenüber Geschäftsunfähigen und Minderjährigen
Die gegenüber einem Geschäftsunfähigen (§ 104 BGB) abzugebende Willenserklärung muss seinem gesetzlichen Vertreter zugehen (§ 131 Abs. 1 BGB). Gegenüber Minderjährigen (§ 106 BGB) gilt das gleiche, es sei denn, die Willenserklärung bringt ihm lediglich einen rechtlichen Vorteil oder der gesetzliche Vertreter hat seine Einwilligung erteilt (§ 131 Abs. 2 BGB).

Bindungswirkung und Zugangsverhinderung sowie Zugangsvereitelung
Mit Zugang beim Empfänger wird die Willenserklärung bindend (§ 130 Abs. 1 S. 1 BGB). Die Bindungswirkung kann verhindert werden:

- Ausschluss der Bindungswirkung in der Erklärung (zum Beispiel „Angebot freibleibend") (vgl. § 145 BGB)
- Widerruf an dem Erklärungsempfänger vor oder gleichzeitig mit Zugang (§ 130 Abs. 1 S. 2 BGB)
- Keinen Einfluss auf die Wirksamkeit hat der Tod oder die Eintretende Geschäftsunfähigkeit nach Abgabe und vor dem Zugang (§ 130 Abs. 2 BGB)

Der Erklärungsempfänger kann den Zugang gelegentlich auch zu vereiteln versuchen. Dies verstößt gegen den Grundsatz von Treu und Glauben (§ 242 BGB), etwa wenn verhindert werden soll, dass die Kündigung des Arbeitgebers zugestellt werden soll (zum Beispiel dem Postboten, der das Einschreiben zustellen will, wird die Tür nicht geöffnet). Bei einer unberechtigten Zugangsvereitelung oder Zugangsverzögerung muss sich der Empfänger so behandeln lassen, als wäre ihm die Erklärung zu dem Zeitpunkt zugegangen, zu dem unter gewöhnlichen Umständen die Möglichkeit der Kenntnisnahme bestand (§§ 162 Abs. 1, 242 BGB entsprechend).

3.1.3.4   Zustandekommen von Verträgen

Definition des Vertrages

▶ Ein Vertrag ist ein Rechtsgeschäft, das aus den inhaltlich übereinstimmenden mit Bezug aufeinander abgegebenen Willenserklärungen von mindestens zwei Personen besteht (§§ 145 ff. BGB). Die eine Willenserklärung ist das Angebot (auch Antrag genannt, § 145 BGB oder Offerte), die andere ist die Annahme (vgl. § 147 Abs. 1 S. 1 BGB).

Ein Vertragsschluss setzt daher voraus:

- ein wirksames, hinreichend bestimmtes Angebot
- eine wirksame, rechtzeitige Annahme des Angebots
- die inhaltliche Übereinstimmung von Angebot und Annahme

Angebot

▶ Das Angebot ist eine empfangsbedürftige Willenserklärung, durch die der Erklärende einem anderen den Abschluss eines Vertrages so anträgt, dass das Zustandekommen des Vertrages nur noch von dessen Einverständnis abhängt. Er muss nur noch „ja" sagen.

Das Angebot muss hinreichend bestimmt sein, das heißt, alle Bestandteile des abzuschließenden Vertrages enthalten, die sogenannte „*essentiala negotii*". Diese richten sich nach dem jeweiligen Vertragstyp.

Der Anbietende muss sich an seinen Antrag gebunden fühlen; ein Rechtsbindungswille muss vorliegen.

Ein solcher fehlt in folgenden Fällen:

- Gefälligkeitsverhältnis des täglichen Lebens (zum Beispiel Einladung zu einem Fest)
- „invitatio ad *offerendum*", eine bloße Aufforderung zum Vertragsschluss (zum Beispiel die Schaufensterauslage)

Die Wirksamkeit und Bindung des Angebots ist mit Zugang beim potenziellen Vertragspartner gegeben (§ 130 Abs. 1 S. 1 BGB).

Die Bindung des Angebots entfällt in folgenden Fällen:

- ausdrückliche oder konkludente Ablehnung durch den Empfänger (§ 146, Alt. 1 BGB)
- abändernde Annahme unter Erweiterungen, Einschränkungen (§ 150 Abs. 2 BGB); eine solche führt zu einem neuen Angebot unter geänderten Bedingungen
- verspätete Annahme: gemäß § 150 Abs. 1 BGB muss ein Angebot rechtzeitig angenommen werden (§§ 147–149 BGB), das heißt:
  - Der Antragende kann eine Annahmefrist bestimmen, innerhalb der die Annahme zugehen muss.

- Ist keine Frist bestimmt, kann ein Angebot unter Anwesenden nur sofort angenommen werden.
- Unter Abwesenden ist das Angebot bis zu dem Zeitpunkt anzunehmen, zu welchem der Anbietende den Eingang der Antwort unter regelmäßigen Umständen erwarten darf (§ 147 Abs. 1 S. 1 und 2 BGB).
- Ausnahmsweise kann gemäß § 149 BGB eine verspätet zugegangene Annahme zum Vertragsschluss führen.

Annahme

▷   Die Annahme ist die empfangsbedürftige Willenserklärung, durch die der Empfänger des Angebots diesem zustimmt.

Die Annahme als empfangsbedürftige Willenserklärung ist mit rechtzeitigem Zugang wirksam (§ 130 Abs. 1 S. 1 BGB). Der Zugang ist entbehrlich, wenn er nach der Verkehrssitte nicht zu erwarten ist oder darauf verzichtet wird (§ 151 S. 1 BGB).
Angebot und Annahme müssen inhaltlich übereinstimmen, sogenannter Konsens. Andernfalls verhindert der Dissens das Zustandekommen des Vertrages (vgl. § 154 Abs. 1 S. 1 a. E., § 155 a. E.).

Allgemeine Geschäftsbedingungen im Vertrag
Definition und Ziel

▷   Allgemeine Geschäftsbedingungen (AGB) sind für eine Vielzahl von Vertragsabschlüssen vorformulierte Vertragsbedingungen, die einseitig vom Verwender gestellt werden (§ 305 Abs. 1 BGB).

Mit der Verwendung von AGB soll eine Standardisierung und Rationalisierung von einer Vielzahl von Vertragsabschlüssen erreicht werden.

Einbezug von AGB in den Vertrag
Vertragsbestandteil werden AGB in der Regel durch Einziehungsvereinbarung gemäß § 305 Abs. 2 BGB. Das setzt voraus:

- einen ausdrücklichen Hinweis auf die AGB oder einen deutlich sichtbaren Aushang (§ 305 Abs. 2 Nr. 1 BGB)
- die Möglichkeit der Kenntnisnahme in zumutbarer Weise (§ 305 Abs. 2 Nr. 2 BGB) bei Vertragsschluss (§ 305 Abs. 2 BGB)
- das Einverständnis des Vertragspartners mit der Geltung der AGB (§ 305 Abs. 2 BGB)

Eine Einbeziehung scheitert, wenn es sich um überraschende Klauseln (§ 305c Abs. 1 BGB) handelt. Dabei handelt es sich um solch ungewöhnliche Klauseln, mit denen nicht gerechnet werden braucht (zum Beispiel bei einem einmaligen Kaufvertag der regelmäßige Bezug weiterer Waren oder inkludierte kostenintensive Wartungsverträge).

AGB-Kontrolle und Anwendungsbereich

Da die Zulassung von AGB eine Missbrauchsgefahr birgt, weil der Verwender Regelungen zu seinem Vorteil abändern und Risiken auf den anderen Vertragsteil abwälzen kann, unterliegen AGB der Kontrolle.

- Der sachliche Anwendungsbereich der AGB-Kontrolle wird zunächst in § 310 Abs. 4 BGB begrenzt. Sie ist nicht anwendbar bei Verträgen auf dem Gebiet des Erb-, Familien- und Gesellschaftsrechts. Im Arbeitsrecht sind nur Formulararbeitsverträge mit der Maßgabe kontrollfähig, die im Arbeitsrecht geltende Besonderheiten angemessen berücksichtigen. Eine weitere Ausnahme ergibt sich aus § 310 Abs. 2 BGB für Versorgungsbedingungen von Energie- und Wasserversorgungsunternehmen.
- Der persönliche Anwendungsbereich ergibt sich uneingeschränkt aus §§ 305 ff. BGB nur für Verträge zwischen Verbrauchern. Ist der Vertragspartner des Verwenders ein Unternehmer, sind aus § 310 Abs. 1 BGB Erleichterungen zu entnehmen. Die verschärften Schutzbestimmungen des § 310 Abs. 3 BGB gelten, wenn ein Unternehmer (§ 14 BGB) AGB gegenüber einem Verbraucher (§ 13 BGB) verwendet.

Inhaltskontrolle

Wirksam einbezogene AGB unterliegen der in den §§ 307–309 BGB geregelten Inhaltskontrolle. § 307 Abs. 1 versteht sich als die Generalklausel der Inhaltskontrolle; §§ 308, 309 BGB statuieren bestimmte Klauselverbote.

▶   Es wird folgende Prüfungsreihenfolge empfohlen:

   1. Vorliegen einer Rechtsvorschrift im Sinne von § 307 Abs. 3 S. 1 BGB
   2. Sonderregelungen des § 310 Abs. 1 und 3 BGB
   3. Verstoß der AGB gegen ein Klauselverbot ohne Wertungsmöglichkeit (§ 309 BGB)
   4. Verstoß der AGB gegen ein Klauselverbot mit Wertungsmöglichkeit (§ 308 BGB)
   5. Verstoß der AGB gegen die Generalklausel des § 307 Abs. 1 BGB)

Nichteinbezug oder Unwirksamkeit der AGB und Rechtsfolge

Sind AGB unwirksam oder nicht wirksam in den Vertrag einbezogen worden, bleibt der Vertrag im Übrigen wirksam (§ 306 Abs. 1 BGB).

3.1.3.5   Wirksamkeit von Rechtsgeschäften

Formbedürftigkeit

Es gilt im BGB der Grundsatz der Formfreiheit. Eine Formbedürftigkeit liegt nur dann vor, wenn das Gesetz eine solche vorschreibt oder die Parteien die Einhaltung einer bestimmten Form vereinbaren (gewillkürte Form, §§ 125 S. 2, 127 BGB).

Funktionen der Formbedürftigkeit:
- Warnfunktion (Schutz vor unüberlegten, voreiligen Abschlüssen)
- Beweisfunktion (Nachprüfbarkeit und Beweiskraft)
- Beratungsfunktion (Einschaltung vor allem eines Notars)

Arten der einzuhaltenden Formen:

- gesetzliche Schriftform, § 126 BGB (eigenhändige Unterschrift oder notariell beglaubigtes Handzeichen)
- elektronische Form, § 126a BGB (qualifizierte elektronische Signatur)
- gesetzliche Textform, § 126b BGB (Fixierung in lesbar zu machenden Zeichen mit Nachbildung der Unterschrift)
- notarielle Beurkundung und öffentliche Beglaubigung, §§ 128, 129 BGB (Beurkundung des Vertragstextes oder der Unterschrift durch den Notar nach dem BeurkG)

Die Nichteinhaltung der gesetzlichen Schriftform führt zur Nichtigkeit des Rechtsgeschäfts (§ 125 S. 1 BGB).

Beispiel
Der nur schriftlich abgeschlossene Grundstückskaufvertrag gemäß §§ 311b Abs. 1 S. 1, 125 S. 1 BGB oder die nur mündlich erklärte Kündigung des Arbeitsverhältnisses (§§ 623, 125 S. 1 BGB) sind nichtig.

Die Nichteinhaltung der gewillkürten Schriftform führt nur im Zweifel zur Nichtigkeit (§ 125 S. 2 BGB).

Heilung des Formmangels ist möglich; dies etwa bei formnichtigen Grundstückkaufverträgen durch Eintragung im Grundbuch (§§ 311b Abs. 1 S. 2 BGB).

Verstoß gegen die guten Sitten oder ein gesetzliches Verbot

Zur Nichtigkeit führen Rechtsgeschäfte, die gegen ein gesetzliches Verbot (§ 134 BGB) (zum Beispiel Straftaten, nicht aber Ordnungswidrigkeiten) bzw. gegen die guten Sitten (§ 138 Abs. 1 BGB) verstoßen. Ein Sittenverstoß bedingt eine objektive und subjektive Sittenwidrigkeit, das heißt eine gegen das Anstandsgefühl aller billig und gerecht Denkenden verstoßende Handlung.

Beispiel
Beispiele aus der Rechtsprechung: Verträge zur Steuerhinterziehung, Knebelungsverträge, Missbrauch einer Monopolstellung, Verstöße gegen die Ehe- und Familienordnung.

Fragen zur Kontrolle:
- Was sind Verpflichtungs- und Verfügungsgeschäfte?
- Was bedeutet das Trennungs- und Abstraktionsprinzip?
- Wie wird die Willenserklärung definiert?
- Hat das bloße Schweigen Erklärungswert?
- Was ist ein Vertrag?
- Wann spricht man von „*invitatio ad offerendum*"?
- Was ist die Rechtsfolge eines Formverstoßes?

3.1.4   Willensmängel und Anfechtung

3.1.4.1   Scheingeschäft, Scherzerklärung und geheimer Vorbehalt

Bewusste mangelbehaftete Willenserklärungen sind in der Regel nichtig (§§ 116–118 BGB).

Der geheime Vorbehalt des Erklärenden, dass er das Erklärte und die Rechtsfolge nicht will, entbindet ihn nicht von der Wirksamkeit der Willenserklärung (§ 116 S. 1 BGB). Bemerkt der Empfänger jedoch den bösen Scherz, ist eine empfangsbedürftige Willenserklärung nichtig (§ 116 S. 2 BGB).

Das Scheingeschäft nach § 117 Abs. 1 BGB ist nichtig. Erklärender und Empfänger sind sich einig, dass das Rechtsgeschäft nicht gelten soll. Oftmals überdeckt das Scheingeschäft das von den Parteien gewollte Rechtsgeschäft.

Beispiel

„*Schwarzkauf*"

Im notariellen Kaufvertrag (§ 311 Abs. 1 S. 1 BGB) wird ein niedrigerer Kaufpreis angegeben, um Notar- und Grundstückserwerbskosten zu sparen. Hier finden die Wirksamkeitsvoraussetzungen des verdeckten Geschäfts Anwendung (§ 117 Abs. 2 BGB).

Eine Scherzerklärung, ein sogenannter „*guter Scherz*" ist nichtig (§ 118 BGB), weil der Erklärende, anders als beim geheimen Vorbehalt (§ 116 BGB), davon ausgeht, dass der Empfänger den Mangel der Ernstlichkeit erkennen wird.

3.1.4.2   Anfechtung

Weichen innerer Wille und Erklärung unbewusst voneinander ab (und zwar wegen eines Irrtums) oder beeinflusst der Erklärungsempfänger die Willensbildung des Erklärenden unzulässig (etwa durch Täuschung oder Drohung), ist die Erklärung zunächst wirksam, kann jedoch unter bestimmten Voraussetzungen angefochten und damit rückwirkend vernichtet werden.

Voraussetzungen

Die Irrtumsanfechtung darf nicht in Spezialvorschriften gesondert geregelt oder ausgeschlossen sein, wie zum Beispiel §§ 1313 ff. BGB (Aufhebung der Ehe), §§ 2078 ff. BGB (Testamentsanfechtung) oder §§ 2281 ff. (Anfechtung des Erbvertrages).

Drei Grundvoraussetzungen müssen erfüllt sein:

- Vorliegen eines Anfechtungsgrundes,
- Abgabe und Zugang einer Anfechtungserklärung,
- Einhalten einer Anfechtungsfrist.

Anfechtungsgründe
Anfechtung wegen Irrtums

▶ Die Irrtumsanfechtung kennt vier Anfechtungsgründe:

1. Inhaltsirrtum (§ 119 Abs. 1 Alt. 1 BGB)
2. Erklärungsirrtum (§ 119 Abs. 1 Alt. 2 BGB)
3. Übermittlungsfehler (§ 120 BGB)
4. Irrtum über eine verkehrswesentliche Eigenschaft der Person oder Sache (§ 119 Abs. 2 BGB)

Bei einem Inhaltsirrtum irrt sich der Erklärende über die Bedeutung seiner Erklärung.

Beispiel
Ein Tourist bestellt in einem Kölner Restaurant einen *„halve Hahn"*. Als der Kellner die Kölner Spezialität serviert, ein doppelt belegtes Käsebrötchen mit einem mittelalten Gouda, kann der Gast wegen Inhaltsirrtums anfechten, da er meinte, ein halbes Hähnchen bestellt zu haben.

Beim Erklärungsirrtum will der Erklärende eine Erklärung dieses Inhalts nicht abgeben. Er verschreibt, verspricht oder verrechnet sich.

Beispiel
S bietet ein Kunstwerk für 1200 Euro an. Er hat sich jedoch verschrieben und meinte 2100 Euro. Aufgrund des Zahlendrehers kann S wegen Erklärungsirrtums anfechten.

Wenn eine zur Übermittlung eingesetzte Person oder Einrichtung eine Willenserklärung unrichtig übermittelt, steht dies einem Erklärungsirrtum gleich. Der Übermittlungsfehler muss unbewusst geschehen sein.

Beispiel
Der eingesetzte Dolmetscher übersetzt einen finanzwirtschaftlichen Fachbegriff unbewusst falsch, woraus eine falsche Preiskalkulation in einem Unternehmen resultiert.

Der Eigenschaftsirrtum ist als ein Fall des Inhaltsirrtums anzusehen und als ein beachtlicher Motivirrtum anzusehen. Grundsätzlich sind Motivirrtümer nicht anfechtbar.
  Der Eigenschaftsirrtum hat zwei Voraussetzungen:

- Eigenschaften einer Person oder Sache sind alle auf Dauer anhaftenden wertbildenden Faktoren.

Lage, Größe, Bebaubarkeit eines Grundstücks, Urheberschaft eines Gemäldes, Lauf-
leistung, Unfallfreiheit eines Autos.

- Verkehrswesentlich ist eine Eigenschaft, wenn die Parteien sie nach dem Inhalt des
  konkreten Rechtsgeschäfts als wichtig ansehen. Bei entgeltlichen Geschäften zeigt sich
  dies am Preis.

Die Kreditwürdigkeit einer Person ist verkehrswesentlich, wenn sie ein Darlehen erhalten möchte. Beim Barkauf ist das nicht der Fall. Auf die Kreditwürdigkeit kommt es
dabei nicht an.

Anfechtung aufgrund Täuschung und Drohung

▶ Arglistige Täuschung (§ 123 Abs. 1 Alt. 1 BGB) ist ein Verhalten, das darauf abzielt, in
einem anderen (auch Dritte, § 123 Abs. 2 BGB) eine unrichtige Vorstellung hervorzurufen,
zu bestärken und/oder zu unterhalten.

▶ Prüfungsvoraussetzungen:

  - Täuschungshandlung (positives Tun oder Unterlassen, wenn eine Aufklä-
    rungspflicht bestand)
  - Irrtumserregung (Fehlvorstellung über Tatsachen aufgrund der Täuschung)
  - kausale Willenserklärung des Getäuschten (aufgrund der Täuschung und
    seiner Fehlvorstellung (doppelte Kausalität))
  - Widerrechtlichkeit der Täuschung (Sie fehlt, wenn der Täuschende ausnahms-
    weise die Unwahrheit sagen durfte, zum Beispiel die falsche Beantwortung
    einer unzulässigen Frage in einem Bewerbungsgespräch (Frage nach Schwan-
    gerschaft))
  - Arglist des Täuschenden (vorsätzliches Handeln, bedingter Vorsatz, das heißt
    billigende Inkaufnahme der Rechtsfolge, genügt)

Zurückdrehen des Kilometerzählers am Auto, falsche Beantwortung von Fragen zum
Abschluss einer Lebensversicherung.

▶ Widerrechtliche Drohung (§ 123 Abs. 1 Alt. 2 BGB) ist das Inaussichtstellen eines
zukünftigen Übels, auf dessen Eintritt der Drohende Einfluss zu haben vorgibt.

▶ Prüfungsvoraussetzungen:

  - Drohung (Androhung der Zufügung eines Nachteils, wenn die geforderte
    Willenserklärung nicht abgegeben wird)
  - Willenserklärung des Bedrohten (hervorgerufen durch die Drohung)

- Widerrechtlichkeit der Drohung (Rechtswidrigkeit des Mittels oder des Zwecks)
- Vorsatz des Drohenden (hinsichtlich der psychischen Bedrohung)

Beispiel
Drohung mit Körperverletzung, Sachbeschädigung, Tötung, um den Abschluss eines Vertrages zu erreichen.

Anfechtungserklärung
Allein das Vorliegen eines Anfechtungsgrundes führt nicht zur Anfechtung. Die Anfechtung bedarf einer Willenserklärung, die dem Empfänger zugehen muss (§ 143 Abs. 1 BGB). Sie kann ausdrücklich oder konkludent erfolgen.

Anfechtungsfrist
Die Erklärung einer Anfechtung ist an bestimmte Fristen gebunden:

- Irrtumsanfechtung (§ 121 Abs. 1 S. 1 BGB): unverzüglich nach Kenntnis vom Irrtum oder der falschen Übermittlung (ohne schuldhaftes Zögern)
- Täuschung/Drohung (§ 124 Abs. 1, 2 BGB): ein Jahr ab Entdeckung der Täuschung oder der durch Drohung verursachten Zwangslage

Nach zehn Jahren ist die Anfechtung ausgeschlossen (§§ 121 Abs. 2, 124 Abs. 3 BGB).

Rechtsfolge der Anfechtung
Eine wirksame Anfechtung führt gemäß § 142 Abs. 1 BGB zur Nichtigkeit des Rechtsgeschäfts von Anfang an (ex tunc).

Bei der Irrtumsanfechtung ist der Anfechtende zum Schadensersatz gegenüber dem Erklärungsempfänger verpflichtet. Zu ersetzen ist der Schaden, welcher dadurch erlitten wurde, dass auf die Gültigkeit der Willenserklärung vertraut wurde (§ 122 Abs. 1 BGB).

Fragen zur Kontrolle:
- Was ist ein Scheingeschäft?
- Welche Voraussetzungen hat eine Anfechtung?
- Welche Anfechtungsgründe gibt es?
- Welche Rechtsfolge zieht eine wirksame Anfechtung nach sich?

3.1.5   Stellvertretung

Nicht immer erfolgt ein Handeln für sich selbst, gerade im Wirtschaftsleben bzw. in Unternehmen. Aber auch geschäftsunfähige oder beschränkt geschäftsfähige Personen bedürfen Vertretern, die wirksame Handlungen für sie vornehmen können.

3.1.5.1   Definition

▶ Eine Willenserklärung, die jemand innerhalb der ihm zustehenden Vertretungsmacht abgibt, wirkt unmittelbar für und gegen den Vertretenen (§ 164 Abs. 1 S. 1 BGB).

Zwei Arten der Stellvertretung werden unterschieden:

- Rechtsgeschäftliche Vertretung setzt voraus, dass durch Erklärung zur Vertretung bevollmächtigt wird (§ 167 BGB). Der Vertreter erhält Vollmacht (§ 166 Abs. 2 S. 1 BGB) oder als Sonderform im HGB Prokura (§§ 48 ff. HGB), Handlungsvollmacht (§ 54 HGB) oder Ladenvollmacht (§ 56 HGB).
- Gesetzliche Vertretung haben Eltern für ihre Kinder (§ 1629 BGB), Geschäftsführer einer GmbH (§ 35 Abs. 1 GmbHG) oder der Vorstand einer Aktiengesellschaft (§ 78 Abs. 1 AktG).

Abzugrenzen ist die Stellvertretung:

- Boten, die nur fremde Willenserklärungen überbringen,
- mittelbare Stellvertreter, wie Treuhänder, Kommissionäre, die im eigenen Namen aber auf fremde Rechnung handeln

3.1.5.2   Voraussetzungen und Wirkung

▶ Eine wirksame Stellvertretung bedarf folgender Voraussetzungen (§ 164 Abs. 1 S. 1 BGB):

  - 1. Zulässigkeit der Stellvertretung
  - 2. Abgabe einer eigenen Willenserklärung des Vertreters
  - 3. Offenkundigkeit
  - 4. Vertretungsmacht

- Zulässig ist eine Stellvertretung grundsätzlich bei allen Willenserklärungen; Ausnahme: höchstpersönliche Rechtsgeschäfte, wie Eheschließung (§ 1311 S. 1 BGB) oder Testamentserrichtung (§ 2064 BGB).
- Das Abgeben einer eigenen Willenserklärung setzt einen gewissen Entscheidungsspielraum voraus, einen eigenen Willen zu bilden und zu erklären. Daher muss der Vertreter zumindest beschränkt geschäftsfähig sein (§ 165 BGB). Die Zeichnung erfolgt in der Regel durch „i. V." während „i. A." nur die Botenschaft indiziert.
- Der Vertreter muss im Namen des Vertretenen offenkundig und ausdrücklich handeln (§ 164 Abs. 1 S. 1 BGB).
  Folgende Ausnahmen der Offenkundigkeit sind anerkannt:
  - Bargeschäfte des täglichen Lebens („Geschäft für den, den es angeht")
  - Ein Ehegatte vertritt den anderen kraft Gesetzes, wenn er ein Geschäft zur Deckung des angemessenen Lebensbedarfs deckt (§ 1357 Abs. 1 BGB) („Schlüsselgewalt")

- Der Vertreter muss durch Vollmacht oder gesetzliche Vertretungsmacht zu seinem Handeln legitimiert sein (§ 164 Abs. 1 S. 1 BGB).

Rechtsfolge einer wirksamen Stellvertretung ist, dass die Willenserklärung unmittelbar für und gegen den Vertretenen wirkt (§ 164 Abs. 1 S. 1 BGB). Gibt der Vertreter zum Beispiel für den Vertretenen ein wirksames Angebot ab und geht ihm eine wirksame Annahme zu, kommt der Vertrag zwischen dem Vertretenen und dem Dritten zustande. Ist der Vertreter einem Willensmangel (zum Beispiel Irrtum (§§ 119, 120 BGB) unterlegen, kann der Vertretene die ihn bindende Willenserklärung anfechten.

3.1.5.3   Vollmacht

▶ Vollmacht ist die durch Rechtsgeschäft erteilte Vertretungsmacht (§ 167 BGB). Sie wird erteilt durch grundsätzlich formfreie einseitige, empfangsbedürftige Willenserklärung, die sowohl gegenüber dem Vertreter (Innenvollmacht) als auch gegenüber dem Dritten (Außenvollmacht) abgegeben werden kann.

Die Erteilung ist grundsätzlich formfrei (§ 167 Abs. 2 BGB), sofern kein Formzwang aus dem Gesetz oder dem Sinn und Zweck der Formvorschrift resultiert.

Beispiel

Notarielle Beurkundung der unwiderruflichen Vollmacht zum Abschluss eines Kaufvertrages über ein Grundstück (vgl. § 311b Abs. 1 S. 1 BGB).

Die Vollmacht ist strikt vom Grundverhältnis zu unterscheiden.

▶ Vollmacht bestimmt im Außenverhältnis, ob und inwieweit der Vertretene verpflichtet werden kann (rechtliches Können).
   Das Grundverhältnis bestimmt im Innenverhältnis, welche Befugnisse dem Vertreter eingeräumt werden (rechtliches Dürfen); zum Beispiel durch Auftrag oder Arbeitsvertrag.

Eine Vollmacht erlischt wie folgt:

- inhaltliche Erlöschensgründe, zum Beispiel Bedingungen (§ 158 BGB), Befristungen (§ 163 BGB)
- Beendigung des Grundverhältnisses (§ 168 S. 1 BGB)
- Widerruf (§ 168 S. 2 und 3 BGB)

3.1.5.4   Vertretung ohne Vertretungsmacht

▶ Um eine Vertretung ohne Vertretungsmacht handelt es sich, wenn der Vertreter keine Vertretungsmacht hat oder die Grenzen der Vertretungsmacht überschritten werden.

Hat ein Vertreter einen Vertrag ohne Vertretungsmacht geschlossen, ist dieser schwebend unwirksam (§ 177 Abs. 1 BGB). Für die Beendigung dieses Schwebezustands gelten die gleichen Voraussetzungen wie bei der beschränkten Geschäftsfähigkeit (§§ 108 Abs. 2, 109 BGB)

Verweigert der Vertreter die Genehmigung des Vertrages, haftet der Vertreter ohne Vertretungsmacht dem Dritten nach seiner Wahl auf Erfüllung oder Schadensersatz (§ 179 Abs. 1 BGB). Der Dritte wird so gestellt, als sei ein wirksamer Vertrag zustandegekommen. Die Haftung ist gemäß § 179 Abs. 2 BGB begrenzt, wenn der Vertreter in Unkenntnis des Mangels war. Kannte der Dritte den Mangel der Vertretungsmacht oder musste ihn kennen oder hat ein beschränkt Geschäftsfähiger ohne Zustimmung seines gesetzlichen Vertreters gehandelt, ist die Haftung ausgeschlossen (§ 179 Abs. 3 BGB).

Fragen zur Kontrolle:

- Welche Voraussetzungen hat eine wirksame Stellvertretung?
- Was bedeutet „Offenkundigkeit"?
- Was sind die Rechtsfolgen einer wirksamen Stellvertretung?
- Was ist eine Vollmacht?
- Was ist ein Vertreter ohne Vertretungsmacht?

3.1.6   Verjährung

▷ Verjährung dient dem Rechtsfrieden. Nach einer bestimmten Zeit soll die Ungewissheit über das Bestehen oder die Durchsetzbarkeit eines Anspruchs beendet sein. Verjährung führt damit zu einem Forderungsverlust. Der Schuldner hat ein Leistungsverweigerungsrecht.

Nach § 194 Abs. 1 BGB unterliegt ein Anspruch grundsätzlich der Verjährung; Ausnahmen regelt § 194 Abs. 2 BGB.

Die regelmäßige Verjährungsfrist beträgt drei Jahre (§ 195 BGB). Besondere Verjährungsfristen gelten zum Beispiel für die Gewährleistung im Kaufrecht (§ 438 BGB), dingliche Rechte (§ 197 BGB) oder Grundstücksrechte (§ 196 BGB).

Die regelmäßige Verjährungsfrist beginnt nach § 199 Abs. 1 Ziffern 1 und 2 BGB am Schluss des Jahres, in dem

- der Anspruch entstanden ist (objektives Element) und
- der Gläubiger Kenntnis von den anspruchsbegründenden Umständen und der Person des Schuldners erlangt hat oder hätte ohne grobe Fahrlässigkeit erlangen müssen (subjektives Element).

Durch verschiedene Ereignisse kann die Verjährung gehemmt werden (§§ 203 ff. BGB). Das gilt zum Beispiel für Verhandlungen über den Anspruch (§ 203 BGB) oder Maßnahmen der Rechtsverfolgung (§ 204 BGB). Während der Hemmung läuft die Verjährungsfrist nicht weiter (§ 209 BGB). In Sonderfällen erfolgt eine Ablaufhemmung (§§ 210 f. BGB) bzw. ein Neubeginn der Verjährung (§ 212 BGB).

Nach Ablauf der Verjährung kann der Schuldner die Leistung verweigern. Er hat ein Leistungsverweigerungsrecht (§ 214 Abs. 1 BGB). Das Leistungsverweigerungsrecht gibt dem Schuldner eine dauerhafte, ausschließende Einrede gegen den gegen ihn erhobenen Anspruch.

Fragen zur Kontrolle:
- Was bedeutet Verjährung?
- Welche Folge hat der Eintritt der Verjährung?

3.2   Schuldrecht

▶ Das Schuldverhältnis ist ein Rechtsgeschäft zwischen mindestens zwei Personen, das den Schuldner gegenüber dem Gläubiger zu einer Leistung oder zur Rücksichtnahme verpflichtet (§ 241 BGB). Aus Sicht des Schuldners begründet es eine Pflicht, aus Sicht des Gläubigers einen Anspruch im Sinne des § 194 Abs. 1 BGB.

3.2.1   Inhalt und Leistungspflichten

3.2.1.1   Primär-, Sekundär-, Haupt- und Nebenpflichten

Der Schuldner muss vorrangig dasjenige leisten, wozu ihn das zugrundeliegende Rechtsgeschäft oder Gesetz verpflichtet. Das nennt man Primärpflicht. Kommt es zu einer Leistungsstörung, tritt die Sekundärpflicht an deren Stelle oder hinzu.

Beispiel
Der Kaufvertrag über ein gebrauchtes Fahrrad verpflichtet gemäß § 433 Abs. 1 BGB zur Lieferung und Übereignung des Fahrrads (Primärpflicht). Kann der Verkäufer nicht leisten, weil ihm das Fahrrad gestohlen wurde, ist er zum Schadensersatz verpflichtet (§§ 280 Abs. 1, 3, 283 BGB; Sekundärpflicht).

Die den Vertragstyp prägenden Pflichten sind die Hauptleistungspflichten. Zu ihnen gehören die sogenannte „essentialia negotii", über die sich die Parteien einig sein müssen, damit ein Vertrag zustande kommt.

Beispiel
Lieferung der Sache und Zahlung des Kaufpreises bei Kaufvertrag, Überlassung der Mietsache während der Mietzeit und Zahlung des Mietzinses beim Mietvertrag.

Die Nebenleistungspflichten dienen der Erfüllung der Hauptleistungspflicht, sind entweder vertraglich vereinbart, gesetzlich normiert oder ergeben sich aus dem Grundsatz von Treu und Glauben (§ 242 BGB).

> **Beispiel**
> Schutz- und Rücksichtnahmepflichten (§ 241 Abs. 2 BGB), Anzeige-, Auskunfts- und
> Rechenschaftspflichten.

3.2.1.2 Stück- und Gattungsschuld

Inhalt einer Leistungsschuld kann eine Stück- und/oder Gattungsschuld sein. Wird ein
konkreter, individuell bestimmter Leistungsgegenstand geschuldet, handelt es sich um
eine Stückschuld. Kann der Schuldner diesen Gegenstand nicht mehr leisten, weil er beispielsweise zerstört ist, wird er von der Leistung frei (§ 275 Abs. 1 BGB).

> **Beispiel**
> Kauf eines ganz bestimmten gebrauchten Pkw, Kauf eines 500 Jahre alten exklusiven
> Goldringes aus dem Antiquariat.

Um eine Gattungsschuld handelt es sich dagegen, wenn der Leistungsgegenstand nur nach
allgemeinen Merkmalen bestimmt ist.

> **Beispiel**
> Kauf einer Kiste Weißwein, Kauf eines neuen Fahrrades der Marke „Bike".

3.2.1.3 Leistungserbringung

Die richtige Leistung muss vom Schuldner gegenüber dem Gläubiger am richtigen Ort,
zur richtigen Zeit erbracht werden.

Leistungsort

Das Gesetz unterscheidet zwischen Leistungs- oder Erfüllungsort und Erfolgsort. Der
Leistungs- oder Erfüllungsort gemäß § 269 BGB ist der Ort, an dem der Schuldner seine
Leistungshandlung erbringen muss. Er ist entweder von den Parteien vereinbart oder aus
den Umständen abzuleiten. Der Erfolgsort ist der Ort, an dem der Leistungserfolg eintritt.
Meist fallen beide Orte zusammen.

Je nachdem, wo Leistungs- und Erfolgsort liegen, handelt es sich um eine Hol-, Bring-
oder Schickschuld.

▶ Liegen beide Orte am Wohnsitz des Schuldners, handelt es sich um eine
   Holschuld, der gesetzliche Regelfall nach § 269 BGB. Die Konkretisierung tritt
   ein, wenn der Schuldner Gegenstände mittlerer Art und Güte für den Gläubiger
   ausgesondert hat (§ 269 Abs. 3 BGB).
       Liegen beide Orte am Wohnsitz des Gläubigers, liegt eine Bringschuld vor.
   Die Konkretisierung tritt ein, wenn der Schuldner die Ware ausgesondert und
   dem Gläubiger an seinem Wohnsitz angeboten hat.
       Liegen der Leistungsort beim Schuldner und der Erfolgsort beim Gläubiger,
   liegt eine Schickschuld vor. Die Konkretisierung tritt ein, wenn der Schuldner
   die Ware ordnungsgemäß ausgesondert und einer zuverlässigen Transportperson ordnungsgemäß verpackt übergeben hat.

Besonderheit: Eine besondere Schickschuld ist die Geldschuld beim Versendungskauf. Bei einer Geldschuld trägt gemäß § 270 Abs. 1 BGB der Schuldner die Gefahr des zufälligen Untergangs während der Übermittlung (qualifizierte Schickschuld).

Leistungszeit

Hierbei ist zwischen Fälligkeit und Erfüllbarkeit zu unterscheiden.

▶ Die Fälligkeit ist der Zeitpunkt, zu dem der Schuldner leisten muss. Sie tritt sofort ein, wenn nichts anderes vereinbart oder gesetzlich geregelt ist.

▶ Die Erfüllbarkeit bezeichnet den Zeitpunkt, ab dem der Schuldner leisten darf. Im Zweifel liegt er vor der Fälligkeit (§ 271 Abs. 2 BGB).

Ist die Einhaltung der Leistungszeit für den Schuldner besonders wichtig, kann ein Fixgeschäft vorliegen. Ein absolutes Fixgeschäft setzt voraus, dass die Leistung des Schuldners nach dem Termin für den Gläubiger keine Erfüllung mehr bedeutet. Bei einem relativen Fixgeschäft ist die Erbringung der Leistung nach dem Termin zwar noch möglich, hat für den Gläubiger jedoch kein Interesse mehr (zum Beispiel Lieferung von Christbaumschmuck im Januar).

3.2.1.4 Erlöschen von Schuldverhältnissen

Erfüllung

Das Schuldverhältnis erlischt gemäß § 362 Abs. 1 BGB, wenn die geschuldete Leistung an den Gläubiger bewirkt wird. Hierbei wird auf den Leistungserfolg abgestellt. Bietet der Schuldner eine andere als die geschuldete Leistung an, gibt es zwei Möglichkeiten:

- Der Gläubiger nimmt an Erfüllung statt an (§ 364 Abs. 1 BGB). Die Forderung erlischt in Höhe der anderen Leistung.
- Der Gläubiger nimmt erfüllungshalber an (§ 364 Abs. 2 BGB). Die Forderung bleibt in voller Höhe bestehen; der Gläubiger muss zunächst versuchen, den erfüllungshalber geleisteten Gegenstand zu verwerten (zum Beispiel Einlösung eines Schecks).

Aufrechnung

▶ Eine Aufrechnung ist die Tilgung von zwei einander gegenüberstehenden Forderungen durch eine empfangsbedürftige Willenserklärung. Liegt eine Aufrechnungslage vor, kann der Schuldner durch Aufrechnungserklärung seine Schuld gemäß § 389 BGB tilgen, wenn sich beide Forderungen decken.

▶ Eine wirksame Aufrechnung hat folgende Voraussetzungen:

1. Gegenseitigkeit der Forderungen (Schuldner und Gläubiger haben je eine Forderung gegeneinander)
2. Gleichartigkeit der Forderungen (zum Beispiel je Geldforderungen)
3. Fälligkeit der Gegenforderung des Schuldners und Erfüllbarkeit der Hauptforderung des Gläubigers (vgl. § 271 BGB)
4. Einredefreiheit der Gegenforderung (§ 390 BGB)
5. Kein Ausschluss der Aufrechnung durch Parteivereinbarung oder kraft Gesetzes (zum Beispiel §§ 393, 394 BGB)

Neben der Aufrechnungslage bedarf es einer Aufrechnungserklärung (§ 388 S. 1 BGB), die eine einseitige empfangsbedürftige und bedingungsfeindliche Willenserklärung ist.

Weitere Erlöschenstatbestände
- Hinterlegung (§§ 372 ff. BGB)
- Erlassvertrag (§ 397 Abs. 1 BGB)
- negative Schuldanerkenntnis (§ 397 Abs. 2 BGB)
- Aufhebungsvertrag (vgl. § 311 Abs. 1 BGB)
- Rücktritt (§§ 346 ff. BGB)
- Kündigung eines Dauerschuldverhältnisses

Fragen zur Kontrolle:
- Was ist ein Schuldverhältnis?
- Was versteht man unter Stück- und Gattungsschuld?
- Was versteht man unter Fälligkeit und Erfüllbarkeit?
- Was ist ein absolutes und ein relatives Fixgeschäft?
- Was versteht man unter Aufrechnung?

3.2.2   Leistungsstörungen

3.2.2.1   Arten von Leistungsstörungen

Je nachdem, wie der Schuldner seine Pflicht zur Leistungserbringung verletzt, lassen sich folgende Arten unterscheiden:

▶ Unmöglichkeit der Leistung: Der Schuldner ist außerstande, seine Leistung zu erbringen.
   Schlechtleistung: Der Schuldner leistet inhaltlich nicht wie geschuldet bzw. nicht vertragsgemäß.
   Schuldnerverzug: Der Schuldner leistet verspätet.
   Schutzpflichtverletzung: Der Schuldner erbringt die geschuldete Leistung an sich ordnungsgemäß, verletzt aber die Schutz- und Rücksichtnahmepflicht aus § 241 Abs. 2 BGB.

Auch der Gläubiger kann eine Leistungsstörung verursachen, wenn er die ihm angebotene Leistung nicht annimmt; Gläubiger- oder Annahmeverzug (§§ 293 ff. BGB).

3.2.2.2   Anspruchsgrundlagen bei Leistungsstörungen des Schuldners

▷   § 280 BGB: zentrale Anspruchsgrundlage für den Schadensersatz
§ 311a Abs. 2 BGB: für den Fall der anfänglichen, vor Vertragsschluss bestehenden Unmöglichkeit der Leistung
§§ 280 Abs. 3, 281 ff. BGB: Schadensersatz statt der Leistung
§ 284 BGB: Ersatz vergeblicher Aufwendungen
§ 285 BGB: Herausgabe des Ersatzes bei Unmöglichkeit
§§ 323, 324, 326 Abs. 5 BGB: Rücktritt vom Vertrag

3.2.2.3   Vertretenmüssen des Schuldners

Ein Schadensersatzanspruch aus § 280 BGB setzt voraus, dass der Schuldner die Pflichtverletzung zu vertreten hat. Die Haftung für eigenes Verschulden ergibt sich aus § 276
Abs. 1 S. 1 BGB, wonach der Schuldner Vorsatz und Fahrlässigkeit zu vertreten hat.

▷   Vorsatz setzt das Wissen und Wollen des Erfolges sowie das Bewusstsein der
Rechtswidrigkeit voraus; entweder als direkter Vorsatz (Schuldner sieht den Erfolg als notwendige Folge seines Handelns) oder bedingter Vorsatz (Schuldner
nimmt den Erfolg billigend in Kauf).
Fahrlässigkeit liegt gemäß § 276 Abs. 2 BGB vor, wenn der Schuldner die im
Verkehr erforderliche Sorgfalt außer Acht lässt. Grob fahrlässig handelt, wer die
übliche Sorgfalt in besonders schwerem Maße verletzt.

Eine Haftung für fremdes Verschulden statuiert die Zurechnungsnorm des § 278 S. 1
BGB. Danach hat der Schuldner ein Verschulden seines gesetzlichen Vertreters wie eigenes Verschulden zu vertreten.

3.2.2.4   Unmöglichkeit

▷   Unmöglichkeit ist die Unfähigkeit, eine geschuldete Leistung zu erbringen. Dabei
kann die Unmöglichkeit auf tatsächlichen oder rechtlichen Gründen beruhen.

Allgemeines

Wenn jemandem eine Leistung unmöglich geworden ist, kann er dazu auch nicht verpflichtet werden. Dieses Grundverständnis regelt § 275 Abs. 1 BGB.
Es gibt verschiedene Arten der Unmöglichkeit:

*   Anfängliche und nachträgliche Unmöglichkeit: Die Unmöglichkeit steht schon bei Vertragsschluss fest oder tritt erst später ein. Im ersten Fall kommt § 311 Abs. 2 BGB, im
zweiten Fall § 280 Abs. 1 in Verbindung mit §§ 280 Abs. 3, 283 BGB als Anspruchsgrundlage in Betracht.
*   Objektive und subjektive Unmöglichkeit: Die Leistung ist für jedermann oder nur für
den Schuldner unmöglich. § 275 Abs. 1 BGB setzt beide Fälle gleich.

> **Beispiel**
> Student S verkauft seiner Kommilitonin sein gebrauchtes iPad. Kann er nicht leisten, weil es kurz vor Übergabe zerstört wurde, liegt objektive, nachträgliche Unmöglichkeit vor. Kann er nicht leisten, weil es ein Dieb entwendet hat, liegt nachträgliche subjektive Unmöglichkeit vor, denn S kann nicht leisten, wohl aber der Dieb.

Rechtsfolge für die Primärpflicht

Liegt Unmöglichkeit im Sinne von § 275 Abs. 1 BGB vor, erlischt die Primärpflicht automatisch, das heißt, der Schuldner wird von seiner Leistungsverpflichtung frei.

Die Gegenleistungspflicht, die Zahlung des Kaufpreises, entfällt gemäß § 326 Abs. 1 S. 1 BGB.

> **Beispiel**
> Student S muss nach Zerstörung des iPads dieses nicht an seine Kommilitonin leisten (§ 275 Abs. 1 BGB); diese muss auch den vereinbarten Kaufpreis nicht zahlen (§ 326 Abs. 1 S. 1 BGB).

Ausnahmeweise bleibt die Gegenleistungspflicht bestehen:

- Der Gläubiger ist für den Umstand, aufgrund dessen der Schuldner nicht leisten kann, überwiegend verantwortlich (§ 326 Abs. 2 S. 1 Alt. 1 BGB)
- Dieser Umstand tritt während des Gläubigerverzuges ein und ist vom Schuldner nicht zu vertreten (§ 326 Abs. 2 S. 1 Alt. 2 BGB)
- Der Gläubiger verlangt nach § 285 BGB die Herausgabe des stellvertretenden commodums (§ 326 Abs. 3 BGB).

Schadensersatz und andere Ansprüche

Dem Gläubiger stehen folgende Ersatzansprüche zu:

- § 311 Abs. 1 BGB: bei anfänglicher Unmöglichkeit, Schadensersatz statt der Leistung, ersetzt wird das positive Interesse (Erfüllungsschaden)
- § 284 BGB: Ersatz vergeblicher Aufwendungen
- § 285 BGB: Herausgabe des Surrogats
- §§ 280 Abs. 1, 3 in Verbindung mit 283 BGB: Schadensersatz bei nachträglicher Unmöglichkeit

3.2.2.5 Schlechtleistung

▶ Bei einer Schlechtleistung erbringt der Schuldner seine Leistungsverpflichtung nicht wie geschuldet.

Gemäß § 281 BGB sind davon folgende Tatbestände umfasst:

- Nichterbringung der Leistung bei Fälligkeit
- Schlechterbringung der Leistung (nicht in der geschuldeten Qualität und Quantität)

Die Primärpflicht besteht zunächst fort. Der Erfüllungsanspruch ist erst ausgeschlossen, wenn der Gläubiger Schadensersatz statt der Leistung verlangt hat (§ 284 Abs. 4 BGB) oder vom Vertrag zurückgetreten ist (§ 323 BGB, §§ 346 ff. BGB).

Ansprüche des Gläubigers:

- Der Gläubiger hat einen Anspruch auf Schadensersatz nach § 280 Abs. 1 in Verbindung mit §§ 280 Abs. 3, 281 BGB, wenn die vom Gläubiger gesetzte angemessene Frist zur Leistung oder Nacherfüllung (§ 281 Abs. 1 S. 1 BGB) abgelaufen ist oder eine solche Fristsetzung entbehrlich ist (§ 281 Abs. 2 BGB).
- Anstelle des Schadensersatzes kann der Gläubiger auch Ersatz vergeblicher Aufwendungen verlangen (§ 284 BGB).
- Der Gläubiger kann vom Vertrag zurücktreten (§ 323 BGB).

3.2.2.6   Schuldnerverzug

▶ Schuldnerverzug bedeutet schuldhafte Leistungsverzögerung trotz Fälligkeit und Mahnung (falls diese nicht entbehrlich ist) (§ 286 BGB).

Anspruchsgrundlagen für einen Schadensersatzanspruch des Gläubigers:

§ 280 Abs. 1 in Verbindung mit §§ 280 Abs. 2, 286 BGB: Schadensersatz neben der Leistung. Erfasst ist nur der reine Verzögerungsschaden.

Voraussetzungen:

1. Rechtsgeschäftliches oder gesetzliches Schuldverhältnis (§ 241 Abs. 1 BGB).
2. Pflichtverletzung gemäß § 280 Abs. 1 S. 1 BGB in Form der Verzögerung der Leistung.
3. Mahnung des Gläubigers nach Eintritt der Fälligkeit (§ 286 Abs. 1 S. 1 BGB) oder Entbehrlichkeit der Mahnung (§ 286 Abs. 2 BGB).
   - Der Leistungszeitpunkt ist nach dem Kalender bestimmt (Ziffer 1) (gilt entsprechend für die Bestimmung der Uhrzeit).
   - Der Leistung muss ein Ereignis wie zum Beispiel eine Kündigung vorausgehen; die angemessene Zeitspanne bis zum Leistungszeitpunkt kann nach dem Kalender berechnet werden (Ziffer 2).
   - Der Schuldner verweigert die Leistung ernsthaft und endgültig (Ziffer 3).
   - Der sofortige Verzugseintritt ist aus besonderen Gründen unter Abwägung der beiderseitigen Interessen gerechtfertigt (Ziffer 4) (zum Beispiel im Fall eines Wasserrohrbruchs ist die Leistung besonders eilig).

Beispiel

Rentner R plant, ab dem 1. Mai eine Skandinavienrundreise zu machen. Dazu kauft er ein Motorrad beim Händler H. Als H das bestellte Motorrad nicht pünktlich liefert, mietet R am 1. Mai bei einer Autovermietung ein Motorrad für einen Preis von 2500 Euro. Neben der Lieferung des Motorrads kann R auch die Mietkosten als Schadensersatz von H verlangen.

§ 280 Abs. 1 in Verbindung mit §§ 280 Abs. 3, 281 BGB: Schadensersatz statt der Leistung. Erfasst wird der Schaden, der an die Stelle der endgültig weggefallenen Leistung tritt (Marktwert der Leistung, höhere Kosten einer Ersatzbeschaffung, entgangener Gewinn)

Beispiel

Als Rentner R Mitte Juni von seiner Skandinavientour zurückkommt, liefert H das Motorrad immer noch nicht. Nachdem die von R gesetzte angemessene Frist verstrichen ist, kauft R bei einem anderen Händler das gleiche Modell und macht den Mehrpreis von 6000 Euro bei H geltend.

Beide Ansprüche können kombiniert werden, wenn die Voraussetzungen jeweils vorliegen.

▶ Ebenso wie bei § 281 BGB muss auch bei Schuldnerverzug gemäß § 286 BGB die ordnungsgemäße Leistungserbringung noch möglich sein. Die fortbestehende Möglichkeit der Leistungserbringung ist die Abgrenzung zur Unmöglichkeit (§ 275 Abs. 1 BGB). Unmöglichkeit und Verzug schließen sich gegenseitig aus!

Beim Schuldnerverzug besteht die Primärpflicht fort. Der Anspruch aus § 280 Abs. 1 in Verbindung mit §§ 280 Abs. 2, 286 BGB tritt zu ihr hinzu. Ein Erlöschen durch Verzug tritt erst ein, wenn der Gläubiger Schadensersatz statt der Leistung aus § 280 in Verbindung mit §§ 280 Abs. 3, 281 BGB verlangt (§ 281 Abs. 4 BGB) oder vom gegenseitigen Vertrag zurücktritt (§ 323 BGB).

3.2.2.7 Schutzpflichtverletzung

▶ Der Schuldner erbringt die geschuldete Leistung an sich ordnungsgemäß, verletzt aber Schutz- und/oder Rücksichtnahmepflichten gemäß § 241 Abs. 2 BGB. Solche Pflichten entstehen nach § 311 Abs. 2 BGB bereits innerhalb vorvertraglicher Schuldverhältnisse. In bestehenden Schuldverhältnissen treten sie neben die Hauptleistungs- und leistungsbezogenen Nebenpflichten.

Schutzpflichtverletzung in vorvertraglichen Schuldverhältnissen

Tatbestand: § 311 Abs. 2 BGB: Schutz-und Rücksichtnahmepflichten gemäß § 241 Abs. 2 BGB entstehen bereits vor Abschluss eines Vertrages, durch:

- die Aufnahme von Vertragsverhandlungen (§ 311 Abs. 2 Ziff. 1 BGB),
- die Anbahnung eines Vertrages mit besonderen Einwirkungsmöglichkeiten (§ 311 Abs. 2 Ziff. 2 BGB) oder
- ähnliche geschäftliche Kontakte (§ 311 Abs. 2 Ziff. 3 BGB).

Beispiel

Hausfrau H betritt mit ihrer Einkaufsliste einen Supermarkt. Noch bevor sie die ersten Waren in ihren Einkaufswagen gelegt hat, rutscht sie auf einer Bananenschale aus, bricht sich ein Bein und zerreißt sich ihre Hose.

Die Verletzung solcher Schutz- und Fürsorgepflichten in einem vorvertraglichen Schuldverhältnis werden auch als Verschulden bei Vertragsverhandlungen (culpa in contrahendo, „*cic*") genannt.

► Folgende Fallgruppen haben sich gebildet:

- Verletzung von Verkehrssicherungspflichten (zum Beispiel Ausrutschen auf nicht geräumtem Schnee, Ausrutschen auf einer Bananenschale, Verletzung durch Umstürzen einer Linoleumrolle)
- Verletzung von Aufklärungspflichten, wenn ein Aufklärungsbedarf besteht; zum Beispiel: Ein Grundstückmakler weist nicht auf einen benachbarten Kindergarten hin, obwohl es dem Käufer explizit auf eine ruhige Lage des Grundstücks ankam.
- Abbruch von Vertragsverhandlungen ohne triftigen Grund.

Schadensersatz wegen Schutzpflichtverletzung:
Die Anspruchsgrundlage für den Schadensersatz wegen Verschulden bei Vertragsverhandlungen bilden die §§ 280 Abs. 1, 241 Abs. 2, 311 Abs. 2, 3 BGB.
Voraussetzungen:

1. Vorvertragliches Schuldverhältnis (§ 311 Abs. 2, 3 BGB);
2. Verletzung einer Schutzpflicht gemäß § 241 Abs. 2 BGB;
3. Verschulden des Schuldners in Bezug auf diese Schutzpflicht (Vermutung gemäß § 280 Abs. 1 S. 2 BGB);
4. Schaden des Gläubigers an einem durch § 241 Abs. 2 BGB geschützten Recht, Rechtsgut oder Interesse.

Rücktrittsrecht bei gegenseitigen Verträgen gemäß § 324 BGB, wenn dem Gläubiger das Festhalten an diesem Vertrag nicht mehr zumutbar ist. Der Rücktritt kann mit dem Schadensersatzanspruch kombiniert werden (§ 325 BGB).

Schutzpflichtverletzung in bestehenden Schuldverhältnissen
In bestehenden Schuldverhältnissen ist der Schuldner neben der Hauptleistungspflicht auch zur Einhaltung von leistungsbezogenen Nebenpflichten verpflichtet.
Ansprüche:

- Schadensersatz wegen der Schutzpflichtverletzung gemäß §§ 280 Abs. 1, 241 Abs. 2 BGB;
- Schadensersatz statt der Leistung gemäß § 280 Abs. 1 in Verbindung mit §§ 280 Abs. 3, 282 BGB;
- Ersatz vergeblicher Aufwendungen gemäß § 284 BGB;
- Rücktrittsrecht bei gegenseitigen Verträgen gemäß § 324 BGB, der mit dem Schadensersatzanspruch kombiniert werden kann (§ 325 BGB).

3.2.2.8   Gläubigerverzug

▶ Beim Gläubigerverzug handelt es sich um die Nichtannahme der vom Schuldner ord-nungsgemäß angebotenen Leistung (§ 293 BGB.

Voraussetzungen
Folgende Voraussetzungen:

- Leistungsberechtigung: Erfüllbarkeit der Schuld (§ 271 BGB).
- Leistungsvermögen: Schuldner muss zur Leistung bereit und imstande sein (§ 297 BGB), sonst greift Unmöglichkeit ein (§ 275 BGB).
- Leistungsangebot: Der Schuldner muss dem Gläubiger die Leistung in der Form, wie sie zu bewirken ist, tatsächlich anbieten (§ 294 BGB), demnach: am richtigen Ort, zur richtigen Zeit, in der richtigen Qualität und Quantität. Ein wörtliches Angebot (§ 295 BGB) genügt, wenn der Gläubiger erklärt hat, dass er die Leistung nicht an-nehmen wird oder seine Mitwirkungshandlung (zum Beispiel Abholung der Sache) erforderlich ist. Entbehrlichkeit des Angebots, wenn der Gläubiger seine Mitwir-kungshandlung nicht rechtzeitig zum kalendermäßig bestimmten Zeitpunkt vornimmt (§ 296 BGB).
- Nichtannahme der Leistung: Gläubiger nimmt nicht an (§ 293 BGB) oder ist nicht be-reit, im Gegenzug die Gegenleistung zu erbringen (§ 298 BGB).

Rechtsfolgen
- Gläubigerverzug führt nicht zur Leistungsbefreiung des Schuldners, sondern zu Haf-tungserleichterungen für den Schuldner (§ 300 Abs. 1 BGB), der nur Vorsatz und grobe Fahrlässigkeit zu vertreten hat.
- Übergang der Leistungsgefahr bei Gattungsschulden auf den Gläubiger (§ 300 Abs. 2 BGB). Während des Verzuges trägt der Gläubiger die Gefahr des zufälligen Untergangs oder der zufälligen Verschlechterung der Sache.
- Übergang der Gegenleistungs- und Preisgefahr beim gegenseitigen Vertrag (§ 326 Abs. 2 S. 1 BGB). Wird dem Schuldner die Leistung während des Gläubigerverzugs unverschuldet unmöglich, behält er den Anspruch auf die Gegenleistung.

Fragen zur Kontrolle:
- Welche Arten von Leistungsstörungen gibt es?
- Welches ist die zentrale Anspruchsgrundlage für den Schadensersatz?
- Was versteht man unter Vorsatz und Fahrlässigkeit?
- Was sind die Rechtsfolgen der Unmöglichkeit bezogen auf die Primärpflichten?
- Was ist unter Schuldnerverzug zu verstehen?
- Wie verhalten sich Verzug und Unmöglichkeit zueinander?

3.2.3   Kaufvertrag und Überblick über weitere Vertragstypen

3.2.3.1   Kaufvertrag

Definition und Bedeutung

▶ Der Kaufvertrag ist der am häufigsten verwendete Vertragstyp. Dabei handelt es sich um einen gegenseitigen Vertrag, mit dem sich der Verkäufer zur Übertragung eines Vermögensgegenstandes (Übergabe und Übereignung der Kaufsache, § 433 Abs. 1 BGB) verpflichtet und der Käufer zur Zahlung des Kaufpreises (§ 433 Abs. 2 BGB) und zur Abnahme der Sache (Verpflichtungsgeschäft).

Der Kaufvertrag ist in den §§ 433 ff. BGB geregelt. Für besondere Arten von Kaufverträgen gelten spezielle Vorschriften:

*   Verbrauchsgüterkauf (§§ 474 – 479 BGB): Ein Verbraucher (§ 13 BGB) kauft von einem Unternehmer (§ 14 BGB).
*   Kauf auf Probe (§§ 454 f. BGB)
*   Wiederkauf (§§ 456–462 BGB)
*   Vorkauf (§§ 463–473 BGB)

Die Sondervorschriften des allgemeinen Verbraucherschutzes (§§ 312–312k BGB) greifen gemäß § 312 Abs. 1 BGB ein, wenn es sich im einen Verbrauchervertrag (§ 310 Abs. 3 BGB) handelt, weil der Verkäufer ein Unternehmer (§ 14 BGB) und der Käufer ein Verbraucher (§ 13 BGB) ist. Der Käufer wird geschützt, wenn der Kaufvertrag außerhalb von Geschäftsräumen, zum Beispiel an der Haustür, dem Arbeitsplatz oder auf öffentlich zugänglichen Plätzen geschlossen wird (§ 312b BGB). Den Verkäufer treffen dabei besondere Informations- und Dokumentationspflichten (§§ 312d ff. BGB) und der Käufer hat ein 14-tägiges Widerrufsrecht (§ 312g in Verbindung mit § 355 BGB). Gleiches gilt bei Fernabsatzverträgen (§ 312c BGB), die vor allem im elektronischen Geschäftsverkehr (§§ 312i f. BGB) geschlossen werden.

Pflichten der Vertragsparteien
Hauptpflicht des Verkäufers: Übergabe und Übereignung der Kaufsache (§ 433 Abs. 1 BGB)
   Nebenpflicht des Verkäufers, teilweise gesetzlich normiert: §§ 448 Abs. 1, 453 Abs. 2 BGB Schutz- und Rücksichtnahmepflichten (§ 241 Abs. 2 BGB)
   Hauptpflicht des Käufers: Zahlung des vereinbarten Kaufpreises (§ 433 Abs. 2 BGB); Abnahme der Kaufsache, wenn die Parteien dies vereinbart haben oder es dem Verkäufer aufgrund besonderer Umstände darauf ankommt (zum Beispiel bei leicht verderblicher Ware). In der Regel ist die Abnahme eine Nebenpflicht des Käufers, allerdings selbstständig einklagbar.

Nebenpflicht des Käufers: neben der Abnahme (s. oben), § 448 BGB, weitere ergeben sich aus dem Vertrag (§ 242 BGB) und aus § 241 Abs. 2 BGB.

Gefahrtragung bzw. Gefahrübergang

Grundsätzlich würde der Verkäufer die Preis- und Gegenleistungsgefahr bei zufälligem Untergang oder zufälliger Verschlechterung der Sache bis zu ihrer Übergabe und Übereignung an den Käufer tragen (§§ 275 Abs. 1, 326 Abs. 1 S. 1 BGB). Die §§ 446, 447 BGB verlagern die Preisgefahr jedoch bereits zu einem früheren Zeitpunkt auf den Käufer. Sie regeln Ausnahmen vom Grundsatz des § 326 Abs. 1 S. 1 BGB:

- Nach § 446 S. 1 BGB geht die Preisgefahr bereits mit Übergabe der Sache auf den Käufer über, weil sie sich dann in seiner Sphäre befindet.
- Befindet sich der Käufer im Annahmeverzug, gilt das Gleiche (§ 446 S. 3 BGB). In Bezug auf Gattungskäufe ist darin eine Spezialvorschrift zu § 300 Abs. 2 BGB zu sehen.
- Bei einem Versendungskauf geht die Preisgefahr mit der Übergabe der Kaufsache an die Transportperson auf den Käufer über. Gemäß § 447 BGB ist dazu Voraussetzung, dass der Verkäufer die Ware an einen anderen Ort als den Erfüllungsort (§ 269 BGB) versendet, dass dies auf Verlangen des Käufers geschieht und dass die Sache einer zuverlässigen Transportperson zur Beförderung an den Käufer ausgeliefert worden ist. Einschränkende Voraussetzungen gelten gemäß § 474 Abs. 4, 5 S. 2 BGB beim Verbrauchsgüterkauf.

Mängelgewährleistungsrecht

Ab Übergabe der Sache greifen die Mängelgewährleistungsvorschriften der §§ 434 ff. BGB ein, wenn die Sache bei Gefahrübergang einen Sach- oder Rechtsmangel hatte (§§ 434, 435 BGB). Die Rechte des Käufers werden in § 437 BGB aufgezählt.

Voraussetzungen der Mängelgewährleistung

1. Wirksamer Kaufvertrag
2. Sach- oder Rechtsmangel
   - Der Sachmangel im Sinne von § 434 BGB ist die nachteilige Abweichung der Ist-Beschaffenheit von der vertraglich vereinbarten Sollbeschaffenheit. Die Bestimmung der Sollbeschaffenheit wird in einer dreistufigen Prüfung vorgenommen:
   - vereinbarte Beschaffenheit (§ 434 Abs. 1 S. 1 BGB)
   - Eignung für die nach dem Vertrag vorausgesetzte Verwendung (§ 434 Abs. 1 S. 2 Ziff. 1 BGB) (zum Beispiel bei einem Gebrauchtwagenkauf die Fahrtüchtigkeit des Pkw)
   - Eignung zur gewöhnlichen Verwendung (§ 434 Abs. 1 S. 2 Ziff. 1 BGB). Maßstab ist der Erwartungshorizont eines Durchschnittskäufers
   - Unsachgemäße Montage (§ 434 Abs. 2 BGB), mangelhafte Montageanleitung (§ 434 Abs. 2 S. 2 BGB, sogenannte IKEA-Klausel)
   - Falschlieferung steht einem Sachmangel gleich (§ 434 Abs. 3 BGB) (zum Beispiel rote statt blaue Handtücher), ebenso die Zu-wenig-Lieferung.

3. Vorliegen eines Sachmangels bei Gefahrübergang (§ 434 Abs. 1 S. 1 BGB); der Gefahrübergang bestimmt sich nach §§ 446, 447 BGB, oder eines Rechtsmangels (§ 435 S. 1 BGB, zum Beispiel dingliche Rechte wie Pfandrechte, Hypothek).
4. Kein Haftungsausschluss, das heißt, der Käufer darf den Mangel bei Vertragsschluss nicht gekannt haben (§ 442 Abs. 1 S. 1 BGB) bzw. darf kein vertraglicher Haftungsausschluss vorliegen (zum Beispiel „Gekauft wie besehen").
5. Keine Verjährung; die Verjährungsfristen regelt § 438 BGB. Für den Verbrauchsgüterkauf begrenzt § 475 Abs. 2 BGB die Erleichterung der Verjährung, dahingehend, dass die Frist mindestens zwei Jahre bei neuen und ein Jahr bei gebrauchten Sachen betragen muss.

Rechte des Käufers aus § 437 BGB
Liegen die oben genannten Voraussetzungen vor, stehen dem Käufer gemäß § 437 BGB folgende Rechte zu:

- Anspruch auf Nacherfüllung (§§ 437 Ziff. 1, 439 BGB)
- Rücktritt vom Kaufvertrag (§§ 437 Ziff. 2, 440, 323, 326 Abs. 5 BGB)
- Minderung des Kaufpreises (§§ 437 Ziff. 2, 441 BGB)
- Schadensersatz neben oder statt der Leistung (§§ 437 Nr. 3, 280 Abs. 1, 280 Abs. 3, 281, 283, 311a oder 284 BGB)

Die Nacherfüllung ist das primäre Gewährleistungsrecht des Käufers. Die weiteren Rechte des Rücktritts, der Minderung, des Schadensersatzes können erst geltend gemacht werden, nachdem der Käufer erfolglos eine Frist zur Nacherfüllung gesetzt hat.

- Nacherfüllung kann wahlweise in der Beseitigung des Mangels (Nachbesserung) oder der Lieferung einer mangelfreien Sache (Ersatz- oder Neulieferung) bestehen.
- Verkäufer muss die Kosten der Nacherfüllung tragen (§ 439 Abs. 2 BGB) (zum Beispiel Transport-, Wege-, Arbeits-, Materialkosten).
- Leistungsverweigerungsrecht des Verkäufers, wenn die gewählte Art der Nacherfüllung mit unverhältnismäßigen Kosten verbunden ist.

3.2.4 Überblick über weitere Vertragstypen

Die Vertragstypen der §§ 433–676c BGB sollen in einem kurzen Überblick dargestellt werden:

- Tausch (§ 480 BGB): gegenseitige Übertragung jeweils eines Vermögensgegenstands
- Schenkung (§§ 516 ff. BGB): unentgeltliche Zuwendung eines Vermögensgegenstands an einen anderen
- Mietvertrag (§§ 535 ff. BGB): entgeltliche Überlassung einer Sache auf Zeit in einem zum vertragsgemäßem Gebrauch geeigneten Zustand

- Leasingvertrag: Option des Leasingnehmers, die geleaste Sache nach Ablauf der Leasingzeit zu Eigentum zu erwerben (§§ 535 ff. BGB weitgehend anwendbar).
- Leihe ((§§ 598 ff. BGB): unentgeltliche Gebrauchsüberlassung einer Sache
- Darlehen (§§ 488 ff. BGB, §§ 607 ff. BGB): Rückgabe von Sachen gleicher Art, Güte und Menge
- Werkvertrag (§§ 631 ff. BGB): Verpflichtung des Werkunternehmers zur Herstellung des mangelfreien Werkes i.S. eines Erfolges; Verpflichtung des Bestellers zur Vergütung und Abnahme des Werkes
- Dienstvertrag (§§ 611 ff. BGB): im Unterschied zum Werkvertrag nur Verpflichtung zum ordnungsgemäßem Tätigwerden, nicht aber zu einem bestimmten Erfolg (zum Beispiel Verträge zwischen Rechtsanwälten und Mandanten, Arbeitsverträge mit der Besonderheit der Weisungsabhängigkeit des Arbeitnehmers und dessen Einbindung in die betriebliche Organisation des Arbeitgebers)

Fragen zur Kontrolle:
- Was kennzeichnet einen Kaufvertrag?
- Was sind die Pflichten der Kaufvertragsparteien?
- Was ist ein Sachmangel?
- Was bedeutet der Nacherfüllungsanspruch?

3.3   Sachenrecht und Finanzierungssicherheiten

▶ Das Sachenrecht (§§ 854–1296 BGB) regelt die Beziehungen zwischen Personen und Sachen im Sinne des § 90 BGB, wobei bewegliche Sachen und Grundstücke umfasst sind.

Unterscheidung zum Schuldrecht:

- Schuldrecht: Rechtsbeziehungen allein zwischen Gläubiger und Schuldner im Rahmen eines Schuldverhältnisses; relativer Charakter
- Sachenrecht: Rechtsbeziehungen gegenüber allen Rechtspersonen, sind von jedermann zu beachten; absoluter Charakter

3.3.1   Sachenrecht

3.3.1.1   Besitz

▶ Das Gesetz kennt keine Definition. Nach herrschender Meinung wird unter Besitz die vom Rechtsverkehr anerkannte rein tatsächliche Herrschaft einer Person über eine Sache verstanden.

Funktion des Besitzes:

- Schutz des Rechtsfriedens
- Übertragungswirkung: Die Rechtsänderung an beweglichen Sachen erfordert grundsätzlich deren Übergabe (§§ 929 BGB) bzw. einen Ersatz für die Übergabe. Bei Grundstücken ist die Übergabe die Rechtsänderung im Grundbuch (§ 873 BGB)
- Vermutungswirkung: § 1006 Abs. 1 BGB stellt die Vermutung auf, dass ein Besitzer auch Eigentümer der Sache ist.
- Gutglaubenswirkung: Der Besitz ist die Grundlage für den Eigentumserwerb an beweglichen Sachen kraft guten Glaubens.

Erwerb und Verlust des Besitzes

Erwerb: Erlangung der tatsächlichen Gewalt, also die Besitzergreifung (§ 854 Abs. 1 BGB). Zum Erlangen und Erhalten der tatsächlichen Gewalt gehört zwingend der nach außen erkennbare Wille zur tatsächlichen Beherrschung. Dieser Wille muss sich nicht auf eine ganz bestimmte Sache beziehen, sondern kann genereller Art sein (zum Beispiel Besitzwille in Bezug auf sämtliche in einer Wohnung vorhandene Sachen). Er braucht nicht ausdrücklich erklärt werden, muss aber aus den Umständen hervorgehen.

Beispiel

Die Bank hat am Inhalt des vom Kunden bei ihr angemieteten Schließfaches keinen Besitz, soweit nur der Kunde im Besitz des Schlüssels ist. Wenn sich der Kunde jedoch mit der Bank darüber einig ist, dass die besagten, im Schließfach befindlichen Gegenstände, aus seinem Besitz in den Besitz der Bank übergehen sollen, führt die Über- bzw. Rückgabe der Schlüssel von dem Kunden an die Bank zum Besitzübergang.

Verlust: Ende des unmittelbaren Besitzes, indem der Besitzer die tatsächliche Sachherrschaft aufgibt oder in anderer Weise verliert (§ 856 Abs. 1 BGB). Er endet nicht bereits mit der Beendigung des Besitzrechtes.

Beispiel

Ein Mieter bleibt trotz wirksamer Kündigung des Vermieters in seiner Wohnung wohnen. Dies geschieht zwar unberechtigt, da ohne Rechtsgrund, ändert aber nichts an der Besitzerstellung.

Der Verlust des mittelbaren Besitzes erfolgt durch die Beendigung des Besitzmittlungsverhältnisses oder Besitzverlustes des unmittelbaren Besitzers.

Wird dem Besitzer der Besitz ohne seinen Willen von einem anderen entzogen (verbotene Eigenmacht), kann der Besitzer Wiedereinräumung des Besitzes verlangen (§ 861 Abs. 1 BGB) und sich der verbotenen Eigenmacht sogar mit Gewalt erwehren.

3.3.1.2 Eigentum

▷ Das Gesetz kennt keine Definition. Das BGB kennt nur Eigentum an körperlichen Gegenständen (Sachen), nicht auch an anderen Gegenständen wie Forderungen oder sonstigen Rechten oder geistigen Schöpfungen.

Das Eigentum ist das umfassendste Recht an einer Sache. Es verleiht eine prinzipiell nicht begrenzte umfassende Herrschaftsbefugnis (§ 903 BGB).

Das Eigentum ist ein absolutes Recht. Es wirkt gegenüber jedermann. Jeder muss es respektieren und nicht erlaubte Einwirkungen demzufolge unterlassen.

Das Sachenrecht normiert verschiedene Erscheinungsformen des Eigentumserwerbs:

- Rechtsgeschäftlicher Erwerb beweglicher Sachen vom Berechtigten (§§ 929–931 BGB) oder vom Nichtberechtigten (§§ 932–935 BGB)
- Rechtsgeschäftlicher Erwerb von Grundstücken vom Berechtigten (§§ 873, 825 BGB) oder vom Nichtberechtigten (§§ 892, 893 BGB)
- Gesetzlicher Eigentumserwerb (§§ 937–984 BGB)

Rechtsgeschäftlicher Erwerb beweglicher Sachen

Die §§ 929–931 BGB regeln den rechtsgeschäftlichen Erwerb beweglicher Sachen in einem „Baukastenprinzip". Ausgangspunkt ist der Grundtatbestand des § 929 S. 1 BGB. Die §§ 929 S. 2, 930, 931 BGB variieren den Grundtatbestand dadurch, dass die Übergabe in bestimmten Konstellationen ersetzt werden kann.

▶ Folgender Baukastenaufbau empfiehlt sich als Prüfungsschema:

   - Einigung über den Eigentumsübergang (§ 929 S. 1 BGB)
   - Einigung ist ein dinglicher Vertrag, auf den die Vorschriften des BGB AT Anwendung finden.
   - Übergabe der Sache (§ 929 S. 1 BGB oder Übergabesurrogat (§§ 929 S. 2, 930, 931 BGB)
     – Übergabe setzt den unmittelbaren Besitz, das heißt die tatsächliche Sachherrschaft (§ 854 Abs. 1 BGB) voraus.
     – Übergabe kann wie folgt ersetzt werden (Übergabesurrogate):
     – Ist der Erwerber schon im Besitz der Sache, genügt nach § 929 S. 2 BGB die Einigung über den Eigentumsübergang.
     – Soll der Veräußerer den Besitz behalten, müssen die Parteien gemäß § 930 BGB ein Besitzmittlungsverhältnis (Besitzkonstitut) vereinbaren (§ 868 BGB), zum Beispiel Mietverhältnis, Pacht, Leihe, Verwahrung, aufgrund dessen der Erwerber mittelbarer Eigenbesitzer (§ 872 BGB) wird.
     – Besitzt ein Dritter die Sache, weil der Veräußerer diese zum Beispiel entliehen oder gemietet hat, wird die Übergabe durch Abtretung des Herausgabeanspruchs ersetzt, § 931 BGB.
   - Berechtigung des Veräußerers zur Übereignung durch seine Eigentümerstellung. Ist der Veräußerer nicht der Eigentümer der übertragenden Sache, muss der Erwerber im guten Glauben hinsichtlich der Eigentümerstellung sein (§§ 932–935 BGB). Ist die Sache dem Veräußerer gestohlen oder abhandengekommen, führt ein guter Glaube an die Eigentümerstellung nicht zum Eigentumserwerb (§ 935 BGB).

Rechtsgeschäftlicher Erwerb von Grundstücken

- Gemäß § 873 Abs. 1 BGB wird das Eigentum an einem Grundstück durch Einigung und Eintragung im Grundbuch übertragen.
- Die Einigung über den Eigentumsübergang des Grundstücks heißt Auflassung (§ 925 BGB).
- Das Verfahren und Voraussetzungen der Eintragung regelt die Grundbuchordnung (§§ 13, 17, 19, 29, 39 GBO).
- Ist der Veräußerer nicht der Eigentümer, kann ein gutgläubiger Erwerb vom eingetragenen Nichtberechtigten erfolgen (§ 892 Abs. 1 BGB).
- Der wahre Eigentümer kann den gutgläubigen Erwerb verhindern, da er nach § 894 BGB einen Anspruch auf Grundbuchberichtigung hat.
- Der Grundstückserwerber kann sich seine Erwerberstellung durch Eintragung einer Auflassungsvormerkung (§ 883 BGB) sichern.

Gesetzlicher Eigentumserwerb

Verschiedene Formen des gesetzlichen Eigentumserwerbs werden in §§ 937–951 BGB geregelt.

Beispiel

Ersitzung (§§ 900–937 BGB)

Eigentumserwerb an Früchten (§§ 953 ff. BGB)

Eigentumserwerb an herrenlosen Sachen (§§ 958 ff. BGB)

Fund (§§ 965 ff. BGB)

Verbindung (§§ 946, 947 BGB)

Vermischung (§ 948 BGB)

Verarbeitung (§ 950 BGB)

Besondere Bedeutung kommt der Verbindung, Vermischung und Verarbeitung zu:

Verbindung, §§ 946, 947 BGB: Wird eine bewegliche Sache mit einem Grundstück verbunden, dass sie dessen wesentlicher Bestandteil wird, erstreckt sich gemäß § 946 BGB das Grundstückseigentum auf diese Sache.

Beispiel

Einbau von Schallschutzfenstern in ein Haus. Durch den Einbau werden die Fenster wesentlicher Bestandteil des Gebäudes (§ 93 BGB), das wiederum wesentlicher Bestandteil des Grundstücks ist (§ 94 Abs. 1 BGB).

Bei Verarbeitung oder Umbildung erwirbt gemäß § 950 Abs. 1 BGB der Produzent das Eigentum, sofern der Wert der Verarbeitung nicht erheblich geringer ist als der Wert des Stoffes, wobei die Rechtsprechung eine Grenze von 60 Prozent des Stoffwerts ansetzt.

Beispiel

Ein Textilunternehmen kauft vom Lederlieferanten Nappaleder ein und verarbeitet dieses zu Lederjacken.

Wer aufgrund Verbindung, Vermischung, Verarbeitung sein Eigentum verliert, kann vom neuen Eigentümer nach bereicherungsrechtlichen Grundsätzen eine Entschädigung in Geld verlangen (§§ 951 Abs. 1, 812 ff. BGB). Die Enteignung als solche ist jedoch endgültig.

3.3.2 Finanzierungssicherheiten

Das moderne Wirtschaftsleben fordert, den Finanzbedarf durch Kredite zu decken. Die Kreditvergabe, insbesondere von Banken, erfolgt grundsätzlich nur, wenn Sicherheiten zur Verfügung gestellt werden können. Tab. 3.4 gibt einen Überblick über übliche und von der Rechtsordnung anerkannte Sicherheiten.

Bei einer Personalsicherheit verpflichtet sich ein Dritter, für die Verbindlichkeit des Schuldners einzustehen. Der Forderungsgläubiger erhält einen zusätzlichen Schuldner, der mit seinem gesamten Vermögen haftet.

- Eine Bürgschaft liegt vor, wenn der Dritte (Bürge) für die gültige Forderung des Hauptschuldners einstehen will. Seine Verpflichtung hängt vom Bestand der Hauptforderung ab (Akzessorietät der Bürgschaft). Im Grundsatz ist der Bürge erst in Anspruch zu nehmen, nachdem er vorher erfolglos die Zwangsvollstreckung gegen den Schuldner versucht hat (§ 771 BGB). Verzichtet der Bürge auf diese Einrede der Vorausklage, liegt eine selbstschuldnerische Bürgschaft vor (§ 773 Abs. 1 Ziff. 1 BGB). Schriftform ist für die Bürgschaftserklärung erforderlich (§ 766 BGB).
- Gesamtschuldnerschaft (§§ 421 ff. BGB) liegt vor, wenn mehrere bei Vertragsschluss für dieselbe Schuld einstehen wollen.
- Ein Schuldbeitritt verpflichtet einen Dritten nachträglich als zusätzlicher (Gesamt-) Schuldner aufzutreten.

Bei einer Realsicherheit stellt der Schuldner dem Gläubiger ein dingliches Recht als Haftungsobjekt zur Verfügung. Dadurch erhält der Gläubiger ein absolutes Recht als Sicherheit, das er inner- und außerhalb der Insolvenz vorzugsweise geltend machen kann.

Tab. 3.4 Finanzierungsicherheiten. (Quelle: eigene Darstellung)

Realsicherheiten	Personalsicherheiten
Grundschuld (§ 1191 BGB)	Bürgschaft (§ 765 BGB)
Hypothek (§ 1113 BGB)	Schuldbeitritt
Sicherungszession (§ 398 BGB)	vertraglich/gesetzlich
Eigentumsvorbehalt (EV) (§ 449 BGB)	Einstehen für fremde Schuld
einfacher EV	eigenes Interesse
verlängerter EV	formfrei
erweiterter EV	Gesamtschuldnerschaft (§ 421 BGB)
Sicherungsübereignung (§§ 929 S. 1, 930 BGB)	
Pfandrecht (§ 1204 BGB)	

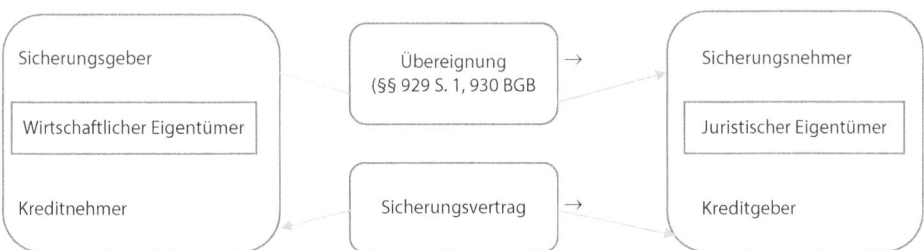

Abb. 3.1 Wirtschaftlicher Eigentümer vs. juristischer Eigentümer. (Quelle: eigene Darstellung)

- Das Pfandrecht (§§ 1204 ff. BGB) stellt ein Verwertungsrecht an beweglichen Sachen oder Rechten dar. Seine Bestellung setzt gemäß § 1205 Abs. 1 BGB die Einigung und Übergabe der Pfandsache an den Sicherungsnehmer voraus. Gesetzliche Pfandrechte sind zum Beispiel: Vermieterpfandrecht (§ 562 BGB), Werkunternehmerpfandrecht (§ 647 BGB).
- Bei der Sicherungsübereignung entfällt im Gegensatz zum Pfandrecht die Übergabe der Pfandsache. Der Sicherungsgeber darf die Sache behalten und weiternutzen. Die Übereignung erfolgt durch Vereinbarung eines Besitzkonstituts (§§ 929 S. 1, 930 BGB). Die Sicherung einer Forderung nennt man Sicherungszession (vgl. Abb. 3.1).

Ein Eigentumsvorbehalt liegt vor, wenn sich der Verkäufer einer beweglichen Sache das Eigentum bis zur Kaufpreiszahlung des Kaufpreises vorbehält. Der Eigentumsübergang steht damit unter der aufschiebenden Bedingung (§ 158 Abs. 1 BGB) der vollständigen Kaufpreiszahlung.

Hypothek (§§ 1113 ff. BGB) und Grundschuld (§§ 1191 ff. BGB) sind Immobiliarsicherheiten. Der Unterschied besteht darin, dass die Hypothek forderungsakzessorisch ist, somit vom Bestand der gesicherten Forderung abhängt (§§ 1113, 1163 Abs. 1 S. 1, 1177 Abs. 1 BGB).

Fragen zur Kontrolle:

Fragen zur Kontrolle:
- Was versteht man unter Besitz?
- Wie wird Eigentum an beweglichen Sachen übertragen?
- Wie kann die Übergabe ersetzt werden?
- Wie erfolgt eine Übereignung vom Unberechtigten?
- Wie erfolgt die Eigentumsübertragung an einem Grundstück?
- Was ist eine Real- was eine Personalsicherheit?

3.4 Grundsätze des Handelsrechts

3.4.1 Wesen und Leitmotive des Handelsrechts

▶ Handelsrecht ist das Sonderprivatrecht der Kaufleute. Seine Leitprinzipien sind die Ermöglichung der Schnelligkeit und Leichtigkeit des Handelsverkehrs, Publizität und Vertrauensschutz. Das HGB gilt nur für Kaufleute. Voraussetzung für die Anwendung des Handelsgesetzbuches ist das Vorliegen einer Kaufmannseigenschaft.

Das Handelsrecht tritt teilweise neben die Vorschriften des BGB und ergänzt es, insoweit ein Kaufmann mitwirkt.

▶ Leitmotive des Handelsrechts sind:

- Entgeltlichkeit
- Schnelligkeit des Handelsverkehrs
- Verkehrs- und Vertrauensschutz.

3.4.2 Kaufmannseigenschaft

3.4.2.1 Grundpflichten eines Kaufmanns
Die Kaufmannseigenschaft löst statusbezogene Pflichten aus (Tab. 3.5):

- Registerpflicht: Handelsregisteranmeldung für bestimmte Tatsachen (zum Beispiel Firma, Prokura)
- Firmenführung: §§ 17 ff. HGB
- Publizität: Geschäftsbriefe mit Mindestangaben sowie im elektronischem Verkehr
- Rechnungslegung: Buchführungspflicht, § 238 HGB

3.4.2.2 Arten
Kaufmann kraft Betätigung, § 1 Abs. 1 HGB

- Betreiben eines Gewerbes
  - Selbstständige Tätigkeit
  - nach außen erkennbar
  - planmäßig
  - auf Dauer angelegt
  - erlaubte Tätigkeiten (wirksam und einklagbar BGHZ 155, 240, 245)
  - kein freier Beruf (zum Beispiel Ärzte, Rechtsanwälte, Wirtschaftsprüfer, Steuerberater)
  - mit Gewinnerzielungsabsicht (str.)

Tab. 3.5 Kaufmannseigenschaft. (Quelle: eigene Darstellung)

Istkaufmann, §§ 1,2 HGHB	Kannkaufmann, § 3 HGB	Formkaufmann, § 6 HGB	Kaufmann kraft Eintragung, § 5 HGB	Scheinkaufmann
Kaufmann ist, wer ein Handelsgewerbe betreibt	Grundsätzlich keine Kaufleute	Hierzu zählen: OHG, KG, GmbH, AG, KGaA, Genossenschaft, EWIV	Auch eingetragene Nichtgewerbetreibende gelten als Kaufleute	Wer im Rechtsverkehr wie ein Kaufmann auftritt, muss sich ggfs. gutgläubigen Dritten gegenüber an diesem Rechtsschein festhalten lassen
(1) Handelsgewerbe Ausgeübte Tätigkeit muss ein Gewerbe darstellen: Handelsgewerbe i. S. d. §§ 1 u. 2	Zum Kannkaufmann wird, wer (1) land- oder forstwirtschaftliches Unternehmen,			
(2) Das Handelsgewerbe muss betrieben werden Betrieben wird es von demjenigen, der aus den abgeschlossenen Geschäften berechtigt und verpflichtet wird	(2) und muss nach Art und Umfang einen in kaufmännischer Weise eingerichteten Geschäftsbetrieb erfordern und			
Nicht: Freie Berufe: wissenschaftliche und künstlerische Tätigkeiten Abgrenzung: Kleingewerbe	(3) (freiwillige) Eintragung			

- Handelsgewerbe
  - Es reicht nicht aus, wenn der Unternehmer nur ein Gewerbe betreibt. § 1 Abs. 2 HGB verlangt ein Handelsgewerbe.

▶ Ein Handelsgewerbe liegt vor, wenn das Unternehmen einen nach Art und Umfang in kaufmännischer Weise eingerichteten Gewerbebetrieb erfordert (in Abgrenzung zum Kleingewerbetreibenden). Indizien bilden die Anzahl der Mitarbeiter, der Jahresumsatz, die Schwierigkeit der Geschäfte, etc.).

Formkaufmann, § 6 HGB: zum Beispiel Personenhandelsgesellschaften (wie OHG, KG), Kapitalgesellschaften (wie GmbH, AG)

Kannkaufmann, § 2 HGB: (Fiktion der Kaufmannseigenschaft durch Eintragung im Handelsregister)

Eingetragene land- oder forstwirtschaftlicher Unternehmer, § 3 HGB: Sonderstellung der Gewerbetreibenden. Ein land- oder forstwirtschaftlicher Unternehmer kann durch freiwillige Eintragung Kaufmann werden, allerdings nur durch Eintragung eines Nebengewerbes.

Kaufmann kraft Eintragung, § 5 HGB: Fiktivkaufmann, da durch die Eintragung die Kaufmannseigenschaft begründet wird, um den Rechtsverkehr durch das Vertrauen auf den Inhalt des Handelsregisters zu schützen.

Scheinkaufmann, § 242 BGB: Rechtsscheinhaftung durch die Art und Weise des Anscheins, auch wenn keine Eintragung in das Handelsregister vorliegt, bei Gutgläubigkeit.

3.4.3   Bevollmächtigte des Kaufmanns

Vor allen in größeren Unternehmen kann der Kaufmann (Inhaber, Geschäftsführer, Vorstand) nicht alle Aufgaben selbst erledigen bzw. benötigt eine Vertretung bei Abwesenheit zum Beispiel durch Urlaub oder auch Krankheit. Im Außenverhältnis muss eine solche Person wirksam handeln können, ohne dass es für jeden Einzelfall einer Vollmacht bedarf. Das HGB kennt im Wesentlichen zwei Möglichkeiten: Prokura und Handlungsvollmacht (Tab. 3.6).

3.4.3.1   Prokurist
Die Prokura ist die umfangreichste rechtsgeschäftliche Vertretungsmacht, die das HGB für Kaufleute vorsieht.

Erteilung der Prokura (§ 48 HGB)
Der Inhaber des Handelsgeschäfts bzw. sein gesetzlicher Vertreter (§ 48 HGB) erteilt die Prokura. Sie muss ausdrücklich oder auch konkludent erklärt werden, jedoch nicht missverständlich und zweideutig. Eine Schriftform verlangt das Gesetz nicht, sodass auch eine mündliche Erteilung möglich ist.

Tab. 3.6 Bevollmächtigte des Kaufmanns (§§ 48 ff. HGB). (Quelle: eigene Darstellung)

Handlungsvollmacht (§ 54 Abs. 1 HGB)	Prokura (§§ 48 ff. HGB)
Gewöhnliche Geschäfte	Alle Geschäfte, gerichtlich wie außergerichtlich
Keine Eintragung ins Handelsregister	Eintragung ins Handelsregister
General-Handlungsvollmacht Art-Handlungsvollmacht Spezial-Handlungsvollmacht	Gesamtprokura Filialprokura Einzelprokura
Verbot	Verbot
Grundstücke veräußern und belasten Aufnahme von Darlehen Prozessführung	Grundstücke veräußern und belasten Veräußerung der Unternehmung Unterzeichnen von Bilanz- und Steuererklärung

Umfang der Prokura

Umfassende Vertretungsmacht

Nach § 49 Abs. 1 HGB ermächtigt die Prokura zur Vornahme von allen gerichtlichen und außergerichtlichen Rechtshandlungen, die der Betrieb eines Handelsgewerbes mit sich bringt; somit auch außergewöhnliche Rechtshandlungen.

> **Beispiel**
>
> Einstellung und Kündigung von Mitarbeitern, Zweigniederlassungen schließen oder errichten, Abschluss von Darlehensverträgen, Kauf von Immobilien, etc.

Grenzen

Die Veräußerung oder Belastung von Immobilien durch den Prokuristen ist nur mit besonderer Befugnis möglich. Ebenso sind dem Prokuristen Grundlagengeschäfte verboten, wie die Stilllegung des Unternehmens. Mit sich selbst darf er keine Rechtsgeschäfte tätigen (Verbot des Selbstkontrahierens).

Beschränkungsverbot, § 50 Abs. 1 HGB: Im Außenverhältnis ist eine Beschränkung des Umfangs der Prokura unwirksam. Nur im Innenverhältnis würde eine Kompetenzüberschreitung zu Schadensersatzverpflichtungen führen können.

Handelsregistereintragung

Gemäß § 53 Abs. 1 HGB ist die Erteilung der Prokura zum Handelsregister anzumelden. Die Erteilung der Prokura ist somit eine eintragungspflichtige Tatsache. Die Prokura ist jedoch schon mit Erklärung wirksam, die Eintragung im Handelsregister entfaltet nur deklaratorische Wirkung.

> **Beispiel**
>
> Kaufmann Theo erteilt seinem Angestellten am 2. Mai Prokura. Die Eintragung im Handelsregister erfolgt erst am 1. August. Die Prokura ist somit gemäß § 48 Abs. 1 HGB schon am 2. Mai wirksam erteilt.

Prokura-Erlöschen

Die Beendigung des zugrundeliegenden Arbeitsverhältnisses als auch der Tod des Prokuristen führen zum Erlöschen der Prokura. Prokura kann auch jederzeit widerrufen werden (§ 52 Abs. 1 HGB). Das Erlöschen muss wiederum zum Handelsregister angemeldet werden; die Wirkung ist deklaratorischer Natur.

Zeichnung des Prokuristen

Der Prokurist verdeutlicht sein Vertretungsverhältnis, indem er regelmäßig seinen Namen + „ppa." Zeichnet (per Prokura).

3.4.3.2   Handlungsvollmacht

Der entscheidende Unterschied zur Prokura liegt in dem nicht so weitgehenden Umfang der Vertretungsmacht (vgl. § 54 Abs. 1 HGB).

Erteilung

Zur Erteilung berechtigt ist der Inhaber des Handelsgeschäfts bzw. sein gesetzlicher Vertreter als auch der Prokurist, § 54 Abs. 1 HGB, durch formlose einseitige Willenserklärung.

Umfang der Handlungsvollmacht

Die Handlungsvollmacht erstreckt sich auf alle Rechtshandlungen, die der Betrieb eines Handelsgewerbes gewöhnlich mit sich bringt. Im Unterschied zur Prokura muss es sich um ein branchenübliches Geschäft handeln. Grundstücke veräußern oder belasten, ist dem Handlungsbevollmächtigten verboten, ebenso die Eingehung von Wechselverbindlichkeiten, die Aufnahme von Darlehen oder die Prozessführung, es sei denn er wurde dahingehend ermächtigt, § 54 Abs. 2 HGB.

Keine Handelsregistereintragung

Eine Eintragung im Handelsregister erfolgt im Unterschied zur Prokura nicht.

Erlöschen der Handlungsvollmacht

Das Erlöschen der Handlungsvollmacht richtet sich nach § 168 BGB; sie ist somit jederzeit widerruflich.

3.4.4   Vollmacht von Ladenangestellten

§ 56 HGB normiert eine Handlungsvollmacht für Angestellte in einem Ladenlokal oder Warenlager. Anknüpfungspunkt bildet der Eindruck, den die Beschäftigung einer Person in einem Ladenlokal vermittelt. Der Kunde wird davon ausgehen, der Firmeninhaber diese Person mit den vorgenommenen Aufgaben betraut. Wichtig ist der räumliche Zusammenhang zwischen dem Ladenlokal und dem Geschäftsabschluss.

3.4.5   Selbstständige Hilfspersonen des Kaufmanns

3.4.5.1   Handelsvertreter (§§ 86 ff HGB)

Der Handelsvertreter ist selbstständiger Gewerbetreibender. Er hat vor allem Vermittlungs- und Abschlusspflichten. Dem Handelsvertreter steht ein Provisionsanspruch gegen den Kaufmann zu (§ 87 HGB).

3.4.5.2   Kommissionär (§§ 383 ff. BGB)

Der Kommissionär kauft bzw. verkauft im eigenen Namen gewerbsmäßig Waren oder Wertpapiere für Rechnung eines anderen (Kommittent). Er handelt dem Dritten gegenüber im eigenen Namen, wirtschaftlich handelt er auf Rechnung des Kommittenten.

3.4.5.3   Transport-Hilfspersonen

Im Rahmen eines Transportes kann sich ein Kaufmann der Hilfe selbstständiger Unternehmer bedienen, sogenannter Frachtführer (§§ 407 ff., HGB) oder Spediteur (§§ 453 ff. HGB).

Fragen zur Kontrolle:

- Wie wird Prokura erteilt?
- Muss eine Eintragung der Prokura ins Handelsregister erfolgen?
- Was ist ein Kommissionsgeschäft?

3.4.6   Handelsregister

Das Handelsregister ist ein öffentliches Verzeichnis, in dem Kaufleute (und Zweigniederlassungen) eingetragen werden, §§ 13 ff. HGB. Es dient dem Zweck, dem Rechtsverkehr Auskunft zu erteilen über Tatsachen und Rechtsverhältnisse von Unternehmen. Es wird beim Amtsgericht des Sitzes der Unternehmung geführt und genießt öffentlichen Glauben.

3.4.6.1   Eintragungsfähige und eintragungspflichtige Tatsachen

3.4.6.2   Publizität des Handelsregisters

§ 15 HGB regelt die Wirkungen von Eintragungen in das Handelsregister für und gegen Dritte (Tab. 3.7).

Negative Publizität, § 15 Abs. 1 HGB: Solange eine in das Handelsregister einzutragende Tatsache nicht in das Handelsregister eingetragen und bekannt gemacht ist, kann sie einem Dritten nicht entgegengehalten werden, § 15 Abs. 1 HGB.

Vertrauen in das Schweigen des Handelsregisters

Beispiel

Kaufmann Hans gibt sein Unternehmen auf und betreibt es nur noch in ganz geringem Umfang. Im Handelsregister nimmt er keine Änderungen vor. Das Erlöschen der Firma ist eine eintragungspflichtige Tatsche, § 31 Abs. 2 S. 1 HGB. Er kann sich einem Dritten gegenüber nicht darauf berufen, kein Gewerbe mehr zu betreiben.

Tab. 3.7 Eintragungsfähige und eintragungspflichtige Tatsachen. (Quelle: eigene Darstellung)

Eintragungsfähige Tatsachen	Eintragungspflichtige Tatsachen
Kaufmann **muss** die Tatsche eintragen lassen	Kaufmann **kann** die Tatsache eintragen lassen
Wortlaut des Gesetzes: „ist einzutragen"	Wortlaut des Gesetzes: „kann"
z. B. Prokura, § 53 Abs. 1 HGB	z. B. Kleingewerbetreibende als Kaufleute, § 1 Abs. 1, 2 HGB

Positive Publizität, § 15 Abs. 3 HGB: Ein Dritter kann sich auf unrichtig bekannt gemachte Tatsachen berufen, soweit er die Unrichtigkeit nicht kannte.

▶ Wer durch eine unrichtige Anmeldung eine unrichtige Eintragung veranlasst, muss sich den Inhalt entgegenhalten lassen.

Beispiel

Durch eine unrichtige Anmeldung des Firmenchefs wird fälschlicherweise der Angestellte Paul als Prokurist ins Handelsregister eingetragen. Paul handelt gegenüber Dritten als Prokurist und vertritt somit wirksam den Firmenchef.

3.4.6.3 Deklaratorische und konstitutive Wirkung

Die Eintragung von Tatsachen ins Handelsregister kann zwei Wirkungen entfalten:

- eine bestehende Tatsache lediglich bestätigen, sogenannte deklaratorische Wirkung

---

Beispiel

Prokura wird wirksam mit Erteilung. Die Eintragung der Prokura ins Handelsregister bestätigt nur diese Wirkung.

- durch die Eintragung entsteht erst die Wirkung, sogenannte konstitutive Wirkung

---

Beispiel

Die Eintragung eines Kleingewerbetreibenden ins Handelsregister entfaltet erst die Kaufmanns-Wirkung nach § 2 Abs. 1 HGB.

3.5 Grundzüge des Arbeitsrechts

3.5.1 Rechtsgrundlagen des Arbeitsrechts

3.5.2 Arbeitsvertrag

Der Arbeitsvertrag gilt als Unterart des in §§ 611 ff. BGB geregelten Dienstvertrages. Er begründet ein Vertragsverhältnis zwischen Arbeitnehmer und Arbeitgeber (Abb. 3.2). Die Besonderheit des Arbeitsvertrages im Vergleich zum „gewöhnlichen" Dienstvertrag liegt

Unions-
Recht
z.B.
Art. 157
AEUV

Grundgesetz
z.B.
Art. 3 I, 9 III GG

Gesetz
z.B.
§§1 KSchG, 4III TVG

Rechtsverordnung
z.B.
WahlO z. BetrVG

Tarifvertrag
z.B.
Manteltarifvertrag, Gehaltstarifvertrag

Betriebsvereinbarung
zwingende und freiwillige
Regelungsabsprachen

Arbeitsvertrag   - Gleichbehandlungsgrundsatz
schriftlich oder mündlich   - Betriebliche Übung

Weisung
vgl. §106 GewO, §611a BGB

Arbeitsverhältnis

Vorrang
Günstigkeitsprinzip

Umkehrungen der Rangordnung möglich bei nicht striktem Gesetzesrecht (Tarifvertrag, Arbeitsvertrag) und nach dem sog.
Günstigkeitsprinzip (vgl. § 4 Abs. 3 TVG).

Abb. 3.2 Normenpyramide der arbeitsrechtlichen Gestaltungsfaktoren. (Quelle: eigene Darstellung)

in der persönlichen Abhängigkeit des Arbeitnehmers. Er ist in die Arbeitsorganisation des Arbeitgebers eingegliedert und an seine Weisungen über Inhalt, Durchführung, Zeit, Dauer und Ort der Tätigkeit gebunden (Weisungsabhängigkeit).

3.5.2.1 Form und Zustandekommen
Ein Arbeitsvertrag bedarf keiner Form und ist somit auch mündlich wirksam. Die Schriftform empfiehlt sich insbesondere aus Beweisgründen. Zuweilen wird eine Schriftform auch durch Tarifvertrag vorgeschrieben.

▷ Erhält der Arbeitnehmer keinen schriftlichen Arbeitsvertrag, hat der Arbeitgeber innerhalb eines Monats die wesentlichen Vertragsbedingungen schriftlich zu fixieren und dem Arbeitnehmer auszuhändigen (§ 2 NachwG). Der Vertrag ist aber unabhängig davon wirksam.

Einen Arbeitsvertrag kann jeder Volljährige, aber auch ein Minderjähriger mit Zustimmung der gesetzlichen Vertreter abschließen (§§ 107, 113 BGB). Vereinbarungen, die den Minderjährigen in besonderem Maße verpflichten, bedürfen der ausdrücklichen Zustimmung der gesetzlichen Vertreter.

Es gilt das Allgemeine Gleichbehandlungsgesetz (AGG), das heißt, eine Diskriminierung aufgrund Rasse, Geschlecht, Religion, Behinderung, Alter und/oder sexueller Identität führt zu einem Schadensersatzanspruch, jedoch keinem Einstellungsverbot.

3.5.2.2 Vertragsarten

- Arbeitsvertrag auf unbestimmte Zeit (gesetzlicher Regelfall)
- Arbeitsvertrag auf bestimmte Zeit (§ 620 Abs. 3 BGB, aber grundsätzlich nur bei sachlichem Grund (§ 14 Abs. 1 S. 1 TzBfG), weil sonst der gesetzliche Kündigungsschutz umgangen würde. Ohne Sachgrund ist eine Befristung nur wirksam, wenn vorher noch kein Vertrag bestand und eine Zeitdauer von maximal zwei Jahren in höchstens vier Teilen nicht überschritten wird.

▶ Die Befristung muss schriftlich vereinbart werden (§ 14 Abs. 4 TzBfG). Ansonsten gilt der Vertrag gem. § 16 TzBfG als unbefristeter Vertrag.

- Arbeitsvertrag zur Probe: nur, wenn vereinbart oder vorgeschrieben
- Leiharbeitsvertrag/Arbeitnehmerüberlassung: Die Entleihe des Arbeitnehmers bedarf dessen Zustimmung (§ 613 S. 2 BGB). Arbeitgeber, die als Verleiher Dritten Leiharbeiter gewerbsmäßig überlassen, bedürfen einer Erlaubnis der Bundesagentur für Arbeit (§ 1 Abs. 1 S. 1 AÜG). Die Arbeitsbedingungen des Arbeitnehmers sind schriftlich niederzulegen (§ 11 AÜG). Der Vertrag bedarf der Schriftform (§ 12 Abs. 1 S. 1 AÜG).

3.5.3 Vertragspflichten

3.5.3.1 Vertragspflichten des Arbeitgebers

Lohnzahlungspflicht (Hauptleistungspflicht)
Die Lohnzahlungspflicht besteht aus verschiedenen Elementen (Abb. 3.3):

Zahlung des Entgelts: Der Arbeitgeber schuldet für die Arbeitsleistung eine angemessene Vergütung, deren Höhe mit dem Arbeitnehmer frei vereinbart werden kann (§§ 611, 612 BGB). Besteht ein verbindlicher Tarifvertrag, dürfen die dort festgelegten Tarife nicht unterschritten werden. Die Lohnzahlung erfolgt in der Regel am Monatsende (§ 614 BGB).

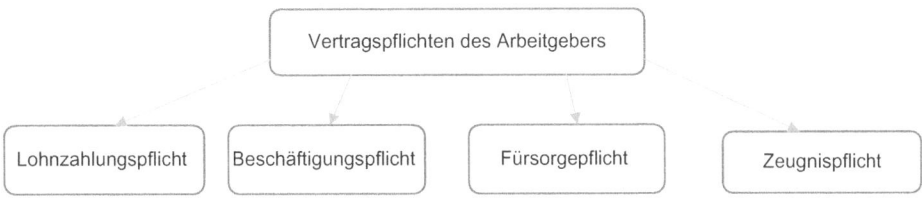

Abb. 3.3 Vertragspflichten des Arbeitgeber. (Quelle: eigene Darstellung)

Man unterscheidet zwischen:

- Zeitlohn
- Leistungslohn
- Zuschlägen (Mehr-, Nacht-, Sonntagsarbeit) / Zulagen (Leistungs-, Gefahren-, Hitzezulagen, etc.)
- Sondervergütungen (Weihnachtsgeld, vermögenswirksame Leistungen, etc.)

Grundsätzlich besteht ein Anspruch auf Lohn nur für geleistete Arbeit.
Ausnahmen:

- vom Arbeitgeber zu vertretender Arbeitsausfall (§ 615 S. 3 BGB) (Arbeitsmangel, Betriebsstörung, etc.)
- Feiertage (§ 2 EFZG in Verbindung mit §§ 9 ff. ArbZG)
- Entgeltfortzahlung im Krankheitsfall (§ 3 EFZG)

▷ Voraussetzungen der Entgeltfortzahlung im Krankheitsfall:

  · seit vier Wochen bestehendes Arbeitsverhältnis (§ 3 Abs. 3 EFZG)
  · unverschuldete Krankheit (§ 3 Abs. 1 S. 1 EFZG)
  · Dauer grundsätzlich bis zu sechs Wochen (§ 3 Abs. 1 S. 1 EFZG)

Beschäftigungspflicht

- Einklagbarer Anspruch des Arbeitnehmers auf Beschäftigung (§§ 611, 613, 242 BGB
- Entsprechend der vereinbarten Tätigkeit
- Geringerwertige Arbeiten nur im Einvernehmen bzw. Notfall
- Schadensersatz bei Nichtbeschäftigung

Fürsorgepflicht
- Angemessene Berücksichtigung der Arbeitnehmerinteressen (zum Beispiel Einrichtung von Spinden)
- Einhaltung der Arbeitsschutz- und Unfallverhütungsvorschriften
- Haftung bei Verletzung der Fürsorgepflicht

Zeugnispflicht
Arbeitgeber haben die Pflicht, ein Zeugnis zu erstellen, § 630 BGB.

3.5.3.2 Vertragspflichten des Arbeitnehmers

Arbeitspflicht (Hauptleistungspflicht)
- Leistung der vereinbarten Arbeit
- Einhaltung der Arbeitszeit
- Ggf. Mehrarbeit
- Beachtung der Weisungen des Arbeitgebers (im Rahmen des Arbeitsvertrages)
- Sorgfaltspflicht bei Arbeit und im Umgang mit Betriebseigentum

Treuepflicht, § 242 BGB
- Wahrnehmung der berechtigten Interessen des Betriebes
- Unterlassen dessen, was den Interessen zuwiderläuft

Beispiel
keine Abwerbung von Kunden, keine Schwarzarbeit, Einhaltung der Verschwiegenheitspflicht, keine Störung des Betriebsfriedens, Meldung von betriebsschädlichen Vorgängen, Wettbewerbsverbot, keine unerlaubten Nebentätigkeiten etc.

3.5.4 Beendigung des Arbeitsverhältnisses

3.5.4.1 Rechtliche Mittel zur Beendigung
- Einvernehmliche Beendigung (Aufhebungsvertrag)
- Ein Aufhebungsvertrag ist jederzeit, auch sofort möglich, sofern die Wirksamkeitsvoraussetzung der Schriftform (!) eingehalten wird (§ 623 BGB).
- Zeitablauf bei wirksam befristeten Arbeitsverträgen
- Kündigung (Abb. 3.4)

Wirksamkeit einer Kündigung
Die Kündigung muss schriftlich erfolgen (§ 623 BGB). Die Schriftform der Kündigung erfordert eine Originalunterschrift, keine E-Mail, SMS und auch kein Fax genügt. Die Kündigung wird wirksam, wenn sie dem anderen zugeht. Dies ist der Fall etwa dann, wenn sie in seinem Briefkasten landet. Ob er sie tatsächlich liest, ist unerheblich. Eine Kündigung kann selbst dann zugehen, wenn der AG weiß, dass der AN im Urlaub ist – der

Abb. 3.4 Kündigungsarten. (Quelle: eigene Darstellung)

AG hat bei unverschuldeter Unkenntnis von der Kündigung aber länger die Möglichkeit, gerichtlich dagegen vorzugehen (§ 5 KSchG). Besteht ein Betriebsrat, muss er unter Mitteilung des Kündigungsgrundes vor der Kündigung angehört werden (§ 102 BetrVG). Hat er Bedenken, muss er sie dem Arbeitgeber innerhalb einer Woche mitteilen. Kündigt der Arbeitgeber dennoch, muss er die Stellungnahme des Betriebsrates dem Arbeitnehmer mitteilen.

Kündigungsfristen (§ 622 BGB)
- Gesetzliche Kündigungsfrist: vier Wochen zum 15./31.
- Während Probezeit von sechs Monaten: 14 Tage (§ 622 Abs. 3 BGB)
- Während Probezeit im Ausbildungsverhältnis jederzeit (§ 22 Abs. 1 BBiG)
- Arbeitgeberkündigung nach längerer Beschäftigung, längere Kündigungsfristen (§ 622 Abs. 2 BGB)

Außerordentliche Kündigung
Jede Seite kann das Arbeitsverhältnis ohne Einhaltung einer Frist sofort kündigen, wenn ihm die Fortsetzung unzumutbar ist (§ 626 BGB).

> **Beispiel**
> zum Beispiel Arbeitnehmer bestiehlt den Arbeitgeber, beschädigt Maschinen; Arbeitgeber beleidigt seinen Mitarbeiter, zahlt den Lohn nicht.

Eine außerordentliche Kündigung wg. Fehlverhalten des AN kann grundsätzlich aber nur erfolgen, wenn er vorher wegen ähnlicher Verstöße abgemahnt wurde (zum Beispiel bei wiederholter Verspätung) oder der Pflichtverstoß außerordentlich gravierend ist (zum Beispiel Diebstahl).

Die fristlose Kündigung muss innerhalb von zwei Wochen erfolgen (§ 626 Abs. 2 BGB). Die Frist läuft ab Kenntnis des Kündigungsgrundes.

Die Kündigung hat zwingend schriftlich zu erfolgen (§ 623 BGB).

Besteht ein Betriebsrat, muss der Arbeitgeber diesen anhören und dieser unverzüglich (maximal drei Tage) schriftlich Stellung nehmen.

3.5.4.2 Abmahnung

Einer verhaltensbedingten Kündigung muss in der Regel eine Abmahnung voraus gehen.

▶ Funktionen einer Abmahnung

- Hinweisfunktion (Der Arbeitnehmer wird auf sein Fehlverhalten hingewiesen; eine genaue Bezeichnung des abgemahnten Verhaltens ist erforderlich!)
- Ermahnungsfunktion (Aufforderung des AN, das Fehlverhalten in Zukunft zu unterlassen.
- Warnfunktion (Androhung einer Kündigung)
- Dokumentationsfunktion (Der Vorgang wird zu Beweiszwecken in der Personalakte dokumentiert.)
- Ob und wie viele Abmahnungen im Einzelfall einer Kündigung vorauszugehen haben, hängt von den Umständen des Einzelfalls ab (zum Beispiel Schwere der Tat, Wiederholungsgefahr, Vorverhalten)

3.5.4.3 Kündigungsschutz

Das Kündigungsrecht des Arbeitgebers ist durch gesetzliche Schutzvorschriften eingeschränkt.

In Unternehmen mit mehr als zehn Arbeitnehmern (§ 23 Abs. 1 S. 2 KSchG) ist die Kündigung eines Arbeitnehmers, der länger als sechs Monate beschäftigt ist (§ 1 Abs. 1 KSchG), unwirksam, wenn sie sozial ungerechtfertigt ist.

▶ Eine Kündigung ist sozial ungerechtfertigt, bei Vorliegen von:

- Personenbedingten Gründen (Gründe in der Person des Arbeitnehmers (zum Beispiel ständige Krankheit))
- Verhaltensbedingten Gründen (Gründe im Verhalten des Arbeitnehmers (zum Beispiel: fortgesetztes vertragswidriges Verhalten))
- Wegen des Grundsatzes der Verhältnismäßigkeit bedarf die Kündigung einer vorherigen Abmahnung
- Betriebsbedingten Gründen (dringende betriebliche Erfordernisse, zum Beispiel dauerhafter Arbeitsengpass). Dabei hat eine soziale Auswahl unter Berücksichtigung von Betriebszugehörigkeit, Lebensalter, Unterhaltspflicht sowie Kenntnissen, Fähigkeiten und Leistungen stattzufinden.

3.5.4.4   Kündigungsschutzklage und Abfindung

Gegen eine sozial ungerechtfertigte Kündigung kann der Arbeitnehmer innerhalb von drei Wochen nach deren Zustellung Klage beim Arbeitsgericht erheben (§ 4 KSchG). Stellt das Gericht fest, dass die Gründe nicht ausreichen, besteht das Arbeitsverhältnis fort. Ist dem Arbeitnehmer die Fortsetzung nicht zumutbar, kann das Arbeitsgericht zur Zahlung einer Abfindung verurteilen (§§ 9 f. KSchG).

3.5.4.5   Besonderer Kündigungsschutz

Einem besonderen Kündigungsschutz unterliegen:

* Betriebsräte und Jugendvertreter
* Wehrpflichtige
* Schwerbehinderte
* werdende Mütter
* Eltern in Elternzeit

3.5.5   Betriebsverfassungsgesetz

In Betrieben mit mindestens fünf wahlberechtigten Arbeitnehmern, von denen mindestens drei wählbar sein müssen, kann ein Betriebsrat gewählt werden. Der Betriebsrat wird alle vier Jahre in der Zeit von März-Mai gewählt (§ 13 BetrVG). Die Durchführung obliegt dem Wahlvorstand (ggf. der Betriebsversammlung, §§ 16 ff. BetrVG).

3.5.5.1   Rechte und Pflichten des Betriebsrates

Die Amtszeit beträgt vier Jahre (§ 21 BetrVG). Während dieser Zeit ist der Betriebsrat unter Fortzahlung des Lohnes von der Arbeit freizustellen,

* wenn und soweit dies zur ordnungsgemäßen Erledigung der Betriebsratstätigkeit erforderlich ist (§ 37 Abs. 2 BetrVG)
* für notwendige Schulungs- und Bildungsveranstaltungen (§ 37 Abs. 4 BetrVG)
* zur Teilnahme an anerkannten Schulungs- und Bildungsveranstaltungen für die Dauer von drei Wochen (§ 37 Abs. 7 BetrVG)

Betriebsratsversammlungen finden vierteljährlich in der Regel während der Arbeitszeit statt. Die Teilnahme ist wie Arbeitszeit zu vergüten. Der Arbeitgeber ist hierzu einzuladen (§§ 42 ff. BetrVG).

3.5.5.2   Zusammenarbeit zwischen Arbeitgeber und Betriebsrat

Arbeitgeber und Betriebsrat sollen unter Beachtung der geltenden Tarifverträge vertrauensvoll und in Zusammenarbeit mit den im Betrieb vertretenen Gewerkschaften und

Arbeitgeberverbänden zum Wohl der Arbeitnehmer und des Betriebes zusammenarbeiten (§ 2 Abs. 1 BetrVG). Der Betriebsfrieden darf nicht gestört werden. Zur Beilegung von Meinungsverschiedenheiten ist die Bildung von Einigungsstellen vorgesehen (§ 76 BetrVG).

3.5.5.3 Mitwirkungs- und Mitbestimmungsrechte des Betriebsrates

- Mitbestimmung in sozialen Angelegenheiten (§ 87 BetrVG): zum Beispiel Ordnung des Betriebes und Verhalten der Arbeitnehmer im Betrieb, Arbeitszeitbeginn, -ende und Pausen, Zeit/Ort/Art der Lohnzahlung,
- Mitwirkung in personellen Angelegenheiten (§§ 92 ff. BetrVG): zum Beispiel Bei der Durchführung betrieblicher Bildungsmaßnahmen hat der Betriebsrat mitzubestimmen
- Anhörung und Zustimmungsrecht bei Kündigungen (s.o., §§ 102 f. BetrVG) in Betrieben mit in der Regel mehr als 20 wahlberechtigten Arbeitnehmern
- Mitbestimmung bei personellen Einzelmaßnahmen (§§ 99 ff. BetrVG)
- Der Betriebsrat ist vor jeder Einstellung, Eingruppierung, Umgruppierung oder Versetzung zu unterrichten
- Mitwirkung in wirtschaftlichen Angelegenheiten (§§ 111 ff. BetrVG), zum Beispiel Einschränkung, Stilllegung, Verlegung des Betriebes.

3.5.6 Arbeitsschutz

Arbeitsschutzgesetze dienen der Sicherheit und der Gesundheit der Beschäftigten bei der Arbeit. Sie sind zwingend und müssen von Arbeitgebern und Arbeitnehmern beachtet werden. Ihre Einhaltung ist mit Bußgeldern und Strafandrohungen bewehrt. Der soziale Arbeitsschutz (Arbeitszeit-, Jugend-, Heimarbeiter-, Mutter-, Schwerbehindertenschutz) regelt vorrangig den Arbeitszeitschutz. Der betriebliche Arbeitsschutz bezweckt den Schutz der Arbeitnehmer vor Gefahren am Arbeitsplatz. Beides wird durch Gewerbeaufsichtsämter bzw. Berufsgenossenschaften überwacht.

3.5.6.1 Arbeitszeitschutz

Durch das Arbeitszeitgesetz werden tägliche Arbeitszeiten und zum Beispiel Ruhepausen zwingend vorgeschrieben.

Eine Arbeitszeit von täglich acht Stunden, wöchentlich 48 (Sechs-Tage-Woche); verlängerbar auf zehn Stunden, wenn innerhalb eines Ausgleichszeitraums von 24 Wochen acht Stunden nicht überschritten werden, ist gesetzlich nach dem ArbZG vorgeschrieben. Weitere Überschreitung sind nur in außergewöhnlichen Fällen, etwa bei drohendem Verderb von Lebensmitteln, möglich, wenn die Situation nicht vom AG herbeigeführt wurde; darüber hinaus zum Beispiel bei unaufschiebbaren Tätigkeiten bei der Pflege von Menschen oder Tieren (§ 14 ArbZG).

Ruhepausen bei einer Arbeitszeit von sechs bis neun Stunden: 30 Minuten; bei einer Arbeitszeit über neun Stunden: 45 Minuten am Stück oder in 15-Minuten-Pausen (§ 4 ArbZG) Ruhezeit: Nach Beendigung der Arbeitszeit mindestens elf Stunden (§ 5 ArbZG).

Nachtarbeit: Nachtzeit 23 bis 6 Uhr (Bäckerei/Konditorei bis fünf Stunden, § 6 ArbZG). Nachtarbeit ist jede Arbeit, die mehr als zwei Stunden der Nachtzeit umfasst. Hier gelten besondere Bestimmungen hinsichtlich Mehrarbeit u. ä. An Sonn- und Feiertagen dürfen Arbeitnehmer nicht beschäftigt werden. Ausnahmen: insbesondere Bäckerei/Konditorei drei Stunden, Gaststätte, Verkehrsgewerbe, Haushalt, Messen, Notfälle (§§ 9 ff. ArbZG).

3.5.6.2   Jugendschutz

Das Jugendschutzgesetz regelt den Schutz der Jugendlichen in der Öffentlichkeit (Filme, Rauchen, Alkoholabgabe etc.). Veranstalter und Gewerbetreibende haben in Zweifelsfällen das Lebensalter zu überprüfen. Bei Verstößen drohen Geldbußen und Strafen. Es gilt für Kinder (unter 15 Jahren) und Jugendliche (unter 18 Jahren). Soweit die Jugendlichen vollzeitschulpflichtig sind, finden die Vorschriften für Kinder Anwendung. Die Beschäftigung von Kindern ist verboten. Ausnahmen: Betriebspraktikum während der Vollschulpflicht; ab 13 Jahren leichte Tätigkeit bis zu zwei Stunden/fünf Tage mit Einwilligung Sorgeberechtigte; ab 15 Jahren maximal vier Wochen/Jahr in den Schulferien bei Vollzeitschulpflicht.

3.5.6.3   Mutterschutz

Im Zusammenhang mit der Mutterschaft bestehen besondere Vorschriften zum Schutze der Arbeitnehmerin und des Kindes:

- Beschäftigungsverbote während der Schwangerschaft
- Mutterschutzlohn (§ 13 MuSchG)
- ärztliche Betreuung
- Schutzfristen sechs Wochen vor, acht Wochen nach Entbindung; sechs Wochen vor der Entbindung kann die werdende Mutter die Arbeit niederlegen (§ 3 Abs. 2 MuSchG), acht Wochen danach darf sie nicht

beschäftigt werden (§ 6 MuSchG; bei Früh-/Mehrlingsgeburt zwölf Wochen).

- Mutterschaftsgeld und Arbeitgeberzuschuss während der Schutzfristen
- Elternzeit bis zum dritten Geburtstag (§§ 15 ff. BEEGG)
- Besonderer Kündigungsschutz (§ 18 BEEG)

3.5.6.4   Schwerbehindertenschutz

Schwerbehinderte (mit einem Grad der Behinderung ab 50 Prozent) und Gleichgestellte (Grad der Behinderung 30 bis 50 Prozent, wenn sie ohne Gleichstellung keinen Arbeitsplatz erlangen/behalten können) sind besonders durch das Schwerbehindertengesetz geschützt (§§ 68 ff. SGB IX). Über den Antrag auf Gleichstellung entscheidet die Bundesagentur für Arbeit. Die Feststellung der Behinderung und deren Grades trifft das Versorgungsamt. Mindestens fünf Prozent der Arbeitsplätze sind mit Schwerbehinderten zu besetzen, sofern der Betrieb mindestens 20 Arbeitsplätze hat (§ 71 SGB IX). Für jeden unbesetzten Platz zahlt der Arbeitgeber eine monatliche Pflichtabgabe (§ 77 SGB IX). Der Arbeitgeber hat Schwerbehinderte entsprechend ihren Fähigkeiten und Kenntnissen zu beschäftigen, sie bei innerbetrieblichen Bildungsmaßnahmen zu bevorzugen, Arbeitsräume und -geräte entsprechend einzurichten und ggf. technische Hilfen bereitzustellen (§§ 81 f. SGB IX). Als Interessenvertretung der Schwerbehinderten wird in Betrieben mit regelmäßig mindestens fünf Schwerbehinderten ein Vertrauensmann gewählt, der dem AG gegenüber die gleichen Rechte besitzt wie ein Betriebsrat (§§ 94 f. SGB IX, insbesondere darf er nicht ohne Weiteres gekündigt werden.)

3.5.6.5 Urlaub

Der Urlaubsanspruch und seine Höhe ergeben sich aus dem Bundesurlaubsgesetz, Jugendarbeitsschutzgesetz, Schwerbehindertengesetz, Tarifvertrag und Einzelarbeitsvertrag.

Die Gesetze regeln Mindestbedingungen:

- Erwachsene 24 Werktage bei Sechs-Tage-Woche (§ 3 BUrlG)
- Jugendliche 25 Werktage (17 Jahre), 27 Werktage (16 Jahre), 30 Werktage (unter 16), § 19 JArbSchG
- Schwerbehinderte fünf Tage zusätzlich (§ 125 SGB IX)

Auch bei längeren Ausfallzeiten (zum Beispiel Krankheit) steht dem Arbeitnehmer grundsätzlich der volle Urlaubsanspruch zu. (vgl. § 10 BurlG).

Krankheit im Urlaub führt zum Erhalt des Urlaubsanspruchs (§ 9 BUrlG).

Der volle Urlaubsanspruch entsteht nach sechs Monaten der Beschäftigung.

Fragen zur Kontrolle:
- Unterliegt der Abschluss eines Arbeitsvertrages einem Schriftformerfordernis?
- Auf welche Arten kann ein Arbeitsverhältnis beendet werden?
- Welche Kündigungsfristen kennen Sie? Nennen Sie vier!
- Nennen Sie die Funktion einer Abmahnung!
- Wie erfolgt die Zusammenarbeit zwischen Arbeitgeber und Betriebsrat?

3.6   Grundzüge des Insolvenzrechts

Gerät eine Unternehmung als auch eine Privatperson in eine wirtschaftliche Schieflage, kommt das Insolvenzrecht (früher „Konkurs") ins Spiel. In einer solchen Situation kann die Insolvenzanmeldung das notwendige Mittel sein, um eine geordnete Abwicklung und den bestmöglichen Gläubigerschutz zu erreichen. Das Insolvenzrecht dient in erster Linie dazu, die Gläubiger eines zahlungsunfähigen und/oder überschuldeten Schuldners gleichmäßig durch Zahlung einer Quote zu befriedigen, § 1 InsO.

3.6.1 Insolvenzgründe

Zur Eröffnung eines Insolvenzverfahrens bedarf es des Vorliegens eines Insolvenzgrundes. In Betracht kommen:

Zahlungsunfähigkeit, § 17 InsO
Ein Schuldner ist zahlungsunfähig, wenn er nicht mehr in der Lage ist, seine fälligen Zahlungspflichten zu erfüllen, § 17 Abs. 2 InsO. Das ist nach höchstrichterlicher Rechtsprechung der Fall, wenn eine Liquiditätslücke von zehn Prozent oder mehr besteht, die innerhalb eines Zeitraums von ca. drei Wochen nicht bzw. nicht mehr vollständig gedeckt werden kann, wobei bei Zahlungseinstellung eine Zahlungsunfähigkeit unterstellt wird.

Drohende Zahlungsunfähigkeit, § 18 InsO
Der Schuldner droht zahlungsunfähig zu werden, wenn er voraussichtlich nicht in der Lage sein wird, seine bestehenden Zahlungspflichten im Zeitpunkt der Fälligkeit zu erfüllen, § 18 Abs. 2 InsO, wobei der Betrachtungszeitraum sehr strittig ist und von wenigen Wochen bis zu mehreren Monaten reicht.

Überschuldung, § 19 InsO
Kommt nur bei juristischen Personen (zum Beispiel GmbH, AG) in Betracht. Überschuldung liegt vor, wenn das Vermögen des Schuldners die bestehenden Verbindlichkeiten nicht mehr deckt, es sei denn, die Fortführung des Unternehmens ist nach den Umständen überwiegend wahrscheinlich, § 19 Abs. 2 InsO.

3.6.2 Antrag und Zuständigkeit und Verfahrenskostendeckung

Die Eröffnung eines Insolvenzverfahrens setzt neben dem Vorliegen eines Insolvenzgrundes zwingend einen Insolvenzantrag beim zuständigen Insolvenzgericht und die Verfahrenskostendeckung voraus.

- Antragstellung kann durch den Schuldner selbst (§ 13 Abs. 1 S. 2 InsO) als auch einen Gläubiger erfolgen (§§ 13 Abs. 1 S. 2, 14 InsO). Der Antrag ist schriftlich bei Gericht einzureichen. Ihm sind besondere Unterlagen beizufügen, wie zum Beispiel ein Gläubigerverzeichnis und im Fall eines Gläubigerantrags bedarf es eines rechtlichen Interesses an der Antragstellung und die Glaubhaftmachung dessen Forderungen.
- Zuständig für das Insolvenzverfahren ist das Amtsgericht als Insolvenzgericht am Wohnort bzw. am Ort des Sitzes (bei Unternehmen) des insolventen Schuldners bzw. am Ort des Mittelpunktes der selbstständigen wirtschaftlichen Tätigkeit, §§ 2, 3 InsO.
- Trotz zulässigem Antrags und Vorliegen eines Insolvenzgrundes wird kein Insolvenzverfahren eröffnet, wenn nicht genügend Masse vorhanden ist, um die Verfahrenskosten (Kosten des Gerichts und des Insolvenzverwalters) zu decken. Es muss genügend

Masse des insolventen Schuldners vorhanden sein, um die Verfahrenskosten zu decken, § 26 InsO. In solchen Verfahren kommt es zur Abweisung des Insolvenzantrags mangels Masse. Die Gläubiger können theoretisch weiterhin versuchen, gegen die Schuldner vorzugehen. Bei Privatschuldnern/Verbrauchern ist die Verfahrenskostenstundung bei entsprechender Antragstellung möglich.

3.6.3   Ablauf des Verfahrens

- Liegen die Eröffnungsvoraussetzungen vor, wird das Insolvenzverfahren durch Beschluss des Gerichts eröffnet und ein Insolvenzverwalter bestellt sowie ein Berichts- und Prüfungstermin für die angemeldeten Forderungen anberaumt, §§ 27 ff. InsO.
- Die einzelnen Gläubiger dürfen nach Ergehen des Eröffnungsbeschlusses keine Zwangsvollstreckungsmaßnahmen gegen den Schuldner mehr betreiben, § 89 InsO.
- Das Verwaltungs- und Verfügungsrecht in Bezug auf das schuldnerische Vermögen geht auf den Insolvenzverwalter über, § 80 InsO. Er nimmt die Insolvenzmasse in Besitz, prüft und verwaltet die Bestände, zieht offene Forderungen ein, beendet schwebende Prozesse, entscheidet über neue bzw. bestehende Verträge, betreibt die Insolvenzanfechtung und holt dadurch Gegenstände/Forderungen/Geldmittel, die in anfechtbarer Weise das Schuldnervermögen verlassen haben, wieder zurück zur Massen.
- Wer als Insolvenzgläubiger am Verwertungserlös teilhaben will, muss seine Forderungen zur Insolvenztabelle anmelden, § 174 Abs. 1 S. 1 InsO. Die Berechtigung der Forderung wird im Prüfungstermin geprüft.
- An die Beendigung des Feststellungsverfahrens schließt sich die Erlösverteilung an, §§ 187 ff. InsO. Danach folgt die Aufhebung des Verfahrens, § 200 InsO,
- Ist der Schuldner eine natürliche Person, muss er spätestens im Berichtstermin einen Antrag auf Restschuldbefreiung gestellt haben, § 287 InsO, über den im Schlusstermin verhandelt und vom Insolvenzgericht entschieden wird, §§ 289 ff. InsO. Kündigt das Gericht die Restschuldbefreiung an, hat der Schuldner das Recht, von seinen restlichen Verbindlichkeiten gegenüber den Insolvenzgläubigern befreit zu werden; dies geschieht in der Regel erst nach einer sechsjährigen Wohlverhaltensphase, die durch bestimmte Umstände abgekürzt werden kann (Abb. 3.5).

3.6.4   Behandlung verschiedener Gläubigerarten

Die Chancen des einzelnen Gläubigers, im Insolvenzverfahren tatsächlich Vermögen zu „retten", hängt maßgeblich von seiner Einstufung ab.

Aussonderungsgläubiger, §§ 47-48 InsO
Das ist die die günstigste Stellung eines Gläubigers, wenn er ein dingliches oder persönliches Recht an einem Gegenstand hat (zum Beispiel Eigentum) fällt dieser Gegenstand

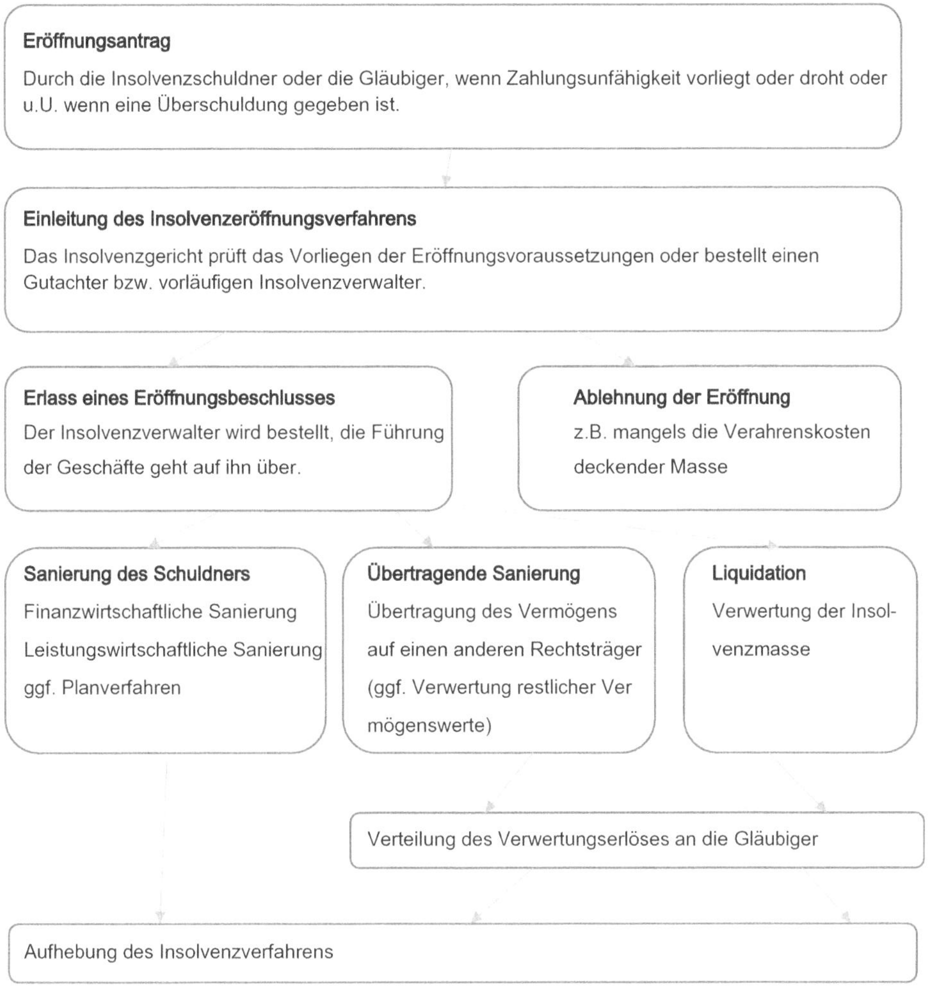

Eröffnungsantrag

Durch die Insolvenzschuldner oder die Gläubiger, wenn Zahlungsunfähigkeit vorliegt oder droht oder u.U. wenn eine Überschuldung gegeben ist.

Einleitung des Insolvenzeröffnungsverfahrens

Das Insolvenzgericht prüft das Vorliegen der Eröffnungsvoraussetzungen oder bestellt einen Gutachter bzw. vorläufigen Insolvenzverwalter.

Erlass eines Eröffnungsbeschlusses

Der Insolvenzverwalter wird bestellt, die Führung der Geschäfte geht auf ihn über.

Ablehnung der Eröffnung

z.B. mangels die Verahrenskosten deckender Masse

Sanierung des Schuldners

Finanzwirtschaftliche Sanierung

Leistungswirtschaftliche Sanierung

ggf. Planverfahren

Übertragende Sanierung

Übertragung des Vermögens auf einen anderen Rechtsträger (ggf. Verwertung restlicher Ver mögenswerte)

Liquidation

Verwertung der Insol- venzmasse

Verteilung des Verwertungserlöses an die Gläubiger

Aufhebung des Insolvenzverfahrens

Abb. 3.5 Ablauf des Insolvenzverfahrens. (Quelle: eigene Darstellung)

nicht in die Insolvenzmasse. Wer zur Aussonderung berechtigt ist, muss seine Forderung nicht zur Tabelle anmelden, sondern kann Herausgabe verlangen.

Absonderungsgläubiger, §§ 49-52 InsO

Absonderungsberechtigt ist, wer bereits zur Zeit der Insolvenzeröffnung einen begründe-ten Anspruch auf vorzugsweise Befriedigung aus einem bestimmten Massegegenstand hat. Das ist zum Beispiel bei Sicherungsrechten (wie Grundschulden, Hypotheken, Pfand-rechten) der Fall. Die Verwertung erfolgt gleich wie außerhalb eines Insolvenzverfahrens bzw. auch durch den Insolvenzverwalter selbst, der den Erlös dann an den Gläubiger unter in der Regel Abzug von Kosten auskehrt, §§ 165 ff. InsO.

Massegläubiger, §§ 53-55 InsO

Hierbei geht es meist um Verfahrenskosten (Gericht, Insolvenzverwalter, Gläubigerausschuss, § 54 InsO) oder um Vertragspartner, die entweder Verträge mit dem Insolvenzverwalter geschlossen haben oder beiderseits noch nicht voll erfüllte Verträge mit dem Schuldner geschlossen haben, für deren Erfüllung sich der Verwalter im Nachgang entscheidet. Massegläubiger müssen ihre Forderungen nicht zur Tabelle anmelden; sie werden aus der Masse bedient, soweit die Masse dazu ausreicht.

Insolvenzgläubiger, § 38 InsO

Insolvenzgläubiger sind jene Gläubiger, die zum Zeitpunkt der Insolvenzeröffnung einen begründeten Vermögensanspruch gegen den Schuldner haben. Sie sind weder absonderungs- noch aussonderungsberechtigt, somit nicht bevorrechtigt, und müssen ihre Forderungen zur Insolvenztabelle anmelden, § 174 Abs. 1 S. 1 InsO. Sie partizipieren in Form einer Quotenzahlung an der Masse, die noch übrigbleibt, wenn alle vorstehenden Gläubiger bedient sind. In der Regel liegt eine Quotenausschüttung bei drei bis fünf Prozent der angemeldeten Forderung.

Fragen zur Kontrolle:
- Nennen und erläutern Sie die gesetzlich normierten Insolvenzgründe!
- Wie und wo erfolgt die Antragstellung auf Eröffnung eines Insolvenzverfahrens?
- Erläutern Sie die Begriffe Aussonderungs- und Absonderungsgläubiger!

3.7   Grundsätze des Wettbewerbsrechts

In Deutschland gilt das Prinzip der Wettbewerbsfreiheit. Es ist damit grundsätzlich jedem erlaubt, sich am wirtschaftlichen Wettbewerb zu beteiligen. Diese Freiheit wird jedoch durch gesetzliche Verbote eingeschränkt. Die Haupteinschränkung des Wettbewerbs erfolgt durch das UWG, das Gesetz gegen den unlauteren Wettbewerb.

3.7.1   Voraussetzungen der Anwendbarkeit des UWG

3.7.1.1   Handeln im geschäftlichen Verkehr

Voraussetzung für die Anwendbarkeit des UWG ist zum einen der Handel im geschäftlichen Verkehr, §§ 2 Abs. 1 Nr. 1, 3 UWG. Der Begriff des „geschäftlichen Verkehrs" ist weit zu fassen. Es setzt weder ein Unternehmen noch einen Betrieb voraus, vielmehr eine Maßnahme, die einen eigenen oder fremden beliebigen Geschäftszweck fördert, wobei eine Gewinnerzielung nicht erforderlich ist. Nicht zum geschäftlichen Verkehr gehören rein private, betriebsinterne oder amtliche Handlungen. Dies gilt somit für rein private Angebote, wie auch für den Verbraucher, im Sinne des § 13 BGB, der Waren erwirbt.

3.7.1.2 Handeln zum Zwecke des Wettbewerbs

Eine weitere Voraussetzung ist ein Handeln zum Zwecke des Wettbewerbs. Dies liegt vor, wenn eine Handlung geeignet ist, den Absatz oder Bezug einer Person zum Nachteil einer anderen Person zu fördern. Der Absatz bezeichnet hierbei die Anbieterseite, der Bezug die Nachfrageseite. Es genügt, wenn durch die Wettbewerbshandlung die Stellung im Wettbewerb irgendwie gefördert wird.

3.7.1.3 Wettbewerbsverhältnis

Zwischen dem Anbieter und dem beteiligten Unternehmen muss ein konkretes Wettbewerbsverhältnis bestehen. Die Beeinträchtigung des fremden Wettbewerbs ist hierfür ausreichend und kann auch bei unterschiedlichen Branchen bestehen.

3.7.2 Ansprüche nach dem UWG

Bei einem Verstoß gegen wettbewerbsrechtliche Bestimmungen besteht ein Anspruch auf Unterlassung und Schadensersatz. Anspruchsberechtigt ist derjenige Mitwettbewerber, der unmittelbar durch die wettbewerbswidrige Handlung betroffen ist. Der Kunde selbst hat keinen Unterlassungsanspruch; wird daher ein Kunde durch eine falsche Werbung getäuscht oder besucht einen Laden auf Grund eines unschlagbar günstigen Angebotes, das jedoch falsch oder irreführend war, kann der Kunde einen Verstoß gegen §§ 4, 5 UWG nicht geltend machen.

Anspruchsgegner bei einer Wettbewerbsverletzung ist derjenige, der an der Wettbewerbsverletzung mitgewirkt hat, der sogenannte wettbewerbsrechtliche Störer. Bei juristischen Personen und Personengemeinschaften wie GmbHs, AGs oder BGB-Gesellschaften, können die gesetzlichen Vertreter, beispielsweise die Geschäftsführer einer GmbH, auf Unterlassung in Anspruch genommen werden. Die Presse ist in der Regel kein Mitstörer. Presseorgane müssen Werbung auf offensichtliche grobe Wettbewerbsverstöße hin überprüfen, eine Haftung darüber hinaus scheidet jedoch aus.

Ein Unterlassungsanspruch verlangt eine sogenannte Wiederholungsgefahr. Diese setzt einen bereits begangenen Wettbewerbsverstoß voraus und ist dann gegeben, wenn der Anspruchsgegner eine außergerichtlich geforderte Unterlassungs-/ Verpflichtungserklärung nicht abgibt.

Die Wiederholungsgefahr entfällt nur durch Einräumung einer angemessenen Vertragsstrafe im Rahmen einer Unterlassungs- und Verpflichtungserklärung. Die Vertragsstrafe hat somit nicht in erster Linie den Sinn, den Abmahnenden zu bereichern, sondern den abgemahnten davon abzuhalten, den Verstoß noch einmal zu wiederholen, § 12 Abs. 1 UWG.

3.7.3 Verjährung von wettbewerbsrechtlichen Ansprüchen

Die Verjährung von wettbewerbsrechtlichen Ansprüchen ergibt sich aus § 11 UWG. Ansprüche verjähren in sechs Monaten von dem Zeitpunkt an, in welchem der Anspruchsberechtigte von der Handlung und von der Person des Verpflichteten Kenntnis erlangt, ohne Rücksicht auf diese Kenntnis in drei Jahren von Beginn der Handlung an.

3.7.4 Abmahnung

3.7.4.1 Begriff

▶ Eine Abmahnung ist eine außergerichtliche Aufforderung, eine wettbewerbswidrige Handlung zu unterlassen. Die außergerichtliche Abmahnung soll dem Störer die Gelegenheit geben, zur Vermeidung eines Rechtsstreits gegenüber dem Anspruchsteller zu erklären, dass er künftig die beanstandete Handlung unterlassen wird, § 12 Abs. 1 UWG.

3.7.4.2 Mögliche Reaktion des Anspruchsgegners auf die Abmahnung

Der Abgemahnte hat drei Möglichkeiten auf die Abmahnung zu reagieren:

- Er gibt die geforderte Unterlassungserklärung ab.
- Er gibt eine geänderte Unterlassungserklärung ab.
- Er gibt keine Erklärung ab.

3.7.5 Gerichtliche Durchsetzung bei Wettbewerbsverstößen

Erfolgt die Abgabe einer Unterlassungserklärung nicht, hat der Wettbewerber die Möglichkeit, gegen den Störer bzw. Abgemahnten gerichtlich vorzugehen. Auf Grund der Eilbedürftigkeit geschieht dies meist im einstweiligen Verfügungsverfahren. Erstrebt wird eine Verurteilung des Abgemahnten, ihm unter Androhung eines Ordnungsgeldes, ersatzweise Haft, bestimmte Handlungen, die wettbewerbswidrig sind, zu untersagen. Ein einstweiliges Verfügungsverfahren ist ein gerichtliches Eilverfahren. Eine Entscheidung ergeht in der Regel ohne mündliche Verhandlung innerhalb weniger Tage, nachdem sie beantragt worden ist. Die einstweilige Verfügung wird wirksam, wenn sie dem Abgemahnten zugestellt wird.

Fragen zur Kontrolle:
- Erläutern sie, wer welche Ansprüche nach dem UWG erheben kann!
- Was ist eine Abmahnung im wettbewerbsrechtlichen Sinn?

3.8 Grundsätze des Gewerberechts

Die GewO regelt die Anforderungen an gewerbliche Tätigkeiten und die Grundlagen staatlicher Gewerbeüberwachung. Sie trifft insbesondere Vorsorge, dass die Ausübung einer gewerblichen Tätigkeit unterbleibt, wenn sie dem Allgemeinwohl zuwiderläuft. Als „Sonderordnungsrecht" bzw. „besonderes Gefahrenabwehrrecht" soll es die Sicherheit des Geschäftsverkehrs garantieren. Geschützt werden die Kunden der Gewerbetreibenden (Verbraucherschutz), die im Gewerbebetrieb Beschäftigten (Arbeitsschutz) und die Geschäftspartner. Dieser Schutz zielt nicht auf das einzelne Arbeitsverhältnis oder singuläre Vertragsbeziehung ab. Diese werden allein im Privatrecht geregelt. Das Gewerberecht verfolgt mit dem Ziel der Sicherheit des Geschäftsverkehrs unmittelbar Zwecke des Gemeinwohls.

3.8.1   Grundsatz der Gewerbefreiheit

Die in § 1 GewO geregelte Gewerbefreiheit ist Leitprinzip des Wirtschaftsverwaltungsrechts, das Beschränkungen der wirtschaftlichen Betätigung nur in engen Grenzen zulässt. Die Gewerbefreiheit ist außerdem Ausprägung des Grundrechts der Berufsfreiheit (Art. 12 Abs. 1 GG, Art. 15 der EU-Grundrechtecharta).

3.8.2   Gewerbebegriff

▶   Ein Gewerbe ist eine erlaubte, auf Dauer angelegte oder fortgesetzte, selbstständige, mit Gewinnerzielungsabsicht betriebene Tätigkeit, die nicht Urproduktion, freier Beruf oder die Verwaltung oder Nutzung eigenen Vermögens ist.

3.8.3   Staatliche Gewerbeüberwachung

§ 1 GewO verweist auf Beschränkungen und Ausnahmen, die in der GewO vorgeschrieben oder zugelassen sind. In Betracht kommen zum einen Verbote von Tätigkeiten oder der Art und Weise ihrer Ausübung (vgl. etwa §§ 56, 147a GewO). Zum anderen ermöglicht die GewO durch besondere Regelungen die effektive Überwachung der gewerblichen Betätigung. Die Ausnahmen und Beschränkungen der Gewerbefreiheit lassen sich nach ihrer Intensität klassifizieren.

- Gewerbliche Tätigkeit
- anzeigepflichtig
- überwachungspflichtig
- genehmigungspflichtig
- ausnahmsweise
- gestattungsfähig
- frei verboten

Etwas vereinfachend lässt sich sagen, dass die Intensität der staatlichen Beschränkungen und Überwachungserfordernisse mit dem Gefahrenpotenzial der gewerblichen Tätigkeit steigt.

3.8.4 Verbotener Gewerbebetrieb

Wirtschaftliche Betätigung kann als solche oder für eine bestimmte Gewerbeart gesetzlich verboten werden.

Beispiel

Der Handel mit Organen und Geweben, die einer Heilbehandlung eines anderen zu dienen bestimmt sind, ist verboten (§ 17 Abs. 1 S. 1 TransplG).

Von solchen Verboten können Ausnahmen gemacht werden, wenn dies gesetzlich vorgesehen ist. Eine Ermächtigung für generelle Ausnahmen von gesetzlichen Verboten im Reisegewerbe enthält § 56 Abs. 2 S. 1 GewO.

3.8.4.1 Behördliches Verbot der Gewerbeausübung

Verboten ist der Betrieb eines Gewerbes auch, wenn die zuständige Behörde den Betrieb eines anzeigepflichtigen Gewerbes untersagt oder die Genehmigung für ein genehmigungspflichtiges Gewerbe versagt. Untersagung und Versagung haben also die gleiche Rechtswirkung, beziehen sich aber auf unterschiedliche gewerbliche Tätigkeiten.

3.8.4.2 Bußgeld

Zugleich könnte ein Bußgeld verhängt werden, vgl. zum Beispiel § 144 Abs. 1 GewO. Die maßgebliche Rechtsgrundlage ist § 35 Abs. 1 Satz 1 GewO.

3.8.5 Unzuverlässigkeit und gewerberechtliche Untersagung

▶ Unzuverlässig ist derjenige Gewerbetreibende, der nach dem Gesamteindruck seines Verhaltens nicht die Gewähr dafür bietet, dass er sein Gewerbe künftig ordnungsgemäß ausüben wird.

Die Prüfung der Unzuverlässigkeit erfolgt in mehreren Schritten:

- Ermittlung von Tatsachen, die auf unzuverlässiges Verhalten schließen lassen,
- Feststellung des Gewerbebezugs dieser Tatsachen,
- Schluss aus diesen Tatsachen auf das künftige Verhalten (Prognose).

▶ Prüfung der Voraussetzungen einer Gewerbeuntersagung

1. Wird ein Gewerbe ausgeübt? (Nur dann ist § 35 GewO überhaupt anwendbar.)
2. Ist der Gewerbetreibende unzuverlässig?
   a. Ermittlung von Tatsachen, welche die Unzuverlässigkeit des Gewerbetreibenden dartun und
   b. Feststellung des Gewerbebezugs dieser Tatsachen
   c. Prognose des künftigen Verhaltens
3. Ist (oder war) die Untersagung zum Schutz der Allgemeinheit oder der im Betrieb Beschäftigten erforderlich?

▷ Rechtsfolge

  1. Untersagung der weiteren Gewerbeausübung
  2. Ermessen hinsichtlich der Modalitäten der Untersagung

▷ Denkbar sind:

  • Vollständige oder auch Teiluntersagung
  • Erstreckung der Untersagung auf eine oder mehrere gewerbliche Tätig-
    keiten

Fragen zur Kontrolle:
• Erläutern sie den Begriff Gewerbe!
• Erläutern Sie, wann von gewerberechtlicher Unzuverlässigkeit gesprochen werden
  kann!

3.9   Gerichtsstände und Gerichtsbarkeit

3.9.1   Gerichtsstände/örtliche Zuständigkeit

Das Gericht, bei dem eine Person ihren allgemeinen Gerichtsstand hat, ist für alle gegen
sie zu erhebenden Klagen zuständig, sofern nicht für eine Klage ein ausschließlicher Gerichtsstand begründet ist, § 12 ZPO.
    Besteht neben dem allgemeinen Gerichtsstand ein besonderer Gerichtsstand, hat der
Kläger die Wahl, ob er Klage am allgemeinen Gerichtsstand erhebt oder auf einen besonderen Gerichtsstand ausweicht, § 35 ZPO. Ist ein ausschließlicher Gerichtsstand gegeben,
geht er allen anderen Gerichtsständen vor. Das heißt, eine Klage am allgemeinen Gerichtsstand wäre dann unzulässig.

Beispiel
Allgemein zuständig für eine Klage gegen eine natürliche Person ist das Gericht, in
dessen Bezirk der Beklagte seinen Wohnsitz hat. Bei juristischen Personen ist der Sitz
der juristischen Person entscheidend. Als Sitz gilt, wenn sich nichts anderes ergibt, der
Ort, an dem die Verwaltung geführt wird. Unter Kaufleuten sind sogenannte Gerichts-
standvereinbarungen nach § 38 ZPO zulässig und üblich.

3.9.2   Gerichtsbarkeit

Die Gerichtsbarkeit (vgl. Abb. 3.6) in Deutschland ist geprägt von einer Vielfalt tätiger
Gerichte.
    Die Amtsgerichte können in zivilrechtlichen Streitigkeiten bis zu einem Wert von
5000 Euro, § 23 Nr. 1 GVG. bzw. in Sonderzuständigkeiten, wie zum Beispiel familien-
oder mietrechtlichen Streitigkeiten angerufen werden.

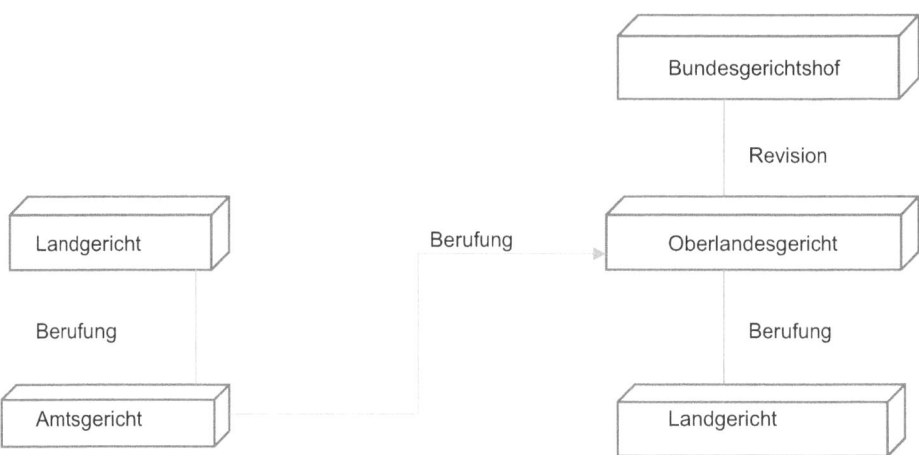

Abb. 3.6 Gerichtsbarkeit. (Quelle: eigene Darstellung)

Die Landgerichte sind grundsätzlich für alle Verfahren mit einem Streitwert von über 5000,00 Euro zuständig. Des Weiteren sind sie als Gericht zweiter Instanz für Berufungen und Beschwerden gegen Entscheidungen der Amtsgerichte zuständig, § 72 GVG.

Die Oberlandesgerichte sind in Zivilsachen in zweiter Instanz zum Beispiel zuständig für Berufungen/Beschwerden gegen Entscheidungen der Landgerichte oder Beschwerden gegen Entscheidungen der Amtsgerichte (in Familiensachen, freiwilliger Gerichtsbarkeit, § 119 GVG.

Der Bundesgerichtshof mit seinem Sitz in Karlsruhe ist das oberste Gericht der Bundesrepublik Deutschland auf dem Gebiet der ordentlichen Gerichtsbarkeit und damit letzte Instanz in Zivil- und Strafverfahren.

Das Bundesverfassungsgericht mit Sitz in Karlsruhe ist das Verfassungsgericht des Bundes. Als Hüter des Deutschen Grundgesetzes hat das Gericht eine Doppelrolle, einerseits als unabhängiges Verfassungsorgan und andererseits als Teil der judikativen Staatsgewalt auf dem speziellen Gebiet des Staats- und Völkerrechts. Obwohl es Entscheidungen anderer Gerichte kontrolliert, gehört es nicht zum Instanzenzug.

Fragen zur Kontrolle:
- Wo befindet sich der allgemeine Gerichtsstand einer natürlichen Person?

3.10   Grundsätze des Steuerrechts

3.10.1 Grundbegriffe

▶ Vereinfacht ausgedrückt sind Steuern Geldleistungen, die von Bund, den Ländern oder Gemeinden erhoben werden und denen keine direkte Gegenleistung gegenübersteht.

Gebühren sind Geldleistungen für besondere Leistungen von öffentlichen Körperschaften oder für die Inanspruchnahme von öffentlichen Einrichtungen, zum Beispiel Verwaltungsgebühren, Nutzungsgebühren. Der Leistungsempfänger hat einen unmittelbaren Vorteil.

Beiträge stellen einen Aufwandsersatz für die mögliche Nutzung einer öffentlichen Einrichtung dar, zum Beispiel IHK-Beitrag, Kurtaxe oder Straßenanliegerbeispiele. Der mögliche Leistungsempfänger hat lediglich einen mittelbaren Vorteil.

Steuerpflichtiger ist derjenige, der durch Steuergesetze zur Steuerzahlung verpflichtet ist. Er unterliegt der Erklärungspflicht (Abgabe einer Steuererklärung) und ggf. der Buchführungspflicht.

Steuerschuldner ist derjenige, der den gesetzlichen Tatbestand der Steuerpflicht zu erfüllen hat (Tab. 3.8).

3.10.2 Für Unternehmen wichtige Steuern

3.10.2.1 Einkommensteuer

Bei der Einkommensteuer handelt es sich um eine Personensteuer auf das Einkommen von natürlichen Personen. Dabei wird zwischen unbeschränkter und beschränkter Steuerpflicht unterschieden.

Ein Steuerpflichtiger ist unbeschränkt steuerpflichtig, wenn er seinen Wohnsitz oder seinen gewöhnlichen Aufenthalt im Inland hat. Er ist beschränkt steuerpflichtig, wenn er seinen Wohnsitz oder gewöhnlichen Aufenthalt nicht im Inland hat und Einkünfte im Inland erzielt.

Tab. 3.8 Übersicht Steuerarten. (Quelle: eigene Darstellung)

Steuerart	Beispiele	Steuerverteilung	Ggf. Aufteilung
Personensteuern	Einkommensteuer, Gewerbesteuer	Gemeinden	Bund, Länder, Gemeinden
Realsteuern	Gewerbesteuer, Grundsteuer	Gemeinden Gemeinden	
Verkehrssteuern	Umsatzsteuer, KfZ-Steuer	Bund	Bund, Länder, Gemeinden
Besitzsteuern	Einkommensteuer, Gewerbesteuer, Körperschaftsteuer	Gemeinden	Bund, Länder, Gemeinden Bund, Länder
Vermögenssteuern	Erbschaftsteuer, Grundsteuer	Länder Gemeinden	
Verbrauchssteuern	Tabaksteuer, Sektsteuer	Bund Bund	
Direkte Steuern	Einkommensteuer Körperschaftsteuer Erbschaftsteuer		Bund, Länder, Gemeinden Bund, Länder, Gemeinden Länder
Indirekte Steuern	Umsatzsteuer		Bund, Länder, Gemeinden

Basis für die Ermittlung der Höhe der Einkommensteuer ist das zu versteuernde Einkommen (vgl. Abb. 3.7) sowie der jeweilige Steuertarif.

Vereinfachtes Schema zur Einkommensermittlung	
Einkünfte aus Land- und Forstwirtschaft (§ 13 EStG)	*Gewinneinkünfte* (Betriebseinnahmen - Betriebsausgaben)
+ Einkünfte aus Gewerbebetrieb (§ 15 EStG)	
+ Einkünfte aus selbständiger Arbeit (§ 18 EStG)	
+ Einkünfte aus nichtselbständiger Arbeit (§ 19 EStG)	*Überschusseinkünfte* (Einnahmen - Werbungskosten)
+ Einkünfte aus Kapitalvermögen (§ 20 EStG)	
+ Einkünfte aus Vermietung und Verpachtung (§ 21 EStG)	
+ Sonstige Einkünfte (§ 22 EStG)	
= **Summe der Einkünfte**	
- Altersentlastungsbetrag (§ 24a EStG)	
- Entlastungsbetrag für Alleinerziehende (§ 24b EStG)	
- Freibetrag für Land- und Forstwirte (§ 13 Abs. 3 EStG)	
= **Gesamtbetrag der Einkünfte**	
- Verlustabzug (§ 10d EStG)	
- Sonderausgaben (§§ 10 – 10c EStG)	
- Außergewöhnliche Belastungen (§§ 33 – 33b EStG)	
= **Einkommen**	
- Kinderfreibetrag (§ 32 Abs. 6 EStG)	
= **Zu versteuerndes Einkommen – Ermittlung der Einkommensteuer**	

Abb. 3.7 Ermittlung des zu versteuernden Einkommens (Einkommensteuer). (Quelle: eigene Darstellung)

Im Rahmen der Veranlagung zur Einkommensteuer sind folgende Veranlagungsarten zu unterscheiden:

- Einzelveranlagung für Alleinlebende
- Zusammenveranlagung bei Ehegatten
- Getrennte Veranlagung bei Ehegatten auf Wunsch

Bei der getrennten Veranlagung sowie bei der Einzelveranlagung erfolgt die Steuerermittlung auf Basis der Grundtabelle, bei der Zusammenveranlagung wird die Splittingtabelle angewendet. Der Einkommensteuertarif ist progressiv gestaltet. Die Steuerlast steigt ab dem Grundfreibetrag mit dem Einkommen überproportional an. Lediglich bei Einkünften ab 53.667,00 Euro bis 254.446,00 Euro liegt der Steuersatz gleichbleibend bei 43 Prozent (Proportionalzone I); ab 254.447,00 Euro erhöht sich der Einkommensteuer-satz auf 45 Prozent (Proportionalzone II). Die hier genannten Beträge verdoppeln sich bei zusammen veranlagen Ehegatten.

Besondere Formen der Erhebung der Einkommensteuer ist der Steuerabzug vom Gehalt bzw. Lohn sowie von Kapitalerträgen. Die Höhe der Lohnsteuer richtet sich u. a. nach der Lohnsteuerklasse.

Es werden folgende Lohnsteuerklassen unterschieden:

- Lohnsteuerklasse I für Ledige oder dauernd getrennt Lebende
- Lohnsteuerklasse II für Ledige oder dauernd getrennt Lebende mit Anspruch auf den Entlastungsbetrag
- Lohnsteuerklasse III für Verheiratete auf beiderseitigen Antrag (in der Regel für den besser verdienen Ehepartner relevant)
- Lohnsteuerklasse IV für Verheiratete
- Lohnsteuerklasse V Verheiratete, wenn der Ehepartner in Lohnsteuerklasse III zugeordnet wurde
- Lohnsteuerklasse VI wenn ein Arbeitnehmer zwei Beschäftigungsverhältnisse habt (für das zweite Beschäftigungsverhältnis)

Bei Kapitalerträgen wird die Kapitalertragsteuer in Höhe von 25 Prozent durch die auszahlende Stelle unter Berücksichtigung eines möglichen Freistellungsauftrages im Rahmen des Sparer-Pauschbetrages (801,00 Euro bzw. 1602,00 Euro) an das Finanzamt abgeführt.

Sonderausgaben sind bestimmte Aufwendungen für den privaten Lebensbereich, die das zu versteuernde Einkommen vermindern. Es wird zwischen unbeschränkt abzugsfähigen und beschränkt abzugsfähigen Sonderausgaben unterschieden.

- **Unbeschränkt abzugsfähige Sonderausgaben:** zum Beispiel Beiträge zur gesetzlichen Rentenversicherung, Kirchensteuern
- **Beschränkt abzugsfähige Sonderausgaben:** zum Beispiel Unterhaltsleistungen, Aufwendungen zur Berufsausbildung Vorsorgeaufwendungen durch Versicherungsbeiträge

Außergewöhnliche Belastungen sind Aufwendungen, denen sich der Steuerpflichtige aus rechtlichen, tatsächlichen oder sittlichen Gründen nicht entziehen kann. Diese mindern dann ebenfalls das zu versteuernde Einkommen. Dabei ist jedoch bei bestimmten Aufwendungen (zum Beispiel Krankheitskosten) ein zumutbarer Eigenanteil zu berücksichtigen. Ferner dürfen diese Aufwendungen keine Betriebsausgaben oder Werbungskosten sein.

3.10.2.2 Körperschaftsteuer

Die Körperschaftssteuer ist eine Steuer auf den Gewinn von juristischen Personen und wird ebenfalls auf ein zu versteuerndes Einkommen (vgl. Abb. 3.8) bezogen. Der Körperschaftsteuersatz beträgt derzeit 15 Prozent.

3.10.2.3 Gewerbesteuer

Die Gewerbesteuer wird auf das Einkommen eines Gewerbebetriebes bezogen.

Ein Gewerbebetrieb bei einem Einzelunternehmer oder einer Personenhandelsgesellschaft liegt u. a. vor, wenn eine selbstständige Tätigkeit mit Gewinnerzielungsabsicht ausgeübt wird und diese Tätigkeit auf Dauer angelegt ist. Kapitalgesellschaften sind immer Gewerbebetriebe.

Basis für die Ermittlung ist der Gewerbeertrag. Der Steuermessbetrag wird von Finanzamt festgestellt. Den Hebesatz legt die Gemeinde fest (Abb. 3.9).

Vereinfachtes Schema zur Einkommensermittlung

    Handelsbilanzergebnis (§ 7 Abs. 4, § 8 Abs. 1 KStG)

+/- Bilanzsteuerrechtliche Korrekturen (§ 60 Abs. 2 EStDV, §§ 5-7 EStG)

=   **Steuerbilanzergebnis**

-   Steuerfreie Erträge (z.B. § 8b KStG)

+   Nicht abziehbare Aufwendungen (u.a. gem. §10 KStG)

+   Verdeckte Gewinnausschüttungen (§ 8 Abs. 3 KStG, § 8a KStG)

-   Verdeckte Einlagen

-   Abziehbare Spenden

=   **Gesamtbetrag der Einkünfte**

-   Verlustabzug (§§8c und d KStG i.V.m. § 10d EStG)

=   **Zu Versteuerndes Einkommen**

Abb. 3.8 Ermittlung des zu versteuernden Einkommens (Körperschaftsteuer). (Quelle: eigene Darstellung)

Vereinfachtes Schema zur Ermittlung der Gewerbesteuer

   Gewinn nach EStG und KStG

+   Hinzurechnungen gem. § 8 GewStG

-   Kürzungen gem. § 9 GewStG

=   **Gewerbeertrag gem. §§ 6 und 7 GewStG**

-   Gewerbeverlust gem. § 10a GewStG

-   Freibetrag gem. § 11 Abs. 1 Nr. 1 GewStG (24.500,00 Euro für Personen-handelsgesellschaften und Einzelunternehmen)

=   **Maßgeblicher Gewerbeertrag * Steuermesszahl**

=   **Steuermessbetrag * Hebesatz der Gemeinde**

=   **Gewerbesteuer**

Abb. 3.9 Ermittlung der Gewerbesteuer. (Quelle: eigene Darstellung)

3.10.2.4 Weitere Steuerarten

Umsatzsteuer

Die Umsatzsteuer ist eine Verbrauchssteuer, die im allgemeinen Sprachgebrauch auch Mehrwertsteuer genannt wird. Für viele Unternehmen stellt die Umsatzsteuer einen „durchlaufenden" Posten dar. Aus den Verkäufen von Gütern bzw. Dienstleistungen vereinnahmt der Unternehmer die Umsatzsteuer. Diese darf er mit der gezahlten Umsatzsteuer (Vorsteuer) verrechnen und führt nur den Mehrbetrag an das Finanzamt ab, bzw. bekommt die zu viel gezahlte Umsatzsteuer (Vorsteuer) erstattet. Diese so genannte Umsatzsteuervoranmeldung hat grundsätzlich monatlich bis zum 10. des Folgemonats zu erfolgen. Der allgemeine Umsatzsteuersatz beträgt 19 Prozent; reduziert sieben Prozent zum Beispiel für Lebensmittel, Bücher oder Hotelübernachtungen.

Grundsteuer

Die Grundsteuer wird auf Immobilieneigentum bezogen. Die Basis bilden der Einheitswert, die Steuermesszahl und der Hebesatz der jeweiligen Gemeinde.

   Jahresgrundsteuer = Einheitswert * Steuermesszahl * Hebesatz

Den Hebesatz legt die Gemeinde fest, die Steuermesszahl richtet sich nach der Grundstücksart (zum Beispiel 3,5 Promille bei Eigentumswohnungen, 3,1 Promille für Zweifamilienhäuser) und wird in den §§ 14 und 15 GrStG geregelt.

Grunderwerbsteuer

Die Grunderwerbsteuer fällt grundsätzlich beim Erwerb eines inländischen Grundstückes an. Sie beträgt je nach Bundesland zwischen 3,5 Prozent (zum Beispiel in Sachsen) und

6,5 Prozent (zum Beispiel in Brandenburg) des jeweiligen Kaufpreises gem. notariellem Kaufvertrag. Davon ausgenommen sind zum Beispiel Schenkungen und Erbschaften oder der Erwerb von nahen Angehörigen.

Erbschaft- und Schenkungsteuer
Im Rahmen von Erbschaften oder Schenkungen fällt auch hier eine Steuerpflicht an. Durch verschiedene Steuerbefreiungen (Bestimmtes Betriebsvermögen oder Familienheim) sowie Freibeträge anhand von drei Steuerklassen ist jedoch nicht das gesamte vererbte bzw. verschenkte Vermögen zu versteuern.

3.10.3 Abgabenordnung

Die Abgabenordnung enthält Bestimmungen, die für Einzelsteuergesetze anwendbar sind. Sie stellt quasi als „Mantelgesetz" auch den allgemeinen Teil des materiellen Steuerrechtes dar.

In der Abgabenordung werden zum Beispiel folgende Sachverhalte geregelt:

- Steuerermittlung
- Steuerfestsetzung
- Steuererhebung
- Vollstreckung

Besondere Aspekte der Abgabenordnung:
Verwaltungsakte (Steuerbescheide sind typische Verwaltungsakte)

Ein wirksamer Steuerverwaltungsakt muss inhaltlich hinreichend bestimmt sein und demjenigen, für den er relevant ist oder der von ihm betroffen wird, bekannt gegeben worden sein. Diese Personen können sein:

- Inhaltsadressat (an wen richtet sich der Bescheid?)
- Bekanntgabeadressat (zum Beispiel Gesetzliche Vertreter)
- Empfänger (zum Beispiel bevollmächtigter Steuerberater)

Eine Bekanntgabe kann schriftlich, elektronisch, mündlich oder durch schlüssiges Handeln erfolgen. Er gilt am Zustellungstag als zugestellt. Der Zustellungstag bei Zustellung durch gewöhnlichen Brief oder durch Einschreibebrief ermittelt sich wie folgt:

Versandtag + drei Tage = Zustelltag

Mit dem Zustelltag beginnt auch die Einspruchsfrist.

Verspätete Zahlung/Nicht-Zahlung
Maßnahmen der Finanzämter:

- Zwangsvollstreckung bei Nichtzahlung
- Verspätungszuschläge bei verspäteter Abgabe von Steuererklärungen (bis maximal zehn Prozent der festgesetzten Steuer)

- Säumniszuschläge bei verspäteter Zahlung der Steuerschuld (ein Prozent des Steuerbetrages je Monat)
- Ferner sind Stundungen bzw. Ratenzahlung möglich.

3.11 Aufgaben

Aufgabe 1

Das Unternehmen Atos GmbH will von der Bull AG ein Grundstück erwerben. Beide vereinbaren mündlich im Beisein von Zeugen einen Kaufpreis von 250.000 EUR. Zur Einsparung von Grunderwerbsteuer und Notarkosten, geben sie im Notartermin einen Kaufpreis von nur 150.000 EUR an. Der notarielle Grundstückskaufvertrag wird mit der Kaufvertragssumme von 150.000 EUR beurkundet

Die Bull AG fordert die Atos GmbH zur Zahlung des Kaufpreises auf. Daraufhin überweist die Atos GmbH einen Betrag von 150.000 EUR mit dem Hinweis auf den notariellen Kaufvertrag. Nach Auflassung und Eigentumseintragung ist die Bull AG entsetzt und fordert die Restsumme von 100.000 EUR. Die Atos GmbH beruft sich auf die mündlich unter Zeugen erfolgte Kaufpreisvereinbarung und die erfolgte Grundbucheintragung, wonach das Eigentum bereits übergegangen sei.

Erläutern Sie unter Nennung der einschlägigen Rechtsnormen ob,

a. die Atos GmbH eine Pflicht aus dem notariellen Kaufvertrag zu erfüllen hatte,
b. die Bull AG aufgrund der mündlichen Vereinbarung die Restsumme von 100.000 EUR fordern kann.

Aufgabe 2

Der Vorstand Herr Kaiser der Cäsar AG beauftragt seine Mitarbeiterin Frau Vogt, im Internet günstige Druckerpatronen zu suchen und 50 Stück hiervon für das Unternehmen zu bestellen. Frau Vogt bestellt nach entsprechender Recherche 50 Druckerpatronen bei Einzelunternehmen Paul Patrone e.K,. Nach Lieferung und Bezahlung der Druckerpatronen stellt sich heraus, dass die gesamte Ware beschädigt ist und die Druckerpatronen ausgetrocknet sind.

a. Welche Rechte hat der Käufer nach BGB bei Mangelhaftigkeit der Kaufsache? Benenne Sie fünf Rechte!
b. Unterstellen Sie, dass es sich um ein beiderseitiges Handelsgeschäft handelt. Erläutern Sie die besonderen Pflichten der Cäsar AG nach HGB hinsichtlich der möglicherweise mangelhaften Kaufsache!
c. Was ist die rechtliche Folge nach HGB, wenn die Cäsar AG diese Pflichten bezüglich der mangelhaften Sache gegenüber Paul Patrone e.K. nicht erfüllt?

Frau Vogt konnte den Mangel trotz eingehender Prüfung nach Lieferung nicht entdecken und bemerkte ihn erst beim Einsetzen in den Drucker. Welche Verpflichtung nach HGB hat die Cäsar AG zur Wahrnehmung ihrer Rechte gegenüber dem Verkäufer.

Aufgabe 3

Herr Pleite betreibt als e.K. einen kleinen Imbiss. Die Gäste bleiben jedoch aus und die Einnahmen gehen zurück und seine Verbindlichkeiten steigen an. Herr Pleite überzieht sein Geschäftskonto bei seiner Hausbank bereits seit Wochen. Die Hausbank sperrt sein Konto, so dass Herr Pleite keine Zahlungen mehr leisten kann

a. Benennen Sie die Eröffnungsgründe für ein Insolvenzverfahren mit Angabe der Rechtsnormen! Welcher Eröffnungsgrund liegt bei Herrn Pleite vor?
b. Wie und bei welcher Stelle hat Herr Pleite die Einleitung des Insolvenzfahrens zu veranlassen?
c. Erläutern Sie drei Wirkungen des gerichtlichen Eröffnungsbeschlusses!

Aufgabe 4

Der Kaufmann Listig e.K. hatte am 15.03.2018 die Prokura seine Prokuristen Herrn Pfiffig widerrufen. Der Widerruf wurde am 22.03.2018 ins Handelsregister eingetragen und bekannt gemacht. Am 20.03.2018 kaufte Pfiffig für Listig von dem Lieferanten Herrn Gläubig, dem der Widerruf der Prokura nicht bekannt war, Ware für 20.000 EUR, die am 21.03.2018 geliefert und von Pfiffig an diesem Tag entgegengenommen wurde. Pfiffig hatte den Kaufvertrag im Namen des Kaufmanns Listig e.K. als dessen Prokurist mit Herrn Gläubig abgeschlossen

a. Wie hätte Herr Pfiffig seine Position als Prokurist bei Vertragsabschluss kenntlich machen müssen?
b. Erläutern Sie, ob Kaufmann Listig e.K. zur Zahlung von 20.000 EUR an Herrn Gläubig verpflichtet ist!
c. Welche weiteren unselbständigen betriebsinternen Hilfspersonen des Kaufmanns gibt es noch im HGB?

Aufgabe 5

Im Wirtschaftsleben kommt es oft zu Verstößen gegen das Wettbewerbsrecht

a. Geben Sie vier mögliche gesetzliche Rechtsfolgen an, die bei einem Wettbewerbsverstoß in Betracht zu ziehen wären!
b. Gegen wen können Ansprüche nach dem UWG erhoben werden? Nennen Sie zwei!

4

Andreas Braun

4.1 Einordnung von Unternehmen

Betriebe sind (neben den Haushalten) die wichtigsten **Wirtschaftssubjekte** der Betriebswirtschaft. Als Wirtschaftssubjekte werden die am Wirtschaftsgeschehen beteiligten Ak-
teure bezeichnet. **Haushalte** konsumieren zur Deckung des eigenen Bedarfs Güter und
werden deshalb der Konsumtionswirtschaft zugerechnet. **Betriebe** dagegen produzieren
zur Deckung fremder Bedarfe Güter und gehören somit zur Produktionswirtschaft.

Private Betriebe werden auch **Unternehmen** genannt. Davon sind **öffentliche Betriebe**
wie Theater, Museen oder kommunale Wasserversorger oder Verkehrsbetriebe abzugrenzen.

Unternehmen zeichnen sich durch drei Prinzipien aus:

- **Prinzip des Privateigentums:** Unternehmen befinden sich mehrheitlich im Eigentum
  von Privatpersonen bzw. anderen Unternehmen;
- **Autonomie-Prinzip:** Unternehmen können Entscheidungen weitgehend unabhängig
  von staatlicher Einmischung treffen;
- **Erwerbswirtschaftliches Prinzip:** Unternehmen streben in der Regel das Ziel der Gewinnmaximierung an (= Rentabilität).

A. Braun (✉)
Berlin, Deutschland

© Springer Fachmedien Wiesbaden GmbH, ein Teil von Springer Nature 2019
O. Fischer, A. Braun (Hrsg.), *Wirtschaftsbezogene Qualifikationen*,
https://doi.org/10.1007/978-3-658-12946-0_4

Aufgabe von Unternehmen ist das **Wirtschaften**, das heißt die Umwandlung von Input- in Outputfaktoren im Rahmen des Leistungserstellungsprozesses. Unter **Inputfaktoren** werden unter anderem Mitarbeitern, Maschinen, Material und Zeit und unter **Outputfaktoren** die hergestellten Güter (= Produkte und Dienstleistungen) verstanden. Diese Transformation soll in möglichst vorteilhafter Weise erfolgen.

Unternehmen orientieren sich dabei an zwei unterschiedlichen **ökonomischen Prinzipien**:

- **Maximum-Prinzip:** Erzeuge ein möglichst großes Output mit einem gegebenen Input.
- **Minimum-Prinzip:** Erzeuge mit minimalem Input ein zuvor festgelegtes Output.

Diese beiden Varianten werden im so genannten **Optimum-Prinzip** kombiniert, das einen möglichst großen Unterschied zwischen den beiden variablen Faktoren Input und Output anstrebt.

Unternehmen verfolgen (neben der Gewinnmaximierung) **ein Bündel weiterer Ziele**, die sowohl quantitativ (in Form von Zahlen, zum Beispiel Umsatz und Gewinn) als auch qualitativ (anhand von Merkmalen – zum Beispiel Zufriedenheit der Mitarbeiter) sind. Es werden unterschieden:

- Erfolgsziele (zum Beispiel Produktivität und Wirtschaftlichkeit),
- Finanzziele (zum Beispiel Liquidität und Kreditwürdigkeit),
- Produkt-/Marktziele (zum Beispiel Umsatzentwicklung, Kundenzufriedenheit),
- soziale Ziele (zum Beispiel Mitarbeiterzufriedenheit) und
- ökologische Ziele (zum Beispiel Umweltschutz und Ressourcenschonung).

Zum Teil ergänzen sich diese Ziele (= Zielkomplementarität); zum Teil bestehen zwischen den Zielen keine Wechselwirkungen (= Zielneutralität); zum Teil widersprechen sich diese Ziele (= Zielkonkurrenz).

Unternehmen können nach unterschiedlichen Kriterien eingeteilt werden. Die wichtigste Unterscheidung findet anhand der Größe statt (vgl. Tab. 4.1).

Unternehmen können im Kern zwei unterschiedliche **Orientierungen** verfolgen: Der eine nennt sich Shareholder-Ansatz (englisch für Kapitaleigner oder Aktieninhaber), der andere Stakeholder-Ansatz (englisch für Akteur oder Interessengruppe).

- Im **Shareholder-Ansatz** liegt das Hauptaugenmerk und damit die übergeordnete Zielsetzung darauf, die Interessen der Eigner zu verfolgen, im Beispiel von Aktiengesellschaften die Kurse zu steigern und Dividenden auszuschütten.

Tab. 4.1 Unterscheidung von Unternehmen nach Größe. (Quelle: eigene Darstellung)

Unternehmenstyp	Beschäftigte	Umsatzerlöse	Bilanzsumme
Kleinstunternehmen	< 10 Mitarbeiter	≤ 2 Mio. Euro	≤ 2 Mio. Euro
Kleine Unternehmen	< 50 Mitarbeiter	≤ 10 Mio. Euro	≤ 10 Mio. Euro
Mittlere Unternehmen	< 250 Mitarbeiter	≤ 50 Mio. Euro	≤ 43 Mio. Euro

- Der **Stakeholder-Ansatz** hat zum Ziel, die Bedürfnisse alle Interessengruppen zu berücksichtigen, die die Geschäftstätigkeit von Unternehmen beeinflussen oder von ihr beeinflusst werden. Damit umfasst der Stakeholder-Ansatz nicht nur Kapitaleigner und Aktieninhaber, sondern auch Mitarbeiter, Kunden, Lieferanten und die gesamte Öffentlichkeit.

4.2   Einordnung von Führung

Der Begriff der Führung kann sowohl funktional als auch institutionell verstanden werden:

- Das funktionale Führungsverständnis beinhaltet alle Aufgaben und Handlungen zur zielorientierten Gestaltung, Lenkung und Entwicklung eines Unternehmens.
- Das institutionelle Führungsverständnis umfasst alle Personen oder Gruppen innerhalb eines Unternehmens, die mit Weisungsbefugnissen ausgestattet sind.

Im deutschsprachigen Raum wird der Begriff der Führung zunehmend durch die angloamerikanischen Bezeichnungen Leadership und Management abgelöst.

- Leadership umfasst die Entwicklung von Visionen und langfristigen Strategien und wird vor allem dem Bereich Personal- bzw. Mitarbeiterführung zugeordnet.
- Management beschreibt die Entwicklung und Umsetzung von kurz- bis mittelfristigen Strategien und wird den Bereichen Planung, Organisation und Kontrolle zugerechnet.

Im Idealfall ergänzen sich Leadership und Management als mit einander verzahnte, wechselseitige Aufgaben in einem Unternehmen. In diesem Fall spricht man von Unternehmensführung, definiert als die Gesamtheit aller Aufgaben und Handlungen zur zielgerichteten Planung/Kontrolle (= Controlling), Organisation und Führung eines Unternehmens.

Zur Ausgestaltung der Führungsaufgaben stehen eine Vielzahl von Methoden und Instrumente zur Verfügung. Die wichtigsten sind die Unternehmensverfassung und die Managementsysteme.

Mit der **Unternehmensverfassung** (= Corporate Governance), die in vielerlei Hinsicht einer Staatsverfassung gleicht, geben sich die Unternehmen einen Ordnungsrahmen zur Leitung und Kontrolle. Sie ist ein System aus Regelungen für die Leitung und die Überwachung von Unternehmen und entwickelt damit den Handlungsrahmen für die Unternehmensführung. In ihr sind festgelegt:

- die Grundrechte und -pflichten der Unternehmensmitglieder (das heißt Anteilseigner, Mitarbeiter, Manager),
- Aufbau, Struktur und Rechte der Unternehmensorgane (insbesondere Vorstand, Aufsichtsrat und Hauptversammlung bei Aktiengesellschaften) und
- die Ziele des Unternehmens (zum Beispiel Gewinn, Liquidität, etc.).

Seit 2001 gibt es einen **Deutschen Corporate Governance Kodex** – allerdings mit lediglich empfehlendem Charakter. Jedoch sind insbesondere börsennotierte Aktiengesellschaften gesetzlich verpflichtet, anzugeben, ob sie die Empfehlungen einhalten bzw. wo sie von ihnen abweichen.

Führungskräfte bedienen sich unterschiedlicher Instrumente zur Umsetzung der Unternehmensziele. Diese Methoden werden als **Managementsysteme** bezeichnet und umfassen die Planung betrieblicher Abläufe, die Ausführung dieser Abläufe entsprechend der Planung, die Erfolgskontrolle und, wenn nötig, die Korrektur bei Abweichungen zwischen Soll- und Ist-Zustand. Nach dem englischen Plan, Do, Check, Act (deutsch: planen, ausführen, überprüfen, handeln) wird dieses Vorgehen auch als PDCA-Zyklus mit vier aufeinanderfolgenden Schritten bezeichnet.

1. **Plan** (= planen) umfasst das Erkennen von Verbesserungsmöglichkeiten, die Analyse des Ist-Zustands und die Entwickelung eines Soll-Konzeptes.
2. **Do** (= ausführen) bedeutet die Umsetzung bzw. Implementierung des Konzepts mit schnell realisierbaren, einfachen Mitteln in einem Teilbereich des Unternehmens.
3. **Check** (= überprüfen) beinhaltet die sorgfältige Überprüfung der durch die Veränderung gewonnenen Resultate und die Vorbereitung für die Umsetzung für weitere Bereiche.
4. **Act** (= handeln) umfasst die Umsetzung bzw. Implementierung des Konzepts auf weitere Bereiche des Unternehmens.

Abhängig vom Einsatzbereich der **Managementsysteme** werden Qualitäts-, Umwelt-, Datenschutz-, Arbeitsschutz- und Sicherheitsmanagement unterschieden.

* **Qualitätsmanagement** (QM) umfasst alle Tätigkeiten zur Sicherung der Produkt- und Prozessqualität. Die Regeln sind in den Normen DIN/ISO 9001:2000 festgelegt. Zu den Aufgaben des QM gehören die Qualitätsplanung, -lenkung, -prüfung und -verbesserung.
* **Umweltmanagement** beschäftigt sich mit den betriebswirtschaftlichen Fragen des Umweltschutzes. Zu den wichtigsten Grundsätzen des Umweltmanagements gehören das Vorsorgeprinzip (= Vorbeugung gegen das Auftreten von Umweltschäden) und das Verursacherprinzip (= Tragen der Kosten für Umweltschäden).
* **Datenschutzmanagement** beinhaltet alle Maßnahmen, die darauf abzielen, die Integrität, Vertraulichkeit und Verfügbarkeit von Daten eines Unternehmens zu sichern. Ziel dabei ist vor allem der Schutz von personenbezogenen Daten.
* **Arbeitsschutzmanagement** befasst sich mit allen Maßnahmen, die darauf abzielen, den Arbeitsschutz, die Arbeitssicherheit und den Gesundheitsschutz im Arbeitsplatz zu gewährleisten, um somit zum Beispiel Unfälle am Arbeitsplatz zu verhindern.
* **Sicherheitsmanagement** bezieht sich auf alle Maßnahmen zur Erkennung, Analyse, Bewertung, Überwachung und Kontrolle von Risiken.

4.3   Controlling

Controlling beinhaltet alle **Planungs- und Kontrollaktivitäten**, die zur Steuerung eines Unternehmens notwendig sind.

Controlling bezieht sich auf die

- Koordination der strategischen, taktischen und operativen Planung,
- Kontrolle der Ist- von den Soll-Werten und gegebenenfalls Anpassung

Ebenen und Merkmale der Planung

Planung umfasst die Gesamtheit zielorientierten Aktivitäten, die dazu dienen, einen lang-fristigen, nachhaltigen Wettbewerbsvorteil für das Unternehmen zu erzielen. Ein Wettbe-werbsvorteil wird definiert als ein aus Sicht der Kunden wahrgenommenes Leistungs-merkmal, das von den Wettbewerbern nicht geboten wird und für das die Kunden bereit sind, etwas zu bezahlen.

Es wird in Abhängigkeit vom Zeithorizont sowie Differenzierungs- und Detailierungs-grad zwischen strategischer, taktischer und operativer Planung unterschieden.

Die Unterteilung in drei Planungshorizonte spiegelt wider, dass sich strategische, ope-rative und taktische Planung in einem Über- und Unterordnungsverhältnis befinden und letztlich aufeinander aufbauen bzw. von einander abgeleitet werden:

- Die strategische Planung bezieht sich auf einen Zeithorizont von mehr als fünf Jahren und drückt die langfristigen grundlegenden Zielsetzungen der Top-Management-Ebene aus. Beispielhaft dafür ist die Entwicklung neuer Produkte und Absatzmärkte.
- Die taktische Planung betrachtet in der Regel einen Zeitraum von zwei bis fünf Jahren und entsteht aus der Übersetzung der strategischen Planung in detaillierte Teilpläne durch das Middle-Management. Beispiele dafür sind Investitions- oder Produktpro-grammplanung.
- Die operative Planung setzt sich aus vielen, sehr detaillierten Teilplänen zusammen, die in der Regel einen Planungshorizont von einem Jahr nicht überschreiten und vom Lo-wer Management entwickelt und umgesetzt werden, zum Beispiel die Kapazitätenpla-nung in der Produktion (Tab. 4.2).

Im Folgenden werden die **strategische und operative Planung** genauer betrachtet.

Tab. 4.2 Planungsebenen. (Quelle: eigene Darstellung)

	Strategische Planung	Taktische Planung	Operative Planung
Zeithorizont	langfristig (> 5 Jahre)	mittelfristig (1–5 Jahre)	kurzfristig (< 1 Jahr)
Differenzierungsgrad	Gesamtplan	wenige Teilpläne	viele Teilpläne
Detaillierungsgrad	niedriger Detailgrad	mittlerer Detailgrad	hoher Detailgrad

Strategische Planung

Insbesondere die strategische Planung stellt die Unternehmensführung vor große Herausforderungen, weil sie im Kern die Sicherung des langfristigen Unternehmenserfolgs gewährleisten soll. Der Prozess der Strategieentwicklung umfasst die Phasen Analyse und Formulierung.

In der Analysephase werden die gegenwärtigen und zukünftigen Situationen des Unternehmens und der Unternehmensumwelt bewertet. In der Formulierungsphase wird die Positionierung des Unternehmens auf dem Markt bzw. gegenüber den Wettbewerbern festgelegt.

Wichtige Werkzeuge der strategischen Planung sind

- aus der unternehmensinternen Perspektive der Produktlebenszyklus und die Portfolio-Analyse,
- aus der unternehmensexternen Perspektive die PEST-Analyse und das Benchmarking.

Die SWOT-Analyse führt als Analyseinstrument beide Perspektiven zusammen (vgl. Tab. 4.3).

Unternehmensinterne Analyse

Der klassische **Produktlebenszyklus** dient dazu, die aktuelle Lebensphase eines Produkts zu bestimmen. Er wird in einem Koordinatensystem mit Zeit (X-Achse) und Umsatz bzw. Gewinn (Y-Achse) dargestellt und bezieht sich auf die „Lebensgeschichte" eines Produkts von der Einführung in bis zu seinem Ausscheiden aus dem Markt.

Unterschieden werden dabei in Abhängigkeit von Zeit und Umsatz die Stationen Markteinführung, Marktwachstum, Reifephase, Marktsättigung und Abschwung.

- **Markteinführung:** Die Einführungsphase beschreibt den Markteintritt eines Produkts. Das Produkt soll möglichst schnell einen hohen Bekanntheitsgrad erreichen, weshalb die Kosten für Marketing hoch sind. Die Umsätze sind noch gering, Gewinne werden typischerweise noch nicht erzielt. Das Ende der Einführungsphase ist erreicht, wenn das Produkt Gewinn erzielt.
- **Marktwachstum:** Die Wachstumsphase umfasst die Entwicklungsphase des Produkts. Der Bekanntheitsgrad und die Nachfrage steigen. Damit erhöhen sich die Umsätze und der Gewinn. Spätestens mit dem Eintritt in den Massenmarkt wird die Konkurrenz auf das Produkt aufmerksam und das Unternehmen muss sich auf Konkurrenzprodukte einstellen.

Tab. 4.3 Überblick über die Instrumente der strategischen Planung. (Quelle: eigene Darstellung)

Unternehmensinterne Perspektive	Unternehmensexterne Perspektive
Produktlebenszyklus	PEST-Analyse
Portfolio-Analyse	Benchmarking

- **Reifephase:** In dieser Phase erreicht das Produkt sein Umsatzmaximum. Die Reifephase ist in der Regel die längste des Produktlebenszyklus. Es treten immer mehr Mitbewerber in den Markt ein. Dadurch verringert sich der Marktanteil und die Gewinne sinken. Unternehmen können dem durch Produktvariationen oder verstärktes Marketing entgegenwirken.
- **Marktsättigung:** Je länger ein Produkt auf dem Markt ist, desto größer ist die Wahrscheinlichkeit, dass der Markt irgendwann gesättigt ist. Ab diesem Zeitpunkt findet kein Marktwachstum mehr statt und die Gewinne fallen. Das Ende der Sättigungsphase ist erreicht, wenn das Produkt keinen Gewinn mehr erzielt.
- **Abschwung:** Mit dem Ende der Sättigungsphase sinken die Verkäufe. Der Markt schrumpft. Gewinne werden nicht mehr erzielt. Unternehmen haben zwei Optionen: Zum einen können sie das Produkt vom Markt nehmen, zum anderen ein verbessertes Nachfolgeprodukt auf den Markt bringen, das im Idealfall den Produktlebenszyklus von Neuem durchläuft.

▷   Das Produktlebenszyklus-Modell hilft, die Herausforderungen, die ein Produkt in den einzelnen Phasen durchläuft, besser zu verstehen, die Marketingaktivitäten in Abhängigkeit von der jeweiligen Phase abgestimmt zu koordinieren und die langfristige Produktplanung besser zu koordinieren.

Die **Portfolio-Analyse** ist eine Methode, mit der Unternehmensstrategien formuliert und auf ihre Zweckmäßigkeit überprüft werden können. Die bekannteste Version der Portfolio-Analyse ist die so genannte BCG-Matrix, nach der US-amerikanischen Unternehmensberatung Boston Consulting Group (BCG). Dabei werden Produkte oder Dienstleistungen eines Unternehmens in einer Matrix mit den Koordinaten relativer Marktanteil und Marktwachstumsrate angeordnet (vgl. Abb. 4.1).

Abb. 4.1 BCG-Matrix.
(Quelle: eigene Darstellung)

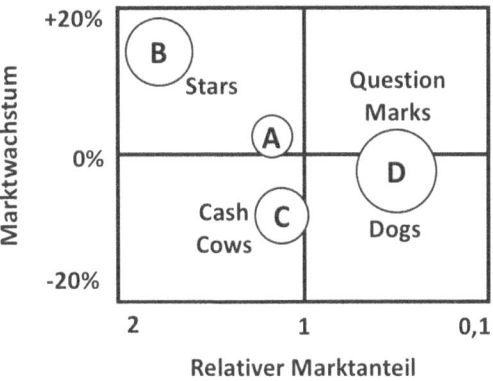

- Der **relative Marktanteil** ist das Verhältnis zwischen dem eigenen Marktanteil und dem bzw. den größten Wettbewerber(n). Er ist somit ein Indikator für die Wettbewerbsstärke. In der Regel wird eine Einordnung zwischen 0,1 und 2,0 vorgenommen.
- Die **Marktwachstumsrate** beschreibt die zu erwartende Entwicklung und damit die Attraktivität eines Markts anhand einer Einschätzung des Marktwachstums. In der Regel wird eine Einordnung zwischen minus 20 Prozent und plus 20 Prozent vorgenommen.

Anhand beider Dimensionen entsteht eine Vier-Feld-Matrix. Die Bereiche tragen die Namen Question Mark (= Fragezeichen), Stars (= Sterne), Cash Cows (= Melkkühe) und Poor Dogs (Arme Hunde). Die Produkte und Dienstleistungen werden entsprechend ihres relativen Marktanteils und des zu erwartenden Marktwachstum den vier Quadranten zugeordnet. Die Größe der Kreise repräsentiert den augenblicklichen Umsatz.

Anhand der Position der Produkte und Dienstleistungen in der Matrix können so genannte Normstrategien abgeleitet werden.

- **Question Marks**, gekennzeichnet durch niedrigen relativen Marktanteil und hohe Marktwachstumsrate, sind in der Regel Produkte oder Dienstleistungen, die neu in den Markt eingeführt werden. Klassischerweise versuchen Unternehmen mit einer **Investitionsstrategie** die Marktposition dieser Produkte und Dienstleistungen zu verbessern, damit sie „Stars" werden. Wenn die Strategie nicht greift, sollte so schnell wie möglich desinvestiert werden, damit mit Mittel frei werden, die für andere Produkte und Märkte noch benötigt werden.
- **Stars** zeichnen sich durch einen hohen relativen Marktanteil und hohe Marktwachstumsraten aus. Für Produkte und Dienstleistungen in diesem Bereich empfiehlt sich eine **Wachstumsstrategie** mit dem Ziel, die gewonnene Marktposition auszubauen und den Markt gegen Konkurrenten abzuschotten sowie die Marktführerschaft zu verteidigen.
- **Cash Cows** sind Produkte und Dienstleistungen mit einem hohen relativen Marktanteil in einem nur noch geringfügig wachsenden Markt. Bei diesen sollte die **Abschöpfungsstrategie** angewendet werden. Die Einnahmenüberschüsse werden neuen Produkten und Dienstleistungen zugeführt. Es werden keine Anstrengungen unternommen, die Marktanteile der Cash Cows weiter auszubauen.
- Als **Poor Dogs** werden Produkte und Dienstleistungen bezeichnet, deren relativer Marktanteil und Marktwachstumsrate nur noch niedrig sind. Hier empfiehlt sich die **Desinvestitionsstrategie.** Das Produkt oder die Dienstleistung sollte schnellstmöglich abgestoßen werden, damit die Ressourcen für neue oder andere Produkte und Dienstleistungen frei werden.

▶   Die BCG-Matrix ist eine gute Methode, um den Überblick über die verschiedenen Produkte und Dienstleistungen eines Unternehmens zu behalten und um auf Basis einer klaren Zuordnung zu den Quadranten Aussagen über die Ressourcenverteilung (= Normstrategien) treffen zu können.

Unternehmensexterne Analyse

Das **Benchmarking** umfasst als Methode der externen Wettbewerberanalyse den systematischen Vergleich zwischen (mehreren) Unternehmen bezogen auf das Gesamtunternehmen oder einzelne Geschäftsfelder, Prozesse, Produkte oder Dienstleistungen. Die zugrundeliegende Idee ist, festzustellen, welche Unterschiede zwischen den Unternehmen bestehen, warum diese Unterschiede bestehen und welche Verbesserungsmöglichkeiten es bezogen auf das eigene Unternehmen gibt.

Der Prozess des Benchmarkings umfasst die folgenden vier Schritte:

1. **Vorbereitung:** Es werden die Analyseebene (Produkt, Methode, Prozess) und die Vergleichsunternehmen ausgewählt.
2. **Gewinnung der Daten:** Es werden unternehmensintern und -extern bestehende Informationen gesammelt oder neue Daten, zum Beispiel durch eine Betriebsbesichtigung, erhoben.
3. **Analyse der Daten:** Die unternehmensinternen und -externen Rohdaten werden ausgewertet und mit einander verglichen. Auf diese Weise werden Leistungslücken identifiziert und Best Practise-Beispiele (= besonders gute, gelungene Lösungsansätze) identifiziert.
4. **Einleitung von Maßnahmen:** Auf Basis dieser Erkenntnisse werden Aktions-/Maßnahmenpläne entwickelt und durchgeführt.

▶   Benchmarking hilft, Optimierungspotenzial im eigenen Unternehmen zu erkennen und um von anderen Unternehmen und deren Erfolgsrezepten zu lernen.

Die PEST-Analyse ist eine Methode zur Analyse der globalen Unternehmensumwelt. PEST steht dabei für die politischen („political"), ökonomischen („economic"), soziokulturellen („sociological") und technologischen („technolgical") Umweltfaktoren, die ein Unternehmen beeinflussen können. Grundidee der PEST-Analyse ist es, die wichtigsten augenblicklichen und zukünftigen Faktoren zu bestimmen und deren Einfluss auf die Aktivitäten des Unternehmens zu bewerten.

Die politischen Umweltfaktoren beziehen sich insbesondere auf die Organisation und Stabilität des politischen Systems, u. a. die Stabilität und Verlässlichkeit der staatlichen Organe sowie deren Rolle in der Gestaltung des Wirtschaftslebens. Die ökonomischen Umweltfaktoren beziehen sich auf die gesamtwirtschaftliche Entwicklung, u. a. ausgedrückt im Wirtschaftswachstum, den Zinsen, der Inflationsrate und der Arbeitslosigkeit. Die soziokulturellen Umweltfaktoren umfassen Elemente wie Bevölkerungsstruktur und -entwicklung sowie gesellschaftliche Unterschiede und Trends wie Werte, Einstellungen und Verhaltensweisen. Technologische Umweltfaktoren umfassen u. a. die Verfügbarkeit bestimmter Informations- und Kommunikationstechnologien.

In Tab. 4.4 sind immer wiederkehrende, wichtige Umweltfaktoren im Überblick dargestellt.

Tab. 4.4 Umweltfaktoren. (Quelle: eigene Darstellung)

Politische Umweltfaktoren:	Ökonomische Umweltfaktoren:
• Gesetzgebung des Bundes, der Bundesstaaten, der Gemeinden • Handhabung der rechtlichen Normen • Politische Einstellung gegenüber Industrie • Stabilität des politischen Systems • Verhalten der staatlichen Organe	• Wirtschaftswachstum • Zinssatz & Steuern • Einkommensverteilung • Pro-Kopf-Einkommen • Lohn- und Gehaltsniveau • Arbeitslosigkeit
Soziokulturelle Umweltfaktoren:	Technologische Umweltfaktoren:
• Werte und Einstellungen der Bevölkerung • Arbeitseinstellung • Demografie der Bevölkerung • Religion • Bildungsgrad/-wesen • Einstellung gegenüber Industrie	• Verfügbarkeit bestimmter Informations- und Kommunikationstechnologie • Erfindungen in der Wissenschaft • Technische Entwicklung in Industrie • Private und staatliche Ausgaben für Forschung und Entwicklung

▶ Die PEST-Analyse hilft, mögliche Unternehmensfaktoren, die das Unternehmen direkt oder indirekt beeinflussen können zu bestimmen und in ihrer Wirkung zu analysieren.

Kombination aus unternehmensinterner und -externer Analyse

Die SWOT-Analyse (vgl. Tab. 4.5) kombiniert die unternehmensinterne und -externe Analyse. SWOT steht für Stärken (Strenghts), Schwächen (Weaknesses), Chancen (Opportunities) und Gefahren (Threats). Aus der unternehmensinterne Perspektive werden Stärken und Schwächen, aus der unternehmensexternen Perspektive Chancen und Gefahren bewertet.

• Stärken sind Faktoren oder Merkmale, die im Wettbewerb einen Vorteil darstellen. Dazu gehören innovative Produkte, qualifizierte Mitarbeiter oder ein guter Standort.
• Schwächen sind Faktoren oder Merkmale, die im Wettbewerb ein Nachteil sind, zum Beispielgeringe Finanzkraft, Abhängigkeit von Partnern, kein eigener Vertrieb, fehlendes Know-how.
• Chancen sind Entwicklungen im Unternehmensumfeld, die einen Vorteil darstellen und aus denen Potenziale erwachsen können. Dazu gehören Trends in der Gesellschaft, Veränderung im Kundenverhalten, technologische Entwicklungen.
• Risiken sind Entwicklungen im Unternehmensumfeld, aus denen Nachteile oder Gefahren entstehen können, weil sie das Unternehmen negativ beeinflussen können. Dazu gehören gesetzliche Änderungen, Veränderungen der Wechselkurse und der Einstieg neuer Wettbewerber.

▶ Die SWOT-Analyse hilft, die wichtigsten unternehmensinternen und -externen Faktoren im Überblick zu beschreiben und zu bewerten.

Tab. 4.5 SWOT-Analyse. (Quelle: eigene Darstellung)

Stärken	Schwächen
• Worauf kann das Unternehmen ganz besonders stolz sein? • Was lief in der Vergangenheit gut? • Welche Ursachen waren entscheidend für den bisherigen Erfolg?	• Wo ist das Unternehmen ganz besonders schwach? • Was lief bislang nicht gut im Unternehmen? • Was fehlt bislang im Unternehmen, um noch erfolgreicher zu sein?
Chancen	Risiken
• Welche Möglichkeiten bietet das Unternehmensumfeld? • Welche Zukunftschancen/Trends sind absehbar? • Welche Veränderungen im Umfeld können vorteilhaft sein?	• Wo lauern Gefahren für das Unternehmen? • Welche Entwicklungen könnten sich ungünstig auf die Wettbewerbsfähigkeit auswirken? • Welche Aktivitäten der Wettbewerber sind zu erwarten?

Operative Planung

In der **operativen Planung** werden die in der strategischen Planung formulierten langfristigen Strategien in detaillierten, kurzfristigen Plänen konkretisiert und deren Umsetzung kontinuierlich kontrolliert.

Die operative Planung kann auf drei Arten erfolgen:

1. Beim **klassischen Top-down-Verfahren** (= „von oben") verläuft die Planungsrichtung von der Leitungs- zur Ausführungsebene. Zielvorgaben werden von der Unternehmensleitung entwickelt und von oben nach unten schrittweise weitergegeben, konkretisiert und detailliert. Dieser Prozess wird Operationalisierung genannt.
2. Beim **klassischen Bottom-up-Verfahren** (= „von unten") verläuft die Planungsrichtung von den Ausführungs- zu den Leitungsstellen. Vorschläge werden auf den verschiedenen Unternehmensebenen gesammelt und schrittweise von unten nach oben weitergegeben. Die Unternehmensleitung fasst die Teilpläne zu einem Gesamtplan zusammen.
3. Die **Gegenstromplanung** (auch als Down-up-Verfahren bezeichnet) verbindet beide Planungsrichtungen. Die Methode gliedert sich in drei Phasen: Zunächst gibt die Unternehmensleitung in einem Top-down-Ansatz die allgemeinen Rahmenbedingungen vor. Anschließend werden auf Basis der Globalziele in einem Bottom-up-Ansatz Teilziele entwickelt und schrittweise in den Gesamtplan integriert. Abschließend erfolgt ein Abgleich zwischen den von oben festgelegten Rahmenbedingungen und dem von unten entwickelten Gesamtplan. Sind die Abweichungen zu groß, findet der Prozess erneut statt.

▶ Die Gegenstromplanung ist zwar eine zeit- und ressourcenaufwändige Form der operativen Planung. Durch die Einbindung aller Unternehmensebenen in den Prozess steigt aber die Akzeptanz und Motivation der am Prozess beteiligten Mitarbeiter.

In vielen Unternehmen wird die operative Planung als Jahresplanung bezeichnet, an deren Ende unter anderem folgende Pläne erstellt werden:

- **Absatzpläne:** Festlegung der Absatzzahlen für bestimmte Produkte und Dienstleistungen für verschiedene Unternehmensbereiche,
- **Produktionspläne:** Festlegung der in der Produktion notwendigen Kapazitäten (insbesondere Maschinen und Mitarbeiter) zur Erreichung der geplanten Absatzmenge,
- **Personalpläne:** Festlegung der für die Personalbeschaffung und -entwicklung geplanten Maßnahmen,
- **Investitionspläne:** Festlegung der für die verschiedenen Unternehmensbereiche geplanten Ausgaben für Investitionen.

Im Laufe des Planungshorizonts werden die einzelnen Teilpläne in einem Soll-Ist-Vergleich fortlaufend einer **Kontrolle** unterzogen und bei entsprechenden Abweichungen angepasst. Die Kontrolle ist somit eine wichtige Funktion der Unternehmensführung.

▸   Kontrolle ist der systematische Prozess zur Ermittlung und Analyse von Abweichungen zwischen den geplanten Soll- und den bislang erreichten Ist-Werten.

Die wichtigsten Formen der Kontrolle sind die Planfortschritts- und die Ergebniskontrolle.

- Bei der **Planfortschrittskontrolle** findet die Kontrolle nach Erreichung bestimmter Abschnitte (= Meilensteine) statt. Ziel dabei ist es, die Einhaltung von Zeit und Ressourcen im Prozess selbst zu überwachen.
- Bei der **Ergebniskontrolle** wird am Ende der Umsetzung ein Ist-Soll-Vergleich durchgeführt, um letztlich den Grad der Planerfüllung zu ermitteln.

4.4   Organisation

Die Organisation bildet den Ordnungsrahmen eines Unternehmens. Sie schafft Strukturen für die Zusammenarbeit der Mitarbeiter, die Koordination der Sachmittel und den Austausch von Informationen.

▸   Organisation bedeutet, dauerhafte Regeln zur Erfüllung von Aufgaben in Unternehmen aufzustellen.

Es werden dabei drei Sichtweisen auf die Organisation unterschieden:

1. **Organisation als Institution:** Das Unternehmen ist eine Organisation. Unternehmen und Organisation werden somit gleichgesetzt.
2. **Organisation als Funktion:** Das Unternehmen hat eine Organisation. Organisation ist ein Mittel zur Gestaltung von Strukturen.

3. **Organisation als Instrument:** Organisation ist ein Mittel zur Führung. Organisations-
strukturen dienen dazu, Mitarbeiter zu lenken.

> ▶   Organisation bezeichnet (1) aus institutioneller Sicht das Unternehmen, (2) aus
> funktionaler Sicht die Gestaltung der Prozesse und Strukturen und (3) aus in-
> strumentaler Sicht das Ergebnis dieser Tätigkeit.

Gestaltungsebenen der Organisation

Jede Organisation besteht aus einer in sich geschlossenen, gut aufeinander abgestimmten
Aufbau- und Ablauforganisation.

* Die **Aufbauorganisation** umfasst die hierarchische Strukturierung der Aufgabenträger
  in einem Unternehmen. Der Aufbau einer Organisation wird zumeist mit einem Orga-
  nigramm grafisch dargestellt. Organigramme benennen die verschiedenen Organisationseinheiten sowie deren hierarchische Strukturierung und deren Kommunikations-
  beziehungen.
* Die **Ablauforganisation** beinhaltet die Gesamtheit aller Prozesse zur Erfüllung von
  Aufgaben in einem Unternehmen. In der Prozessstruktur wird festgelegt, wie verschiedene Mitarbeiter, mit den erforderlichen Sachmitteln, im zeitlichen und räumlichen
  Ablauf ergebnisorientiert zusammenwirken sollen. Oder kurz: Die Ablauforganisation
  regelt den Prozess der Aufgabenerfüllung.

Wichtige Prinzipien für die Ausgestaltung der Organisation sind:

* Zweckmäßigkeit, das heißt, die Organisation handelt ergebnisorientiert,
* Wirtschaftlichkeit, das heißt, die Organisation ist effizient und effektiv,
* Übersichtlichkeit, das heißt, die Organisation arbeitet präzise und vorhersagbar,
* Dauerhaftigkeit, das heißt, die Organisation ist mittel- bis langfristig beständig,
* Flexibilität, das heißt, die Organisation kann sich an Veränderungen anpassen.

> ▶   Die Aufbauorganisation legt die hierarchische Beziehung der Aufgabenträger
> und die Ablauforganisation die Struktur der Aufgabenerfüllung fest. Beide For-
> men sind zwei Seiten einer Medaille, da zwischen ihnen zahlreiche Wechsel-
> wirkungen bestehen.

Differenzierung und Integration

Ausgangspunkt für die Gestaltung der Aufbau- und Ablauforganisation sind organisatorische Differenzierung und organisatorische Integration. Dieser Prozess wird als Dualpro-
blem der Organisation bezeichnet. Gemeint ist die Problematik (im Sinne einer effizienten
Arbeitsteilung), die Gesamtaufgabe einer Organisation in sinnvolle Teilaufgaben und Arbeitsgänge zu zerlegen und anschließend in eine leistungsfähige Aufbau- und Ablauforganisation zu überführen.

In der **organisatorischen Differenzierung** werden die Gesamtaufgaben eines Unternehmens in einem Analyseverfahren ermittelt und anschließend in Teilaufgaben und Arbeitsgänge zerlegt und gegliedert. Die Analyse und Gliederung der Aufgaben kann u. a. nach den Merkmalen Verrichtung, Objekt, Aufgabenträger, Zeit und Raum geschehen (vgl. Tab. 4.6).

Die Analyse setzt eine fundierte Informationsbeschaffung voraus. Der Ist-Zustand im Unternehmen kann u. a. mit Hilfe von Fragebögen oder Interviews ermittelt werden. Umfragen in Form von Fragebögen sind in der Regel leicht durchzuführen und wenig zeitaufwändig. Oftmals ist der Rücklauf vollständig ausgefüllten Fragebögen gering und die Gefahr von sozial erwünschten Antworten hoch. Interviews mit Mitarbeitern bieten in der Regel einen tieferen Einblick und erlauben es für die Mitarbeiter missverständliche Fragen zu erläutern. Hingegen sind der Zeitaufwand und eine Einflussnahme durch die Interviewer hoch.

In der **organisatorischen Integration** werden die Teilaufgaben und Arbeitsgänge neu strukturiert und schrittweise zusammengeführt. Dieses Vorgehen wird Synthese genannt. Über die Zusammenführung der Teilaufgaben zu Stellen und die Verbindung von Stellen zu Abteilungen entsteht eine Aufbauorganisation. Durch die Bildung von Prozessen und die Kombination von Prozessen zu Prozessketten entsteht die Ablauforganisation. Aufbau- und Ablauforganisation bilden gemeinsam die Gesamtorganisation eines Unternehmens.

Aufbauorganisation

Grundelement der Aufbauorganisation ist die Stelle. Stellen bilden die kleinsten Organisationseinheiten. Sie entstehen durch die dauerhafte Zuordnung von Teilaufgaben in der Synthesephase. Der Umfang der Aufgabenfülle für die Stelle orientiert sich daran, was eine (gedachte) Person leisten kann.

▶   Stelle ist nicht gleich Arbeitsplatz. Eine Stelle ist rein sachbezogen definiert, ein Arbeitsplatz dagegen räumlich festgelegt und einer bestimmten Person zugeordnet.

Tab. 4.6 Organisatorische Differenzierung. (Quelle: eigene Darstellung)

Verrichtung:	Was ist zu tun? Art der Tätigkeit
Objekt:	Woran ist etwas zu tun? Gegenstand der Tätigkeit
Aufgabenträger:	Wer muss etwas tun? Ausführende Personen
Zeit:	Wann ist etwas zu tun? Zeitpunkt, Zeitraum, Zeitablauf
Raum:	Wo ist etwas zu tun? Ort der Tätigkeit

Stellen verfügen über verschiedene Kompetenzen und Verantwortungen. Kompetenz umfasst die einem Stelleninhaber übertragenen formalen Rechte und Befugnisse. Verantwortung beschreibt die Pflicht einer Person, für die Folgen ihrer Handlungen einzustehen. Tab. 4.7 erläutert vier grundlegende Kompetenzen.

▶   Stellen unterscheiden sich nach dem Umfang der Aufgaben und Kompetenzen.

Ziele, Aufgaben, Kompetenzen und Pflichten einer Stelle werden, wenn sie in einem Unternehmen in schriftlicher Form abgefasst sind, als **Stellenbeschreibung** bezeichnet. Gliederung und Inhalt sind uneinheitlich. Stellenbeschreibungen setzen sich zusammen aus Tätigkeits- und Anforderungsprofil (vgl. Tab. 4.8).
   Drei wichtige Stellenformen sind Leitungsstelle, Ausführungsstelle und Stabsstelle:

• Die Leitungsstelle (oder Instanz) verfügt über Entscheidungs- und Weisungskompetenz. Sie trägt Verantwortung für sich selbst (Eigenverantwortung) und für ihr untergeordnete Stellen (Fremdverantwortung). Zu ihren Tätigkeiten gehört die Leitung von Aufgaben.

Tab. 4.7 Grundlegende Kompetenzen. (Quelle: eigene Darstellung)

Entscheidungskompetenz	= das Recht, für die Organisation nach innen oder außen verbindliche Entscheidungen fällen zu dürfen.
Ausführungskompetenz	= das Recht, im Rahmen der Aufgabe tätig zu werden und z. B. die Arbeitsmethode selbst zu wählen.
Verfügungskompetenz	= das Recht, Sachmittel und Informationen anzufordern und darüber im gewissen Ausmaß frei zu verfügen.
Weisungskompetenz	= Recht, Anordnungen an Dritte innerhalb der Organisation zu erteilen.

Tab. 4.8 Tätigkeits- und Anforderungsprofil. (Quelle: eigene Darstellung)

Tätigkeitsprofil	• Stellenbezeichnung
	• Unter-/Überstellung
	• Stellvertretung
	• Hauptaufgaben
	• Kompetenzen
	• Befugnisse
Anforderungsprofil	Hard Skills, z. B.:
	• Ausbildung(en)
	• Berufserfahrung(en)
	• Weiterbildung(en)
	Soft Skills, z. B.:
	• Teamfähigkeit
	• Lernbereitschaft
	• Kommunikationsfähigkeit
	• Selbstorganisation

- Die Ausführungsstelle ist einer der Instanz unterstellte Stelle mit zum Teil begrenzter Ausführungs- und Verfügungskompetenz. Sie verfügt in der Regel über keine Weisungsbefugnis und Fremdverantwortung. Ihre zentrale Aufgabe ist, die Ausführung von Tätigkeiten.
- Die Stabsstelle nimmt eine Sonderrolle ein. Als sogenannte Leitungshilfsstelle ist sie der Instanz zugeordnet. Zu ihrer Aufgabe gehören die fachliche Beratung von Stellen, die Vorbereitung von Entscheidungen und die Überwachung in der Umsetzung von Entscheidungen.

Eine Abteilung entsteht durch die unbefristete Unterstellung von einer oder mehreren Ausführungs-stellen unter eine Instanz. Die Stellen sollten immer so strukturiert werden, dass zum einen gleichartige Aufgaben zusammengefasst werden (= Homogenitätsprinzip) und dass die Instanz die zahlenmäßig zugeordneten Stellen ohne Probleme anweisen und kontrollieren kann (= Beherrschbarkeitsprinzip). Die Leitungsspanne misst dabei die Zahl der einer Instanz direkt unterstellten Mitarbeiter. Hat ein Abteilungsleiter bspw. fünf Mitarbeiter, beträgt die Leitungsspanne fünf.

► Eine Abteilung entsteht durch die Zuordnung mehrerer Stellen zu einer Instanz.

Die formalen Beziehungen zwischen den über- und untergeordneten Stellen ordnen so genannte Leitungssysteme. Sie stellen ein koordiniertes Handeln der verschiedenen Organisationseinheiten sicher, in dem sie den Kommunikations- und Informationsfluss festlegen.

Das Leitungssystem kann als Einlinien-, Mehrlinien- und Stabliniensystem gestaltet werden.

Im Einliniensystem gilt das Prinzip der Einheit der Auftragserteilung. Das heißt, jeder Stelle ist einer Instanz zugeordnet, und jede Instanz hat mehrere ihr direkt unterstellte Instanzen. Die Weisungs- und Informationswege verlaufen vertikal, keine Hierarchieebene darf dabei übersprungen werden. Auf diese Weise können die Dienstwege sehr lang sein. Wenn zum Beispiel ein Mitarbeiter eine Beschwerde einreichen will, geht er zu seinem Vorgesetzten. Dieser leitet sie an die nächst höhere Instanz weiter bis die Beschwerde letztendlich das oberste Management erreicht.

Tab. 4.9 stellt Vor- und Nachteile des Einliniensystems gegenüber.

Im Mehrliniensystem herrscht nach dem Prinzip der kürzesten Wege eine Mehrfachunterstellung. Das heißt, jede Stelle ist mehreren übergeordnete Instanzen zugeordnet. Und jede Instanz kann jede Stelle in einem bestimmten Aufgabenbereich delegieren. Die

Tab. 4.9 Vor- und Nachteile des Einliniensystems. (Quelle: eigene Darstellung)

Vorteile	Nachteile
Übersichtlich und einfache Struktur	Zeitverlust durch lange Dienstwege
Eindeutige Informations- und Kommunikationswege	Überlastung des Führungspersonals
Klare Kompetenzverteilung	Belastung von Zwischeninstanzen
	Zusammenarbeit wird erschwert

Gefahr besteht allerdings, dass eine Stelle von verschiedenen Instanzen widersprüchliche Anweisungen erhält. Dadurch können sich Reibungsverluste und Konflikte ergeben.

Tab. 4.10 stellt Vor- und Nachteile des Mehrliniensystems gegenüber.

Im Stabliniensystem wird versucht, die Vorteile des Einlinien- und Mehrliniensystems miteinander zu verknüpfen. Die Instanzen lassen sich dabei von den Fachleuten in den Stabsstellen beraten, um Überlastung – wie beim reinen Einliniensystem – zu vermeiden. Die Stabsstellen haben dabei keine unmittelbare Weisungsbefugnis. Diese verbleibt bei der ihr zugeordneten Instanz.

Tab. 4.11 stellt Vor- und Nachteile des Stabliniensystems gegenüber.

Aus der Zusammenführung mehrerer Abteilungen ergibt sich die Aufbauorganisation. Dabei können Unternehmen nach drei Gliederungsprinzipien unterschieden werden:

1. Funktionalorganisation
2. Spartenorganisation
3. Matrixorganisation

In der **Funktionalorganisation** ist die zweite Hierarchieebene unterhalb der Unternehmensleitung nach Verrichtung gegliedert, die sich in der Regel am güterwirtschaftlichen Prozess orientiert (vgl. Abb. 4.2). Funktionalorganisationen kommen insbesondere bei kleinen und mittleren Unternehmen zum Einsatz, die in einer stabilen Umwelt agieren und ein gleichförmiges Produktangebot anbieten.

Tab. 4.12 stellt Vor- und Nachteile von Funktionalorganisationen gegenüber.

In der Spartenorganisation ist die zweite Hierarchieebene unterhalb der Unternehmensleitung nach Objekten gegliedert. Diese Objekte sind u. a. Produkte/Produktgruppen, Regionen, Märkte und Kunden/Kundengruppen (vgl. Abb. 4.3). Eine Besonderheit bei Spartenorganisationen sind Zentralabteilungen, die für die Abteilungen oder Bereiche vielfältige Dienstleistungen erbringen, zum Beispiel als Personalabteilung, Rechtsabteilung oder

Tab. 4.10 Vor- und Nachteile des Mehrliniensystems. (Quelle: eigene Darstellung)

Vorteile	Nachteile
Direkte Kommunikationswege	Konflikte durch
Bessere Mitarbeiterkontrolle durch höhere Zahl an Vorgesetzten	Mehrfachunterstellung
	Keine klare Kompetenzverteilung
Fachwissen der Vorgesetzten	Schwierige Fehlerzurechnung

Tab. 4.11 Vor- und Nachteile des Stabliniensystems. (Quelle: eigene Darstellung)

Vorteile	Nachteile
Übersichtliche Struktur	Konfliktpotenzial zwischen Linie und Stab
Klare Zuständigkeit	Intransparente Entscheidungsprozesse
Entlastung der Führungskräfte	Fehlerhafte Entscheidungen können leicht dem Stab
Verbesserung der Entscheidungen	zugeschoben werden

Abb. 4.2 Funktionalorganisation.
(Quelle: eigene Darstellung)

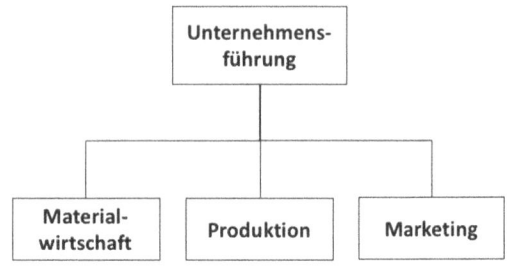

Tab. 4.12 Vor- und Nachteile von Funktionalorganisationen. (Quelle: eigene Darstellung)

Vorteile	Nachteile
Sehr übersichtliche und einfache Struktur	Vielzahl von Schnittstellen
Nutzung von Spezialisierungsvorteilen	Gefahr des Bereichsdenkens
In sich geschlossene, klar abgegrenzte, gut kontrollierbare	Überlastung der
Funktionsbereiche	Führungskräfte
	Mangelnde
	Produktverantwortung

Abb. 4.3 Spartenorganisation.
(Quelle: eigene Darstellung)

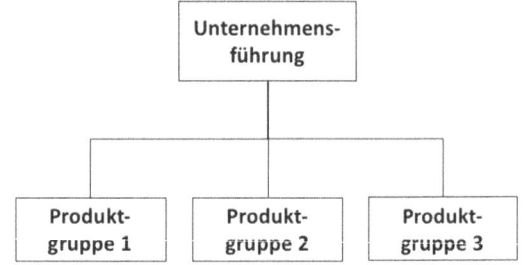

Forschungs- und Entwicklungsabteilung. Diese Organisationsform eignet sich insbesondere für mittelgroße und große Mehrproduktunternehmen, die in einer dynamischen Umwelt agieren.

Tab. 4.13 stellt Vor- und Nachteile von Spartenorganisationen gegenüber.

In der Matrixorganisation werden Funktional- und Spartenorganisation auf der zweiten Hierarchieebene unterhalb der Unternehmensleitung als gleichberechtigte Gliederungsprinzipien kombiniert. Auf der Horizontalen werden die Funktional- und auf der Vertikalen die Spartenorganisation abgebildet. An den Matrixschnittstellen ergeben sich die Organisationseinheiten (vgl. Abb. 4.4). Diese Organisationsform eignet sich für große Mehrproduktunternehmen, die in einer sehr dynamischen Umwelt agieren.

Tab. 4.14 stellt Vor- und Nachteile von Matrixorganisationen gegenüber.

Tab. 4.13 Vor- und Nachteile von Spartenorganisationen. (Quelle: eigene Darstellung)

Vorteile	Nachteile
Entlastung der Unternehmensführung	Gefahr des Spartendenkens
Klare Zuständigkeiten	Größerer Bedarf an Führungskräften
Bessere Koordination	Mögliche Kompetenzprobleme zwischen Zentralabteilungen
Flexibilität/Reaktionsfähigkeit	und Sparten

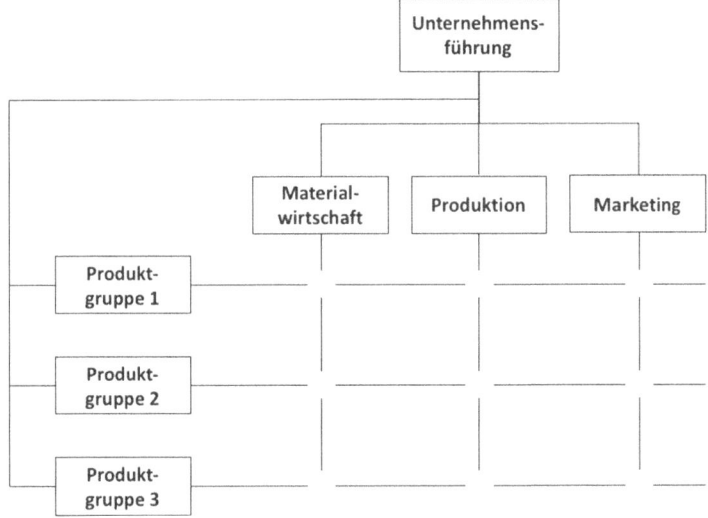

Abb. 4.4 Matrixorganisation. (Quelle: eigene Darstellung)

Tab. 4.14 Vor- und Nachteile von Matrixorganisationen. (Quelle: eigene Darstellung)

Vorteile	Nachteile
Hoher Grad an Flexibilität	Hohe Konfliktgefahr durch
Intensive Kommunikation	Mehrfachunterstellung an Matrixschnittstellen
Entlastung der Unternehmensführung	Hohe Koordinations-, Kommunikations- und
Förderung von kreativen/qualitativ	Informationskosten
hochwertigen Problemlösungen	Viele qualifizierte Führungskräfte nötig

Wandel in/von Unternehmen

Der Wandel von und in Unternehmen ist ein kontinuierlicher Prozess. Die **geplante** und **zielgerichtete Veränderung** sichert den langfristigen Erfolg. Veränderungen können sich auf die Unternehmensstrukturen und -prozesse (= Restrukturierung), die Strategie (= Re-Orientierung) sowie die Werte und Normen der Mitarbeiter (= Re-Modellierung) beziehen. Das Wandlungsmanagement (= Change Management) beschreibt die ganzheitliche Perspektive auf Veränderungsprozesse und berücksichtigt alle Wechselwirkungen im Wandlungsprozess.

▶   Change Management ist definiert als die zielgerichtete Analyse, Planung, Um-
    setzung und Bewertung von ganzheitlichen Veränderungsmaßnahmen in Un-
    ternehmen.

Tab. 4.15 stellt externe und interne Ursachen für den Wandel gegenüber.
   Change Management unterscheidet zwei Formen von Wandel:

1. Die **Organisationsgestaltung** umfasst die systematische Planung, Einführung und
   Kontrolle von expliziten organisatorischen Regeln.
2. Die **Organisationsentwicklung** bezieht sich auf die Veränderung der Einstellungen
   und Verhaltensweisen der Mitarbeiter.

Für beide Konzepte gilt. Wandel führt oftmals zu Widerständen bei den beteiligten bzw.
betroffenen Mitarbeitern. Deshalb gilt es, folgende Maßnahmen im Change Management
umzusetzen:

• frühzeitige, offene Informationsvermittlung
• aktive Beteiligung der beteiligten/betroffenen Mitarbeiter
• Weiterbildung der der beteiligten/betroffenen Mitarbeiter
• sichtbare Belohnung für Mitarbeiter im Wandlungsprozess
• Erfolge im Wandlungsprozess kommunizieren und belohnen
• Fehler nicht bestrafen, sondern zulassen

▶   Die frühzeitige Einbeziehung der Mitarbeiter erhöht die Akzeptanz für notwen-
    dige Wandlungsprozesse im Unternehmen.

Ablauforganisation
Die Ablauforganisation regelt den Prozess der Aufgabenerfüllung in Unternehmen. Ab-
lauf- und Aufbauorganisation sind dabei nicht immer identisch. Prozesse sind gekennzeichnet durch:

• die zielgerichtete Erstellung von Leistungen,
• auf Grundlage einer Abfolge logisch zusammenhängender Aktivitäten,
• in einer bestimmten Zeitspanne,
• nach zuvor festgelegten Regelungen.

Tab. 4.15 Ursachen für Wandel in/von Unternehmen. (Quelle: eigene Darstellung)

Externe Ursachen	Interne Ursachen
Starker Wettbewerbsdruck	Fehlentscheidungen in der Vergangenheit
Wertewandel der Gesellschaft	Formulierung einer neuen Strategie
Neue Markttrends	Zukauf eines neuen Unternehmens

▶   Ziel der prozessorientierten Unternehmensgestaltung ist es, die dauerhafte
    Optimierung der Geschäftsprozesse im Hinblick auf die Prozess- und Unterneh-
    mensziele.

Die Optimierung der Prozesse erfolgt dabei mit Bezug auf das „Magische Dreieck" aus
Zeit, Qualität und Kosten. Ziel der Prozessgestaltung ist es, die Durchlaufzeiten möglichst
niedrig, die Qualität möglichst hoch und die Kosten möglichst gering zu halten. Problem
ist, dass die drei Dimensionen oftmals in Konkurrenz zueinanderstehen und deshalb aus-
balanciert werden müssen.

Inhalt der **prozessorientierten Unternehmensgestaltung** ist es, mehrere inhaltlich zu-
sammenhängende Prozesse im Hinblick auf die zeitliche und sachliche Abfolge zu Prozessketten zu verbinden. Die Abfolge kann sowohl eine einfache als auch eine komplexe
Struktur aufweisen.

- Bei einfachen Ablauffolgen knüpfen die einzelnen Prozessschritte zeitlich und inhaltlich aneinander an und folgen einem linearen Modell.
- Bei komplexen Ablauffolgen gibt es eine zeitliche Überlappung zwischen den verschiedenen Prozessschritten, die zudem unterschiedlich lang sein können.

Der Ablauf von Prozessketten kann anhand unterschiedlicher Methoden dargestellt werden (= Prozessvisualisierung). Die wichtigsten sind das Balken- und Flussdiagramm sowie die Netzplantechnik.

- Beim **Balkendiagramm** werden Aktivitäten in zeitlicher Abfolge grafisch in Form von
  Balken entlang einer Zeitachse darstellt. Die Balkenlänge repräsentiert die Zeitdauer.
  Diese Form der Visualisierung eignet sich insbesondere für einfache Vorgänge.
- Im **Flussdiagramm** wird die Abfolge eines Arbeitsablaufs auf Basis von Symbolen
  und Ja-/Nein-Verknüpfungen dargestellt. Die einzelnen Symbole beschreiben Arbeits-
  schritte, die Verknüpfungen zeigt die logische Verbindung zwischen den Arbeitsschrit-
  ten auf.
- Die **Netzplantechnik** kombiniert die zeitlichen und logischen Verknüpfungen mehrerer Vorgänge. Grundlage ist die Definition von Tätigkeiten, die in Symbolen dargestellt
  und entsprechend ihrer zeitlichen und sachlogischen Abhängigkeiten miteinander ver-
  knüpft werden.

4.5 Personal und Führung

Die Mitarbeiter sind der entscheidende Faktor für die Wettbewerbsfähigkeit von Unternehmen. Mit ihrem Wissen und ihrer Motivation kann das Personal den Erfolg entscheidend beeinflussen. Deshalb kommt dem Personal-/Führungsmanagement im Unternehmen eine große Bedeutung zu.

Aufgabe des Personalmanagements ist es, den Einsatz der Mitarbeiter in einem Unternehmen zu planen und zu gestalten. Personalmanagement liegt nicht nur in der Verantwortung der Personalabteilung, sondern auch in der der Führungskräfte. Personal und Führung sind eng miteinander verbunden.

Die zentralen Aufgabenbereiche des Personalmanagements sind im Überblick:

1. **Personalbeschaffung**, das heißt die Personalplanung und -bereitstellung im Hinblick auf die benötigte Zahl und die erforderlichen Qualifikationen der potenziellen Mitarbeiter;
2. **Personaleinsatz**, das heißt die Einarbeitung neuer Mitarbeiter und die Gestaltung der Arbeitsbedingungen (u. a. Arbeitszeiten, Vergütung, Verwaltung);
3. **Personalführung**, das heißt Beeinflussung des Leitungsverhaltens von Mitarbeitern durch den Vorgesetzten im Hinblick auf die Unternehmensziele;
4. **Personalbeurteilung**, das heißt die Bewertung der Mitarbeiter hinsichtlich ihrer Arbeitsleistung sowie ihres Leistungs- und Sozialverhaltens im Unternehmen;
5. **Personalentwicklung**, das heißt die Weiterentwicklung der Mitarbeiter bezogen auf die Fach-, Methoden- und Sozialkompetenzen, etwa durch Fortbildungen;
6. **Personalfreisetzung**, das heißt die Anpassung der Mitarbeiterzahlen, in der Regel durch vorzeitige Pensionierungen, Aufhebungsverträge oder Kündigungen.

> ▶ Das Personalmanagement ist aufgrund der Planung und Gestaltung des Inputfaktors Mensch von zentraler Bedeutung für die Wettbewerbsfähigkeit von Unternehmen.

Personalbeschaffung

Die Personalbeschaffung gliedert sich in die Teilbereiche **Personalplanung und Personalbereitstellung** und hat (analog zur Beschaffung im Allgemeinen) zum Ziel, Personal in der richtigen Menge, mit der richtigen Qualifikation zum richtigen Zeitpunkt zur Verfügung zu stellen.

Die Personalplanung ist ein systematischer Prozess zur Ermittlung der für die Erreichung der Unternehmensziele benötigten Mitarbeiter sowohl in qualitativer als auch quantitativer Hinsicht.

Zentrale Fragen, die der Personalplan beantworten muss, sind:

1. Wie viele Mitarbeiter werden in den verschiedenen Bereichen und Abteilungen des Unternehmens bezogen auf den zugrundeliegenden Planungshorizont benötigt?
2. Welche Kenntnisse, Qualifikationen und Anforderungen müssen die tatsächlichen und potenziellen Mitarbeiter für die Arbeit in den verschiedenen Bereichen und Abteilungen haben?
3. Welche Veränderungen im Personalbestand sind bezogen auf den Planungshorizont zu erwarten? Man spricht in diesem Zusammenhang von Fluktuation.

▶   Fluktuation bezeichnet im Personalmanagement die Veränderung bzw.
    Schwankung im Personalbestand eines Unternehmens.

Insbesondere der demografische Wandel, das heißt die sich verändernde Zusammensetzung der Altersstruktur der Gesellschaft, führt zu einem zunehmenden Bedarf der Unternehmen an geeigneten Mitarbeitern. Die Folgen sind rückläufige Bewerberzahlen für
Ausbildungsberufe, das Fehlen gut ausgebildete Fachkräfte und ein Anstieg des Durch-
schnittsalters der Belegschaft in Unternehmen.

In der **quantitativen Personalplanung** wird der **Netto-Personalbedarf** berechnet.
Dies geschieht dadurch, dass der Personalbestand und -bedarf erhoben und miteinander
verglichen wird.

Der **Personalbestand** berechnet sich aus dem aktuellen Ist-Personalbestand und den zu
erwartenden Zu- und Abgängen:

$$\text{Personalbestand} = \text{Ist} - \text{Personalbestand} + \text{Zugänge} - \text{Abgänge}$$

Der **Brutto-Personalbedarf** ergibt sich aus der Planung der einzelnen Abteilungen und
Bereichen in Abhängigkeit von Absatz- und Strategieplanung:

$$\text{Brutto} - \text{Personalbedarf} = \text{Soll} - \text{Stellen}$$

Der **Netto-Personalbedarf**, das heißt der tatsächliche Bedarf an neuen Mitarbeitern, wird
durch den Vergleich zwischen Personalbestand und Brutto-Personalbedarf ermittelt:

$$\text{Netto} - \text{Personalbedarf} = \text{Brutto} - \text{Personalbedarf} - \text{Personalbestand}$$

▶   Die quantitative Personalbedarfsplanung legt die Zahl der künftig benötigten
    Mitarbeiter in einem Unternehmen fest.

In der **qualitativen Personalplanung** werden die fachlichen und persönlichen Fähigkeiten bzw. Anforderungen der Mitarbeiter ermittelt. Auf Basis einer Arbeitsplatzanalyse
werden die für die Ausführung der Tätigkeiten notwendigen Qualifikationen erhoben und
in einer Stellebeschreibung erfasst. Für die Bestimmung des qualitativen Netto-Personal-
bedarfs müssen die **gegenwärtigen Fähigkeiten und die zukünftig benötigten Anforderungen an die Mitarbeiter** gegenübergestellt werden. Ergibt sich in dieser Gegenüberstellung eine **Fähigkeitslücke**, müssen entweder die bestehenden Mitarbeiter qualifiziert
oder neue Mitarbeiter mit den entsprechenden Fähigkeiten eingestellt werden.

Die **Personalbereitstellung** umfasst die Suche und Auswahl von geeigneten Mitarbeitern auf Basis der Personalbedarfsplanung. Die Personalsuche kann unternehmensintern
und -extern erfolgen.

Bei der **internen Personalsuche** wird auf den Pool der im Unternehmen bereits ange-
stellten Mitarbeiter als potenzielle Kandidaten für eine freie Stelle zurückgegriffen. Die

Stellenneubesetzung geschieht dabei durch Versetzung oder Beförderung. Für die Mitarbeiter im Unternehmen stellt diese Form der Personalsuche einen Leistungsanreiz und eine Entwicklungsmöglichkeit dar.

Bei der **externen Personalsuche** werden in der Regel geeignete Maßnahmen des Marketings herangezogen, um das Unternehmen bekannt zu machen und als Arbeitgeber attraktiv darzustellen. Stellenausschreibungen in Zeitungen oder im Internet (als wichtigste Form der externen Personalsuche) dienen nicht nur der Suche nach geeigneten Kandidaten, sondern sind auch der Imagepflege (Tab. 4.16).

Zunehmend an Bedeutung gewinnt insbesondere in der externen Personalsuche das Thema **Employer Branding**, das den Aufbau und die Pflege von Unternehmen als Arbeitgebermarke bezeichnet. Durch den zunehmenden Personal- und Fachkräftemangel wollen sich Unternehmen als attraktive Arbeitgeber darstellen und auf diese Art einen Beitrag zur Mitarbeitergewinnung und -bindung leisten.

Ziel der Personalauswahl ist es, unter den potenziellen Kandidaten den für die freie Stelle Geeignetsten auszusuchen. Die Personalauswahl erfolgt dabei nach **formalen und inhaltlichen Kriterien** in einem in der Regel zweistufigen Verfahren:

In Stufe 1 werden die von den Bewerbern zugesandten Bewerbungsunterlagen bewertet. Zunächst werden formale Kriterien geprüft. Dazu zählen die ausreichende Qualifikation anhand von Noten- und Ausbildungsabschluss sowie Vollständigkeit und Form (inklusive Sprachstil und Rechtschreibung) der Bewerbungsunterlagen. Anschließend erfolgt die Auswahl nach inhaltlichen Kriterien auf Basis des Motivationsschreibens, des Lebenslaufs, der Referenzen und (Arbeits-)Zeugnisse.

In Stufe 2 werden die geeignetsten Kandidaten werden zu einem Bewerbungs- bzw. Vorstellungsgespräch eingeladen. Bewerbungsgespräche dienen dazu, die Kandidaten persönlich kennenzulernen, um Kommunikationsfähigkeit, Auftreten, Ausstrahlung, Belastbarkeit etc. zu bewerten. Im Gegenzug hat der Kandidat aber auch die Möglichkeit, seinen möglichen Arbeitgeber kennenzulernen. Bewerbungsgespräche gliedern sich in folgende Schritte: Begrüßung, Vorstellung des Unternehmens, Vorstellung des Bewerbers, Fragen an den Bewerber, Fragen des Bewerbers, Informationen über den weiteren Ablauf, Verabschiedung.

Tab. 4.16 Interne und externe Personalsuche. (Quelle: eigene Darstellung)

	Interne Personalsuche	Externe Personalsuche
Vorteile	• Aufstiegs-/Karrieremöglichkeiten • Geringere Suchkosten • Schneller Besetzung/Einarbeitung • Leichtere Bewertung des Kandidaten	• Breitere Auswahl • Frischer Wind für Unternehmen • Neue Erfahrungen/neues Wissen • U.U. höhere Qualifikation
Nachteile	• Eingeschränkte Auswahl • Betriebsblindheit des Kandidaten • Konkurrenz durch ehemalige Kollegen • Ersatzbedarf für weitere Stelle	• Höhere Suchkosten • Aufwändigere Einarbeitung • Bewertung des Kandidaten schwieriger • Fehlendes Unternehmenswissen

Die zehn häufigsten Fragen in einem Bewerbungsgespräch sind:

1. Können Sie sich bitte kurz vorstellen?
2. Welches waren Ihre größten beruflichen Erfolge/Misserfolge?
3. Was sind Ihre besonderen Stärken/Schwächen?
4. Wo sehen Sie sich in fünf Jahren?
5. Wie können Sie andere von Ihren Ideen überzeugen?
6. Was war bisher Ihre größte Herausforderung?
7. Warum haben Sie sich bei uns beworben?
8. Warum sollten wir gerade Sie nehmen?
9. Was sind Ihre Gehaltsvorstellungen?
10. Haben Sie noch Fragen?

Dagegen sind folgende Fragen unzulässig und dürfen in einem Gespräch nicht gestellt werden:

• Angaben über Vorstrafen (ohne Bezug zum Arbeitsplatz)
• Konfession (Ausnahme: kirchliche Einrichtungen)
• Partei- oder Gewerkschaftszugehörigkeit
• Vermögensverhältnisse
• Schwangerschaft/und Kinderwunsch

In der Personalauswahl werden zunehmend so genannte **Assessment Center** (engl. assess = bewerten, einschätzen) eingesetzt. Dabei handelt es sich um ein standardisiertes Verfahren, bei dem eine Gruppe von Bewerbern von mehreren Beurteilern ein bis drei Tage beobachtet und bewertet wird. Die Kandidaten durchlaufen dabei unterschiedliche Auswahlverfahren (zum Beispiel Einzelgespräche, Gruppenübungen sowie Allgemeinbildungs-, Leistungsmotivations- und Intelligenztests).

Personaleinsatz
Aufgabe des Personaleinsatzes ist es, Rahmenbedingungen zu schaffen, die die Mitarbeiter langfristig an das Unternehmen binden. Der Personaleinsatz beginnt ab dem Zeitpunkt, an dem der neue Mitarbeiter seine Arbeit aufnimmt.

Zu den wichtigsten Teilbereichen des Personaleinsatzes gehören die Gestaltung der Arbeitsbedingungen und Vergütung.

Die **Arbeitsbedingungen** umfassen die Gestaltung des Arbeitsinhalts und -umfelds. Arbeitsinhalte sind u. a. motivierend, wenn sie von den Mitarbeitern als sinnvoll, gut definiert und abwechslungsreich empfunden werden. Auch das Arbeitsumfeld hat Auswirkungen auf die Motivation der Mitarbeiter. Gemeint ist dabei vor allem das Betriebsklima, das insbesondere die Interaktion und Kommunikation mit Kollegen und Vorgesetzten beschreibt.

Die **Vergütung** (ein Sammelbegriff für Arbeitsentgelt, Lohn und Gehalt) ist nach wie vor ein Leistungsanreiz. Wird die Vergütung als ungerecht oder unangemessen empfunden, sinkt im Allgemeinen die Arbeitszufriedenheit und damit die Arbeitsleistung.

Die Vergütung kann in Grund- und Zusatzvergütung unterteilt werden:

- Bei der Grundvergütung wird noch einmal zwischen Lohn und Gehalt unterschieden. Gehalt bezeichnet eine regelmäßige, meist monatliche Bezahlung für geleistete Arbeit, Lohn ist hingegen eine nach Stunden (= Zeitlohn) oder Leistung (= Leistungs-/Stücklohn) berechnete Bezahlung.
- Eine Zusatzvergütung wird zumeist in der Form von Prämien (zum Beispiel für Termineinhaltung und hoher Ausführungsqualität), Leistungszulagen (bei besonderer Beeinträchtigung der Mitarbeiter durch Lärm, Schmutz oder Gefahren) und Erfolgsbeteiligungen (in Form einer prozentualen Beteiligung am Unternehmenserfolg) gewährt.

Personalführung

Personalführung bezieht sich auf das Verhältnis zwischen Mitarbeiter und Vorgesetzten mit dem Ziel der unmittelbaren Beeinflussung des Leitungsverhaltens im Hinblick auf die Unternehmensziele. Personalführung hat die zwei grundlegenden Aufgaben, (1) das Handeln der Mitarbeiter zu koordinieren und (2) die Mitarbeiter durch Anreize zu motivieren.

- **Koordination** beschreibt die Abstimmung von Teilaktivitäten in Hinblick auf ein übergeordnetes Ziel. Koordinationsbedarf besteht, wenn arbeitsteilige Handlungen in Unternehmen voneinander abhängig sind.
- **Motivation** ist der Zustand einer Person, der sie veranlasst, eine bestimmte Handlungsalternative auszuwählen, um ein bestimmtes Ergebnis zu erreichen und der dafür sorgt, dass diese Person ihr Verhalten bezogen auf Richtung und Intensität beibehält.

Es können die zwei Formen intrinsische und extrinsische Motivation unterschieden werden: **Intrinsische Motivation** (= innere Motivation) entsteht aus sich selbst heraus und ist unabhängig von Belohnung und anderen äußeren Faktoren. Ist ein Handeln intrinsisch motiviert, wird es um seiner selbst willen vollzogen. Die Freude ergibt sich aus der Arbeit selbst. Bei der **extrinsischen Motivation** (= äußere Motivation) wirken Einflüsse von außen auf die Motivation einer Person. Dazu zählen Belohnung, Beförderung und Anerkennung, aber auch Zwang und Bestrafung.

Zu den bekanntesten und grundlegendsten Motivationskonzepten gehört die **Bedürfnispyramide nach Abraham Maslow** (vgl. Abb. 4.5). Sie soll die Motive und Handlungen von Menschen erklären.

Das Konzept ist pyramidenförmig aufgebaut und besteht aus fünf Stufen. Die Stufen fassen verschiedene Bedürfnisbündel zusammen. Erst wenn eine Stufe erfüllt ist, kann die nächsthöhere erreicht werden. Außerdem unterteilt Maslow die Bereiche in Defizitbedürfnisse (Mangelbedürfnisse) und Wachstumsbedürfnisse (unstillbare Bedürfnisse).

Abb. 4.5 Bedürfnispyramide
nach Maslow. (Quelle: eigene
Darstellung)

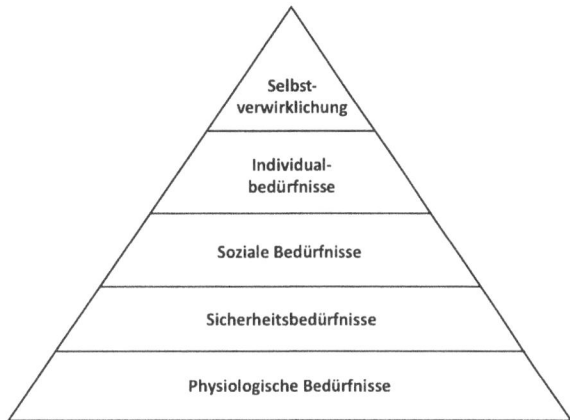

Durch die Nichtbefriedigung von Defizitbedürfnissen können physische oder psychische Störungen hervorgerufen werden. Wachstumsbedürfnisse können dagegen fast nie befriedigt werden. Die fünf Stufen sind:

- **Physiologische Bedürfnisse**, das heißt Bedürfnisse, die das Überleben sichern (Essen, Trinken, Schlafen und körperliches Wohlbefinden)
- **Sicherheitsbedürfnisse,** das heißt Bedürfnisse, die materielle und berufliche Sicherheit (Wohnen, Arbeit) der Menschen gewährleisten
- **Soziale Bedürfnisse,** das heißt Bedürfnisse der Menschen nach Liebe, Familie, Freundschaft und Zugehörigkeitsgefühl
- **Individualbedürfnisse,** das heißt der Wunsch der Menschen nach Ansehen, Wertschätzung und Prestige
- **Selbstverwirklichung,** das heißt Streben der Menschen nach der Entwicklung der eigenen Persönlichkeit

Aus **Managementsicht** gibt es folgende Anforderungen an die Personalführung. Dazu gehören u. a.

- Konfliktlösungsfähigkeit, das heißt die Fähigkeit, Interessengegensätze zu erkennen und zu lösen
- Delegationsfähigkeit, das heißt die Fähigkeit, Aufgaben und Verantwortung zu übertragen
- Empathie, das heißt die Fähigkeit, sich in die Gedanken und Gefühle anderer hineinzuversetzen
- Kommunikationsfähigkeit, das heißt Fähigkeit mit anderen erfolgreich zu kommunizieren
- Lernfähigkeit, das heißt die Fähigkeit Information aufzunehmen, zu ordnen und zu verarbeiten
- Anpassungsfähigkeit, das heißt die Fähigkeit sich auf Veränderungen einzustellen

In der Personalführung werden **Führungstechniken** und **Führungsstile** unterschieden. Führungstechniken sind praxisorientierte Verhaltensempfehlungen bzw. Management-Werkzeuge zur Mitarbeiterführung, Führungsstile dagegen das typische Verhalten von Vorgesetzten gegenüber Untergebenen. Beide Begriffe sind klar voneinander abzugrenzen.

Zu den wichtigsten **Führungstechniken** gehören in der Außenorientierung die Management-by-Techniken und in der Innenorientierung das Eisenhower-Prinzip.

Zu den Management-by-Techniken (vgl. Tab. 4.17), die sich mit der Interaktion der Mitarbeiter beschäftigen, gehören Management by Objectives, Management by Exception, Management by Delegation:

- Beim **Management by Objectives** (MbO, Führung durch Zielvereinbarung) werden die Mitarbeiter in die Zielabstimmung aktiv eingebunden. Zwischen Mitarbeitern und Vorgesetzten werden zudem Leistungsstandards und Kontrolldaten festgesetzt. Die erforderlichen Maßnahmen zur Erreichung der vereinbarten Ziele bestimmen die Mitarbeiter.
- Beim **Management by Exception** (MbE, Führung nach dem Ausnahmeprinzip) übernehmen die Mitarbeiter Routinefälle in eigenverantwortlicher Entscheidung. Solange die zuvor mit den Vorgesetzten festgelegten Bewertungsmaßstäbe, Ziele und Sollwerte nicht überschritten werden bzw. unvorhersehbare Ereignisse vorkommen, arbeiten die Mitarbeiter selbstständig.
- Beim **Management By Delegation** (MbD, Führung durch Aufgabenübertragung) delegieren Vorsetzte zumeist wiederkehrende und ähnliche Aufgaben an die Mitarbeiter. Die Mitarbeiter erhalten dazu die entsprechenden Vertretungsbefugnisse. Die Vorgesetzten konzentrieren sich nur noch auf die Kontrolle und überlassen die operative Arbeit den Mitarbeitern.

Tab. 4.17 Vor- und Nachteile verschiedener Management-by-Techniken. (Quelle: eigene Darstellung)

	Management by objectives	Management by exception	Management by delegation
Vorteile	• Mehr Entscheidungsspielraum für die Mitarbeiter • Verknüpfung der Ziele des Unternehmens mit individuellen Zielen • Entlastung der Vorgesetzten	• Entlastung der Führungskräfte • Höhere Motivation der Mitarbeiter durch selbstständige Arbeit in Kompetenzbereich • Geringerer Kontrollaufwand	• Besserer Motivation der Mitarbeiter • Entlastung der Vorgesetzten • Mehr Entscheidungskompetenz und Eigenverantwortung für die Mitarbeiter
Nachteile	• Kontrolle der Mitarbeiter durch Vorgesetzten • Höher Leistungsdruck und größerer Zeitaufwand für Mitarbeiter • Dadurch Risiko, dass mehr Quantität als Qualität entsteht	• Gefahr der Verschleierung von Misserfolgen durch Mitarbeiter/Unkenntnis der Führungskräfte über Ist-Zustand • Geringe Motivation der Mitarbeiter, da sie nur Routinearbeit erledigen	• Managementfunktionen werden nicht gleichrangig betrachtet • Dadurch: Kontrolle findet nur unzureichend statt • Schlechte Motivation, da Mitarbeiter sich als Laufburschen fühlen

Zu den bekanntesten Managementtechniken, die sich auf die Arbeit des Vorgesetzten bezieht, gehört das sogenannte Eisenhower-Prinzip (benannt nach dem ehemaligen US-amerikanischen Präsidenten Dwight D. Eisenhower). Mit dieser Methode werden Aufgaben gewichtet (vgl. Tab. 4.18). Auf diese Weise können Vorgesetzte trotz begrenzter Ressourcen Aufgaben effektiv abarbeiten. Jede anstehende Aufgabe wird anhand von zwei Fragen geprüft: Wie wichtig ist die Aufgabe? Wie dringlich ist die Aufgabe?

Führungsstil beschreibt die Art und Weise, wie Vorgesetzte ihre Führungsaufgabe ausfüllen. Wichtigster Einflussfaktor ist dabei die Persönlichkeit der Führungskraft selbst. Darunter fallen u. a. die Wertvorstellungen, das Menschenbild, die Erfahrungen und das Selbstbild.

Ein Konzept, das sich vor allem auf das Menschenbild bezieht, ist die X-Y-Theorie von Douglas McGregor. Das Konzept basiert auf zwei gegensätzlichen Auffassungen, wie Vorgesetzten ihre Mitarbeiter wahrnehmen und (darauf aufbauend) welchen Führungsstil sie entwickeln.

- Die **Theorie X** besagt, dass Mitarbeiter eine angeborene Abneigung gegen Arbeit haben und ihr aus dem Weg zu gehen versuchen. Deshalb müssen Führungskräfte meist mit Zwang, Lenkung, Führung und Androhung von Strafen arbeiten. Vorgesetzte müssen jeden Handlungsschritt genau vorgeben, weil die Mitarbeiter vermeiden, Verantwortung zu übernehmen und nur wenig Ehrgeiz haben.
- Die **Theorie Y** geht davon aus, dass Arbeit eine wichtige Quelle der Zufriedenheit darstellt. Entsprechend sind Mitarbeiter von Natur aus leistungsbereit und leistungswillig. Arbeit bietet ihnen Befriedigung und hilft im Streben nach Selbstverwirklichung. Entsprechend können Mitarbeiter durch Selbstbestimmung und Eigenverantwortung motiviert werden.

Abhängig vom Menschenbild, das Vorgesetzte bevorzugen, werden sie unterschiedliche Formen von Führungsstil entwickeln. Führungskräfte, die die Theorie X favorisieren, besitzen einen eher autoritären Führungsstil, während Vorgesetzte, die der Theorie Y anhängen, pflegen einen eher kooperativen Führungsstil.

Eine grundlegende Einteilung von Führungsstilen bietet das eindimensionale Führungsmodell von Robert Tannenbaum und Warren H. Schmidt. Sie unterscheiden entsprechen der Einbindung der Mitarbeiter in den Entscheidungs- und Willensbildungsprozess sieben unterschiedliche Formen:

1. Beim **autoritären Führungsstil** trifft nur der Vorgesetzte die Entscheidungen ohne Rücksprache oder Begründung. Er trägt somit die Verantwortung für die Arbeitsergebnisse und kontrolliert die Mitarbeiter. Die Beziehung zum Vorgesetzten ist distanziert.

Tab. 4.18 Eisenhower-Prinzip. (Quelle: eigene Darstellung)

	dringlich	Nicht dringlich
Wichtig	Ist eine Aufgabe wichtig und dringlich, ist sie sofort zu erledigen	Ist eine Aufgabe wichtig, aber nicht dringlich, ist sie sofort zu terminieren
Nicht wichtig	Ist eine Aufgabe nicht wichtig, aber dringlich, ist sie zu delegieren	Ist eine Aufgabe nicht wichtig und nicht dringlich, ist sie sofort zu verschieben

2. Beim **patriarchalischen Führungsstil** – dem autoritären Führungsstil sehr ähnlich – ist der Vorgesetzte ein Vorbild bzw. eine Vaterfigur (Patriarch). Er trifft die Entscheidungen auf Grund seines Wissens und seiner Erfahrung selbst. Die Mitarbeiter entscheiden nicht mit.

3. Beim **beratenden Führungsstil** trifft der Vorgesetzte weiterhin alle Entscheidungen. Er erlaubt aber den Mitarbeitern, Fragen zu seinen Entscheidungen zu stellen, um durch die Beantwortung die Akzeptanz für die Entscheidungen zu erhöhen.

4. Beim **kooperativen Führungsstil** informiert der Vorgesetzte über die beabsichtigte Entscheidung. Die Mitarbeiter haben die Möglichkeit ihre Meinung zu äußern, bevor der Vorgesetzte seine endgültige Entscheidung trifft.

5. Beim **partizipativen Führungsstil** entwickeln die Mitarbeiter Lösungen und unterbreiten sie dem Vorgesetzten. Aus der Gesamtheit der gefundenen Vorschläge entscheidet die Führungskraft unter Einflussnahme der Mitarbeiter.

6. Beim **delegativen Führungsstil** zeigt der Vorgesetzte nur das Problem auf und gibt die Grenzen des Entscheidungsspielraums vor. Anschließend treffen die Mitarbeiter selbst eine Entscheidung.

7. Beim **demokratischen Führungsstil** treffen die Mitarbeiter die Entscheidung. Die Rolle des Vorgesetzten ist die eines Beraters und Koordinators.

Daneben haben sich weitere Einteilungen entwickelt. Als wichtige Führungsstile können hierbei der situative und der charismatische Führungsstil aufgeführt werden.

- Der **situative Führungsstil** orientiert sich an Leistungsniveau und Funktionsbereich der Mitarbeiter. Entsprechend passen sich Vorgesetzte mit ihrem Führungsstil an die Mitarbeiter und deren Kompetenzen an. Somit wird je nach Situation anders geführt.
- Der **charismatische Führungsstil** lebt vom Charisma, u. a. durch positive Emotion und gelebten Optimismus, des Vorgesetzten. Den Mitarbeitern bietet er ein hohes Maß an Motivation, fordert aber auch eine hohe Einsatzbereitschaft.

Ein erweitertes, mehrdimensionales Führungsmodell stammt von Robert R. Blake und Jane S. Mouton. Ihr „Managerial Grid" fußt auf der Annahme, dass es zwei Orientierungen, eine Sach- und eine Mitarbeiterorientierung, im Führungsverhalten gibt, das jeweils auf einer Skala von 1 (= niedrig) bis 9 (= hoch) eingeordnet werden kann (vgl. Abb. 4.6). Daraus entstehen fünf verschiedene Führungsausprägungen:

- Typ 1,1 – Überlebensmanagement: Dieser Führungsstil gilt als der schlechteste (und entspricht in etwa dem Laissez-faire-Ansatz). Es wird weder auf die Mitarbeiter noch auf die Erreichung der Ergebnisse wert gelegt.
- Typ 9,1 – Befehl-Gehorsam-Management: Die Arbeitsergebnisse sind wichtig. Dagegen wird auf die Bedürfnisse der Mitarbeiter wenig Wert gelegt. Lediglich die Ergebnisorientierung ist wichtig.

Abb. 4.6 Managerial-Grid.
(Quelle: eigene Darstellung)

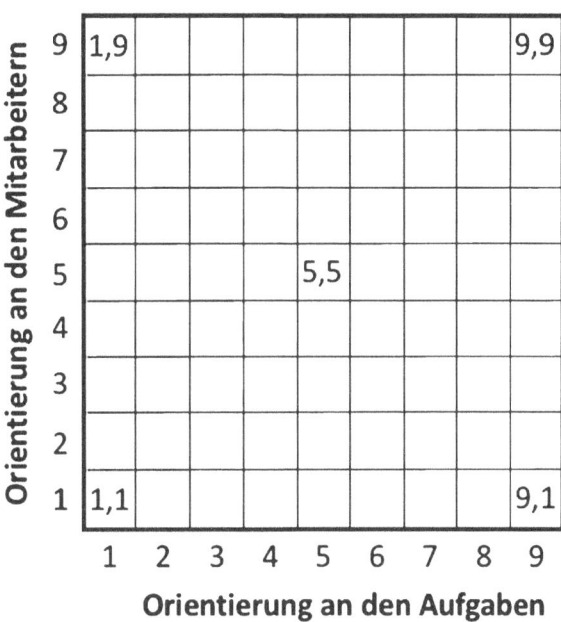

- Typ 5,5 – Organisationsmanagement: Es wird versucht, einen Ausgleich zwischen Arbeitsleistung und Mitarbeiterwünschen herzustellen. Es handelt sich dementsprechend um eine Kompromisslösung.
- Typ 1,9 – Glacehandschuhmethode: Die zwischenmenschlichen Beziehungen stehen im Zentrum. Die Folge ist eine freundliche Arbeitsatmosphäre. Das kann negativ auf das Arbeitsergebnis auswirken.
- Typ 9,9 – Teammanagement: Dieser Führungsstil gilt als der beste. Es wird sowohl auf die Mitarbeiter als auch auf die Erreichung der Ergebnisse wert gelegt.

▶ Führungsstile können, abhängig von den Mitarbeitern, dem Unternehmen, der Situation und der Führungskraft, sehr stark variieren.

Personalbeurteilung

In vielen Unternehmen werden die Mitarbeiter in regelmäßigen Abständen nach formalisierten Kriterien beurteilt. Es findet mit anderen Worten eine Bewertung ihrer Arbeitsleistung sowie ihres Leistungs- und Sozialverhaltens im Unternehmen statt. Auf Grundlage dieser Ergebnisse werden weitere Maßnahmen durchgeführt, die von Freisetzung bis Gehaltserhöhung und Beförderung reichen können.

Bei der Personalbeurteilung kann in **Leistungs- und Potenzialbeurteilung** unterschieden werden. Die Leistungsbeurteilung konzentriert sich auf die bislang beobachtbare Leistung – meist bezogen auf zurückliegende Arbeitsergebnisse – eines Mitarbeiters. Die Potenzialbeurteilung stellt auf zukünftige, zu erwartende Arbeitsergebnisse durch Bewertung bzw. Abschätzung des Leistungspotenzials ab.

Tab. 4.19 Kriterien zur Leistungsbeurteilung. (Quelle: eigene Darstellung)

Kriterien	Ausprägungen
Geistige Fähigkeiten	Kreativität, Auffassungsgabe, Gedächtnis
Arbeitsverhalten	Arbeitstempo und -güte, Belastbarkeit, Ausdauer, Initiative, Selbstständigkeit, Zuverlässigkeit, Verantwortungsbereitschaft
Persönliches Auftreten	Ausdrucksvermögen, Selbstbewusstsein
Verhalten gegenüber Kollegen	Aufgeschlossenheit, Teamfähigkeit, Hilfsbereitschaft
Verhalten gegenüber Vorgesetzten	Belastbarkeit, Toleranz, Flexibilität
Führungsverhalten	Durchsetzungsvermögen, Motivationsfähigkeit, Objektivität

Wichtige Kriterien der Leistungsbeurteilung sind in Tab. 4.19 zusammengestellt.

Eine moderne Form der Leistungsbeurteilung stellt das **360-Grad-Feedback** dar, das sich vor allem für Manager eignet. Bei dieser Form der Beurteilung werden die Kompetenzen von Führungskräften aus unterschiedlichen Perspektiven beurteilt. Zu den Beurteilern gehören Mitarbeiter, Vorgesetzte, Kollegen, Teammitglieder, Kunden, Lieferanten etc. Zudem nimmt der Beurteilte eine Selbsteinschätzung vor. Durch die Mischung aus Fremd- und Selbstbild entsteht eine größere Meinungsvielfalt.

Eine anerkannte Form der Potenzialbeurteilung stellt das **Assessment Center** dar, wie es auch in der Personalauswahl verwendet wird. Mit Hilfe verhaltensorientierter Übungen und psychologischer Testverfahren können Kompetenzen und das Potenzial der Mitarbeiter ermittelt werden.

Aus der Zusammenstellung von Leistung und Potenzial können Mitarbeiter in ein so genanntes **Personalportfolio** eingeordnet werden, das Aufschluss über die aktuelle Aufstellung einer Gruppe, einer Abteilung oder eines Unternehmens gibt. Diese Einordnung kann für die Personalentwicklung herangezogen werden.

Personalentwicklung

Aufgabe der Personalentwicklung ist die Erweiterung und Verbesserung der Kompetenzen der Mitarbeiter, die zur Erreichung der Unternehmensziele gegenwärtig und zukünftig erforderlich sind.

Dabei werden drei Arten von Kompetenzen unterschieden:

1. Unter **Fachkompetenz** werden alle fachbezogenen Kenntnisse und Fertigkeiten gefasst, die Mitarbeiter in der Regel in der Ausbildung erwerben und in ihrem Tätigkeitsbereich anwenden.
2. **Methodenkompetenz** bezeichnet alle Fähigkeit zur Anwendung von Arbeits- und Analysetechniken sowie Entscheidungs- und Führungsmethoden.
3. Zur **Sozialkompetenz** werden alle Fähigkeiten im Zusammenhang mit Kommunikation gezählt (zum Beispiel in der Teamarbeit und im Kontakt mit Kunden und Lieferanten).

Die Personalentwicklung unterteilt sich dabei in vier Phasen, die aus der (1) Feststellung des Entwicklungsbedarfs, (2) Auswahl der Personalentwicklungskandidaten, (3) Durchführung der Entwicklungsmaßnahmen und (4) Kontrolle des Entwicklungserfolgs bestehen.

In Phase 1 (**Feststellung des Entwicklungsbedarfs**) findet ein Abgleich zwischen der Qualifikation der Mitarbeiter und den gegenwärtigen und zukünftigen Anforderungen des Unternehmens statt. Tritt bei dieser Ist-Analyse eine Abweichung zwischen der Qualifikation der Mitarbeiter und den Stellenanforderungen auf, spricht man von einer **Deckungslücke**.

In der anschließenden Phase 2 (**Auswahl der Personalentwicklungskandidaten**) werden die potenziellen Mitarbeiter für die Entwicklungsmaßnahme ausgewählt. Die Personalbeurteilung gibt in der Regel Auskunft über den Grad der möglichen **Leistungs- und Potenzialverbesserung**. Die Auswahl sowohl der Kandidaten als auch der geeigneten Maßnahmen erfolgt bedarfsabhängig.

In Phase 3 (**Durchführung der Entwicklungsmaßnahmen**) findet die eigentliche Kompetenzerweiterung und -verbesserung anhand der zuvor festgelegten Inhalte statt. Abhängig von der Größe des Unternehmens und der Zielgruppe bieten sich unterschiedliche Maßnahmen an, die grob in die Kategorien Ausbildung, Fortbildung und Coaching eingeteilt werden können:

1. Unter **Ausbildung** wird die erstmalige Vermittlung von fachbezogenen Kenntnissen in einem geordneten Ausbildungsgang an Auszubildenden verstanden (zum Beispiel Berufsausbildung).
2. Die **Fortbildung** zielt darauf ab, die beruflichen Kenntnisse und Fertigkeiten der Mitarbeiter im bisherigen Berufsfeld zu erhalten und zu erweitern.
3. Beim **Coaching** findet in der Regel eine individuelle Beratung, Begleitung und Förderung von einzelnen Mitarbeitern mit dem Ziel der Steigerung der Leistungsfähigkeit statt.

Die Maßnahmen verfolgen dabei unterschiedliche Zielsetzungen, u. a. die

- Vermittlung und Erweiterung der berufsbezogenen Fähigkeiten
- Anpassung der berufsbezogenen Fähigkeiten an veränderte Bedingungen
- Qualifizierung für den Aufstieg in der Unternehmenshierarchie

Eine genauere Einteilung der Personalentwicklungsmaßnahmen kann (1) entlang des Lebenszyklus des Beschäftigungsverhältnisses und (2) in Abhängigkeit zur Nähe der jeweiligen Aufgabenstellung vorgenommen werden. Es werden dabei fünf Formen unterschieden:

1. Die Personalentwicklung **into the job** umfasst Maßnahmen, die der eigentlichen Berufstätigkeit vorausgehen. Sie dienen somit der Berufsvorbereitung. Dazu zählen im weiteren Sinne u. a. die duale Berufsausbildung und Trainee-Programme. Die duale Berufsausbildung stellt eine Kombination aus schulischer (das heißt vorwiegend theoretisch) und betrieblicher (das heißt überwiegend praktisch) Ausbildung dar.

Trainee-Programme richten sich zumeist an Hochschulabsolventen. Die Einsteiger (Trainee) durchlaufen in einem festgelegten Zeitraum und vorher abgestimmt verschiedene Abteilungen und Funktionsbereiche eines Unternehmens.

2. Die Personalentwicklung **on the job** beschreibt die Qualifizierung im Rahmen der Arbeitstätigkeit und soll insbesondere die innerbetriebliche Erfahrungsvermittlung fördern. Klassischerweise zählen dazu die drei Maßnahmen der **qualifikationsfördernden Arbeitsgestaltung**. Diese sind Job Rotation, Job Enlargement und Job Enrichment:

   – **Job Rotation** (Arbeitswechsel) beschreibt einen planmäßigen Arbeitsplatzwechsel in einem Unternehmen mit veränderten Aufgaben, Kompetenzen und Verantwortungen. Die Mitarbeiter durchlaufen dabei verschiedene Abteilungen und Funktionsbereiche.

   – **Job Enlargement** (Arbeitsvergrößerung) bezeichnet eine quantitative Aufgabenerweiterung durch die Hinzufügung von neuen, inhaltlich etwa gleichwertigen Aufgaben. Die Mitarbeiter erhalten auf diese Weise eine abwechslungsreichere Tätigkeit.

   – **Job Enrichment** (Arbeitsanreicherung) steht für eine qualitative Arbeitsfelderweiterung. Durch die zusätzliche Übertragung übergeordneter Tätigkeiten mit mehr Kompetenzen und Verantwortung wird das Anspruchsniveau für den Mitarbeiter erhöht (Tab. 4.20).

   – Unter Personalentwicklung on the job fällt auch die etwas modernere Maßnahme des Coachings, bei dem ein unternehmensinterner oder -externer Berater (Coach) die Rolle des Ratgebers oder Förderers für einen Mitarbeiter (Coachee) einnimmt.

3. Bei der Personalentwicklung **near the job** werden die Mitarbeiter aus ihrer täglichen Arbeitstätigkeit (nicht aber aus ihrem Arbeitsumfeld bzw. Unternehmen), vorübergehend und zeitlich befristet ausgegliedert. Ein Beispiel ist die Teilnahme an einem Qualitätszirkel, bei dem Mitarbeiter eines Bereichs regelmäßig zusammenkommen, um Sachprobleme diskutieren und Lösungen zu entwickeln. Ziel ist u. a. die Qualifikation und Motivation der beteiligten Mitarbeiter.

Tab. 4.20 Vor- und Nachteile verschiedener Formen der Personalentwicklung. (Quelle: eigene Darstellung)

	Job rotation	Job enlargement	Job enrichment
Vorteile	• Zusätzliche Qualifikation • Besseres Verständnis für andere Abteilungen • Steigerung der Produktivität und Motivation	• Mehr Abwechslung • Steigerung der Produktivität und Motivation • Größere Flexibilität im Personaleinsatz	• Mehr Eigenverantwortung und größerer Entscheidungsspielraum • Steigerung der Produktivität und Motivation
Nachteile	• Einarbeitungszeit • Gefahr der Überforderung der Mitarbeiter	• Gefahr der Überforderung der Mitarbeiter • Wahrnehmung als Mehrarbeit	• Gefahr der Überforderung der Mitarbeiter • Wahrnehmung als Mehrarbeit

4. Personalentwicklung **off the job** findet außerhalb des gewohnten Arbeitsumfelds und damit des eigenen Unternehmens statt. Sie beschreibt damit eine externe Bildungsmaßnahme. Bekannte Beispiele sind Workshops, Konferenzen, Kongressen und Fachseminaren. Ziel der Maßnahmen ist es, neues Wissen und neue Fähigkeiten zu vermitteln. Auch das berufsbegleitende Studium von Mitarbeitern fällt in die Kategorie der off the job-Personalentwicklung.

5. Bei der Personalentwicklung **out of the job** soll den betroffenen Mitarbeitern der Ausstieg aus dem Unternehmen erleichtert werden. Darunter fallen Maßnahmen zur (Vor-) Ruhestandsvorbereitung und zum Outplacement, das heißt zur Unterstützung für ausscheidende Mitarbeiter bei der beruflichen Neuorientierung.

In Phase 4 – **Kontrolle des Entwicklungserfolgs** – werden die vorangegangenen Personalentwicklungsmaßnahmen im Hinblick auf (1) Durchführung, (2) Ergebnisse und (3) Anwendung bewertet:

1. Wie ist die Maßnahme in Bezug auf Lehrmethoden, Lehrmittel und Lehrkräfte zu bewerten?
2. Inwieweit wurden durch die Maßnahme die angestrebten Entwicklungsziele erreicht?
3. Ist der Transfer des in der Maßnahme erlernten Wissens in den Tätigkeitsbereich möglich/erfolgt?

Personalfreisetzung

Die Personalfreisetzung befasst sich mit der Anpassung der Mitarbeiterzahlen, in der Regel durch vorzeitige Pensionierungen, Aufhebungsverträge oder Kündigungen. Ziel ist es dabei, Überkapazitäten bei der Belegschaft zu verringern. Eine Überkapazität ist gegeben, wenn der Personalbestand größer ist als der Personalbedarf.

Mögliche Ursachen für Personalfreisetzungen sind

- Saisonale/konjunkturelle Schwankungen
- Veränderung der Wirtschaftsstruktur
- Missmanagement der Führungskräfte
- Unternehmensfusionen und -übernahmen
- Abteilungszusammenführungen
- Rationalisierung durch Automatisierung
- Standortverlagerung oder -aufgabe
- Insolvenz und Unternehmensaufgabe

Der Personalabbau kann sowohl direkt (= Reduktion durch Entlassung) als auch indirekt (= Reduktion ohne Entlassung erfolgen. Wichtigste Maßnahmen des **direkten Personalabbaus** sind der vorzeitige Ruhestand, die Altersteilzeit und der Aufhebungsvertrag. Zu den Maßnahmen des **indirekten Personalabbaus** gehören die Nutzung der natürlichen Fluktuation, der Einstellungsstopp, Kurzarbeit, der Abbau von Leiharbeit und Nicht-Übernahme von Auszubildenden.

Aufgaben

1. Beschreiben Sie die Unterschiede zwischen Shareholder- und Stakeholder-Ansatz.
2. Beschreiben Sie die Zielsetzung und Bausteine der BCG-Matrix.
3. Erklären Sie die Vor- und Nachteile der Funktional-, Sparten- und Matrixorganisation.
4. Nennen und erklären Sie die zentralen Aufgabenbereiche des Personalmanagements.
5. Beschreiben Sie die drei Maßnahmen der qualifikationsfördernden Arbeitsgestaltung (mit Vor- und Nachteilen).

The manufacturer's authorised representative in the EU is Springer
Nature Customer Service Centre GmbH, Europaplatz 3, 69115 Heidelberg,
Germany. If you have any concerns regarding our products, please
contact ProductSafety@springernature.com

Printed and bound by CPI Group (UK) Ltd, Croydon, CR0 4YY

27/04/2026

02097658-0007